Un bébé à chérir

Pour une escapade avec toi

SARAH M. ANDERSON

Un bébé à chérir

Traduction française de
ROSELINE AULIAC

PASSIONS

HARLEQUIN

Collection : PASSIONS

Titre original :
HIS FOREVER FAMILY

Ce roman a déjà été publié en 2017

HARPERCOLLINS FRANCE
83-85, boulevard Vincent-Auriol, 75646 PARIS CEDEX 13
Service Lectrices — Tél. : 01 45 82 47 47 - www.harlequin.fr
ISBN 978-2-2804-6962-3 — ISSN 1950-2761

Composé et édité par HarperCollins France.
Imprimé en janvier 2022 par CPI Black Print (Barcelone)
en utilisant 100% d'électricité renouvelable.
Dépôt légal : février 2022.

FSC www.fsc.org
MIXTE
Papier issu de sources responsables
FSC® C159065

Pour limiter l'empreinte environnementale de ses livres, HarperCollins France s'engage à n'utiliser que du papier fabriqué à partir de bois provenant de forêts gérées durablement et de manière responsable.

- 1 -

— Allons, madame Reese, lança Marcus Warren par-dessus son épaule. Il ne fait pas si chaud que ça !

Il s'arrêta au milieu du sentier pédestre où il courait avec son assistante, Liberty Reese, qu'il avait distancée et regarda alentour pour s'assurer qu'aucune berline suspecte aux vitres teintées ne stationnait alentour. Il avait conservé cette habitude depuis l'enfance. Mais comme tous les matins, à l'exception de quelques joggeurs, Mme Reese et lui étaient seuls au bord du lac. Dieu merci ! Le passé appartenait au passé.

Comme il aimait le lac Michigan ! La lumière matinale colorait ses eaux d'un bleu profond. Le ciel était dégagé et le soleil était comme suspendu à quelques centimètres au-dessus de la surface des flots. Un peu plus tard, la chaleur serait oppressante, mais pour l'heure il faisait bon courir avec la brise fraîche soufflant du large.

Il en éprouvait un délicieux sentiment de liberté.

Il vérifia sa fréquence cardiaque sur son bracelet Fitbit. Elle diminuait.

— Vous n'allez pas laisser la chaleur vous abattre, n'est-ce pas, madame Reese ? la taquina-t-il en étirant ses quadriceps.

Elle le rejoignit, haletante.

— Puis-je vous rappeler que vous ne prenez pas de notes quand vous courez ? demanda-t-elle, la mine sévère.

Mais il n'était pas dupe. Le coin de sa bouche se relevait, comme si elle s'efforçait de ne pas sourire.

Il poursuivit ses étirements pour lui permettre de reprendre son souffle.

— En revanche, je parle. Cela compte, pas vrai ?

Elle leva les yeux au ciel et finit sa bouteille d'eau. Sa feinte exaspération le fit sourire. Il était Marcus Warren, héritier d'un empire financier du côté de son père *et* de la prestigieuse chaîne hôtelière Marquis du côté de sa mère. Il était l'unique propriétaire de Warren Capital, une société de capital-risque qu'il avait créée avec son fonds fiduciaire. Il possédait la moitié de la franchise professionnelle des Chicago Blackhawks, un quart de celle des Chicago Bulls et soixante-quinze pour cent de celle des Chicago Fire. Il était l'un des plus riches célibataires du pays et peut-être le plus riche de Chicago.

Personne ne levait les yeux au ciel devant lui.

Sauf Mme Reese.

Elle glissa sa bouteille vide dans son sac banane. Puis, rajustant les oreillettes Bluetooth qu'elle portait en permanence, elle demanda :

— Comment voulez-vous procéder avec Rock City Watches ?

Il s'agissait d'une maison horlogère de luxe qui avait ouvert une boutique dans le centre-ville de Detroit et qui sollicitait un nouveau financement pour développer ses activités. Il contempla sa montre, un modèle fabriqué rien que pour lui. Le boîtier en or vingt-quatre carats était lisse et tiède contre sa peau.

— Qu'en pensez-vous ?

Mme Reese exhala un lourd soupir et se remit à courir. Elle savait garder le rythme tout en prenant des notes.

Selon lui, c'était le moment le plus profitable de la journée. Il réfléchissait mieux en courant.

C'était pour cela qu'ils pratiquaient cette activité cinq jours sur sept, sauf en cas de verglas. Ces jours-là, il courait sur son tapis de jogging dans la pièce attenante à son bureau pendant que Mme Reese s'asseyait à une petite table, prenait des notes et donnait son opinion.

Il la laissa prendre un peu d'avance. Certes, elle ne courait pas très vite, mais elle avait des courbes affriolantes.

Il secoua la tête pour chasser cette pensée importune. Contrairement à son père, il n'était pas du genre à coucher avec sa secrétaire. Il entretenait une relation strictement professionnelle — et sportive — avec Mme Reese.

Il la rattrapa sans peine.

— Alors ?

— Plus personne ne porte de montre, haleta-t-elle. Sauf s'il s'agit d'une montre intelligente.

— Excellente remarque. Je vais investir vingt-cinq millions dans Rock City Watches.

Mme Reese trébucha. Il la stabilisa, mais s'abstint de laisser la main sur sa peau chaude plus que nécessaire.

— Vous allez bien ? Nous sommes presque à la fontaine.

Buckingham Fountain était l'endroit où ils faisaient demi-tour et prenaient le chemin du retour.

Elle lui décocha un regard exaspéré.

— Je vais bien. En revanche, je ne comprends pas pourquoi vous décidez d'investir vingt-cinq millions supplémentaires si le marché de l'horlogerie n'a plus d'avenir !

— Si personne ne porte plus de montres, elles deviendront ce qu'elles étaient jadis — le symbole d'un statut social, expliqua-t-il. Seuls les plus riches peuvent s'offrir une montre valant plusieurs milliers de dollars. J'en conviens, le marché de l'horlogerie grand public n'a plus d'avenir. Mais l'horlogerie de prestige est un marché porteur.

Il tendit son poignet.

— Cette montre est superbe, vous ne trouvez pas ?

Elle lui avait coûté quatre mille cinq cents dollars.

— Oui, admit-elle. En outre, elle est fabriquée aux Etats-Unis, ce qui est un bon argument de vente.

— Mais Rock City Watches doit accepter les réalités du marché.

— Et quelles sont-elles ?

— La stratégie commerciale et la technologie portable. Recontactez ses dirigeants et demandez-leur de nous faire parvenir leur maquette publicitaire. Et convenez d'un rendez-vous pour discuter d'un modèle hybride — une montre de luxe doté d'un bracelet connecté.

Ils atteignirent la fontaine, et elle s'arrêta, reprenant sa respiration, la tête baissée et les mains sur les genoux.

— Quoi d'autre ? demanda-t-il.

— Vous devez décider si vous assisterez au mariage de Mlle Hanson, dit-elle d'une voix hachée.

Marcus exhala un grognement de dépit.

— Est-ce nécessaire ?

— C'est vous qui avez décidé d'y aller, répliqua-t-elle sèchement. Et d'y aller avec une cavalière. Et c'est vous qui avez décidé de profiter de votre présence en Californie pour rencontrer les producteurs de Feeding Frenzy, le lendemain du mariage.

Il jeta un regard noir à son assistante. Quel manque de compassion ! Assister à ce mariage n'était pas son idée. Quel homme aurait envie de voir son ex-fiancée épouser l'homme avec qui elle l'avait trompé ? Pas lui, en tout cas.

Mais sa mère avait décrété qu'il devait s'y montrer avec une cavalière et arborer un air heureux pour qu'ils puissent « laisser cet événement fâcheux derrière eux ». Et encore, s'il n'avait dépendu que de sa mère, Marcus aurait passé l'éponge et épousé Lillibeth Hanson. Après tout, qu'est-ce qu'un petit écart de conduite dans le grand ordre de l'univers ? Lillibeth était issue d'une famille à la fortune ancienne. Lui aussi appartenait à une famille de vieille fortune, et il accroissait son patrimoine grâce à des investissements judicieux. Selon ses parents, à eux deux, Marcus et Lillibeth auraient pu diriger le monde.

Mais il avait refusé de se réconcilier avec elle. Il avait cru que ses parents avaient accepté sa décision. Puis l'invitation au mariage était arrivée.

Avec le temps, il avait compris que ses parents n'avaient pas eu entièrement tort en estimant que le scandale aurait des conséquences sur ses activités. Compte tenu de son aveuglement à propos de la conduite de Lillibeth, certains commençaient à douter de sa capacité à faire les bons choix en matière d'investissements. Ses parents lui avaient donc fortement conseillé d'assister au mariage pour montrer à tous que les ex-fiancés étaient restés en bons termes. Et ils lui avaient aussi fortement conseillé d'amener une cavalière car, s'il venait seul, ce serait reconnaître sa défaite.

Tout ce qu'il avait à faire, c'était de choisir une femme. Il contempla Liberty.

— Rappelez-moi quelles sont mes options.

— Rosetta Naylor.

Il fit la grimace.

— Trop superficielle.

— Katerine Nabakov.

— Son nom sent trop la mafia russe.

Liberty exhala un soupir.

— Emma Green.

Il se rembrunit un peu plus. Il était déjà sorti avec elle à plusieurs reprises.

— Vraiment ?

— Vous la connaissez. Elle est sans surprise.

— Justement. Les gens penseront que si nous sortons de nouveau ensemble, c'est qu'il y a des fiançailles en vue. Surtout ses parents.

Il s'était montré très conciliant avec eux. Il s'était fiancé à Lillibeth parce qu'ils estimaient qu'elle était un excellent parti. Mais il ne prendrait pas le risque de retomber dans ce genre de piège.

— Le choix est limité et le mariage a lieu dans deux semaines, monsieur Warren, déclara Liberty, plantant les mains sur ses hanches, l'air exaspéré. Si vous tenez à y assister avec une cavalière, il serait grand temps de l'inviter.

— Dans ce cas, venez avec moi.

Sous le coup de la surprise, elle se figea, bouche bée, puis l'espace d'une fraction de seconde, son regard balaya le corps de Marcus. Une lueur qui ressemblait étrangement à du désir traversa ses prunelles sombres.

Quoi ? Elle le désirait ?

Puis la lueur disparut, et Liberty se redressa, tâchant de prendre un air impérial.

— Monsieur Warren, soyez sérieux.

— Mais je suis sérieux. Je vous fais confiance.

Il fit un pas vers elle.

— Parfois je me dis… que vous êtes la seule personne qui soit honnête avec moi. Vous au moins, vous ne vendriez pas tous les détails de notre liaison à un journal à sensation.

Lillibeth l'avait fait, le dépeignant comme un amant minable. Ce qui avait provoqué un énorme scandale.

Liberty se mordit la lèvre inférieure.

— Voulez-vous que je vous parle franchement ? Vous ne devriez pas aller à ce mariage. Pourquoi lui donner une autre occasion de vous blesser ?

Elle parlait à voix basse et ne semblait plus du tout impériale. On aurait plutôt dit… qu'elle cherchait à le protéger.

En fait, il partageait entièrement son avis. Mais il avait promis à ses parents d'y assister et d'y faire bonne figure pour préserver le nom des Warren.

— De même, poursuivit-elle, vous avez tort de vouloir participer à Feeding Frenzy. A cause de Lillibeth, votre vie privée a été étalée sur la place publique. Et avec cette émission de téléréalité, vous redeviendrez la cible des tabloïds.

— Elle me permettra de construire ma marque.

— Comme si vous aviez besoin de ça ! Vous avez bâti une société de capital-risque florissante sans être une célébrité. Beaucoup de gens meurent d'envie de solliciter vos services. Je m'étonne même que nous n'ayons pas encore été accostés par un soi-disant joggeur prêt à vous vendre son nouveau concept à un million de dollars.

Il se raidit à l'idée d'être abordé par quelqu'un. Mais Dieu merci, il n'y avait aucun véhicule suspect dans les parages. Le passé appartenait au passé.

— Mais vous savez quoi ?

Liberty fit un pas en avant, pointant son index vers lui.

— Si vous faites cette émission, c'est ce qui va arriver. Vous ne pourrez plus courir le long du lac sans être sollicité par un tas d'idiots qui réclameront un peu de votre temps et de votre argent. Pour l'amour du ciel, Marcus, ne faites pas ce que les gens pensent que vous devriez faire. Faites ce que vous voulez faire.

Marcus. L'avait-elle déjà appelé par son prénom ? Il ne le pensait pas. Cette façon presque sensuelle qu'elle avait de le prononcer, il s'en souviendrait à coup sûr.

— Et si j'ai envie que vous m'accompagniez à ce mariage ?

Elle tressaillit, mais se reprit très vite.

— Non, répliqua-t-elle sèchement.

Avant qu'il puisse prendre ombrage de sa rebuffade, elle se hâta d'ajouter :

— Ma présence vous nuirait plus qu'autre chose.

Il perçut la douleur dans sa voix. Emu, il fit un pas vers elle et posa une main sur son épaule. Elle le contempla, les yeux écarquillés et… pleins d'espoir ? Il fit remonter sa main de son épaule à sa joue et, à sa grande surprise, elle s'appuya contre sa paume.

— En quoi pourriez-vous me nuire ?

A peine eut-il prononcé ces mots qu'il prit conscience d'être allé trop loin. Certes, Liberty Reese était une assistante exceptionnelle et oui, elle était belle. Mais ce qui avait été au début une invitation en forme de boutade prenait maintenant une tout autre signification.

Se ressaisissant, elle s'écarta de lui et fit face au lac.

— Le thermomètre commence à grimper, constata-t-elle d'une voix monocorde. Nous devrions finir notre course.

— Il vous reste de l'eau ?

Elle eut une moue contrite.

— Non.

— Donnez-moi votre bouteille. Il y a une fontaine un peu plus loin. Je vais la remplir.

Elle la sortit de son sac banane et la lui tendit.

— Merci.

Elle paraissait tout à fait normale, comme s'il ne lui avait pas touché le visage. Comme si elle ne l'avait pas remis à sa place. D'une certaine façon, il l'en admira un peu plus.

— Je vous attends ici. Et tâchez de ne pas avoir d'autres idées brillantes !

Comme il partait en trombe, il l'entendit crier :

— Frimeur !

Il se mit à rire.

L'eau de la fontaine était trop chaude. Il la laissa couler pour qu'elle se rafraîchisse. Entre-temps, il jeta un regard alentour. Il y avait une poubelle à un ou deux mètres de là, et pourtant des boîtes et des sacs étaient empilés à côté, sur le sol. Pourquoi les gens n'étaient-ils pas plus soigneux ?

Tandis qu'il remplissait la bouteille, se demandant s'il n'allait pas appeler le maire pour lui demander des comptes au sujet du ramassage des ordures, il entendit un bruit. Un bruit faible qu'il ne reconnut pas. Il ne s'agissait pas du cri d'une mouette ni de celui d'un écureuil qui détalait. Non, cela ressemblait… au miaulement d'un chat.

Il scruta les lieux, tâchant d'en déterminer la source. Une boîte à chaussures posée près de la poubelle bougea.

Il sentit son estomac se révulser. Oh ! non ! Qui aurait eu la cruauté de jeter un chaton ? Il se précipita vers la boîte, souleva le couvercle et…

Juste ciel ! Ce n'était pas un chaton.

C'était un *bébé*.

- 2 -

Fascinée, Liberty admirait le spectacle qu'offrait Marcus courant vers la fontaine. Quand il l'eut atteinte, elle s'empressa de reporter son attention sur le lac. Ce serait inconvenant d'être surprise en train de contempler le fessier de son patron. Même si ce fessier était affriolant. Et même si son possesseur frimait.

Elle prit le temps d'apprécier le cadeau de la nature qu'était cette belle matinée. Elle n'avait pas mis les pieds dans une église depuis une bonne quinzaine d'années, mais chaque matin elle contemplait le lac Michigan et remerciait Dieu ou toute autre entité susceptible d'être à l'écoute.

Elle était vivante et en bonne santé. Elle avait un emploi assez bien rémunéré pour lui permettre de se nourrir sainement et de louer un studio dans un quartier sûr. Il lui restait même un peu d'argent pour s'acheter des vêtements, des baskets et aller chez le coiffeur.

— Liberty ? hurla Marcus de la fontaine. Liberty !

Même s'il était trop loin, elle lui jeta un regard noir. Qu'est-ce qui lui prenait, ce matin ? L'une des raisons pour lesquelles elle appréciait de travailler pour lui, c'était qu'il la traitait sur un pied d'égalité. Certes, elle n'était pas son égale, mais c'était son illusion, sa part de rêve.

Cette illusion se maintenait quand ils couraient tous les deux en tenue de sport. Mais elle cessait de fonctionner dès que Marcus endossait son costume à quatre mille dollars et qu'elle revêtait l'un de ses tailleurs achetés en solde chez Macy's. Et elle fonctionnerait encore moins si elle l'accompagnait pendant trois jours à un mariage qui coûterait sans doute plus que ce qu'elle gagnerait durant toute sa vie.

Quelqu'un la percerait à jour. Et ce serait le drame.

— Liberty !

Cette fois, il hurlait. Ne pouvait-il accepter qu'une femme lui dise « non » ? Oh ! voyons, quelle sottise ! Les femmes ne lui refusaient jamais rien. Pourquoi l'auraient-elles fait ? Il était superbe, célibataire, immensément riche et éminemment respectable.

— Qu'est-ce qu'il y a ?

— J'ai besoin de vous ! Vite !

Elle se rendit compte qu'il ne se trouvait plus à la fontaine, mais agenouillé non loin, près d'une poubelle. Il était penché et semblait regarder quelque chose, à moins que… Oh ! bon sang, il ne faisait pas une crise cardiaque !

Aussitôt, Liberty se mit à courir à toutes jambes.

— Vous allez bien ? demanda-t-elle, morte d'inquiétude.

Il releva la tête, les yeux hagards. A cet instant, elle perçut un son faible et pitoyable.

Elle regarda par terre. Au début, tout ce qu'elle vit, ce fut une boîte à chaussures contenant quelque chose de petit et de sombre. Puis la boîte se mit à bouger.

— Un bébé ? demanda-t-elle d'une voix étranglée.

— Un bébé ! confirma-t-il.

Abasourdie, elle regarda de plus près. Elle ne s'y connaissait guère en la matière, mais ce bébé ne devait pas avoir plus d'une semaine. Il était enveloppé dans un linge sale, et des taches sombres ressemblant à de la boue, ou plutôt à du sang séché, maculaient sa peau sombre. De fines boucles de cheveux noirs étaient plaquées à son crâne minuscule. Elle le contemplait, en état de choc. Un nouveau-né afro-américain dans une boîte à chaussures près d'une poubelle ? Comment était-ce possible ?

— La boîte était fermée, expliqua Marcus. J'ai entendu un bruit et… j'ai trouvé un bébé.

Le nourrisson ouvrit sa petite bouche et poussa un autre cri, plus sonore cette fois, qui la tira de son état de choc. Bon sang, quelqu'un avait tenté de se débarrasser du bébé ! Dans une boîte, par cette chaleur.

— Ecartez-vous, ordonna-t-elle à Marcus.

Les mains tremblantes, elle sortit le nourrisson de la boîte. Le linge tomba par terre, dévoilant le corps entièrement nu et crasseux d'un petit garçon.

— Oh ! mon Dieu ! murmura-t-elle tandis que le bébé s'arc-boutait et poussait un vagissement.

Son corps minuscule était brûlant entre ses mains.

— Que devons-nous faire ? demanda Marcus, paniqué.

— Il nous faut de l'eau, déclara-t-elle. Il a trop chaud.

Marcus lui tendit la bouteille qu'il avait remplie. Elle lui tendit le linge en retour.

— Mouillez-le au robinet, demanda-t-elle.

Tandis que le bébé gigotait dans ses bras, elle ressentit une curieuse sensation. A la place du nourrisson qu'elle venait de sortir de la boîte, elle eut l'impression de voir William, son petit frère qu'elle n'avait pas eu la chance de connaître et encore moins de tenir dans ses bras. Ressemblait-il à ce bébé inconnu après que leur mère lui eut donné naissance en prison et que les autorités l'eurent placé dans un foyer d'accueil ? William était-il mort ainsi ?

Non. Ce bébé-là n'allait pas mourir. Pas si elle pouvait l'empêcher.

Elle s'assit en tailleur, ignorant les graviers qui lui meurtrissaient la peau.

— Ça va aller, murmura-t-elle d'une voix apaisante.

Elle essaya de faire tomber quelques gouttes d'eau dans la bouche du bébé. Mais il secoua la tête et vagit de façon pitoyable. La panique s'empara d'elle. Que se passerait-il si elle n'arrivait pas à le faire boire ? Il fallait à tout prix qu'elle le sauve !

— Tu es fort, lui dit-elle, les larmes aux yeux. Tu peux t'en sortir, d'accord ?

— Tenez, intervint Marcus en lui tendant le linge mouillé.

Sauf que ce n'était pas le linge, mais sa chemise.

Elle leva les yeux et son regard se fixa sur le torse dénudé de son patron. Dans d'autres circonstances, elle aurait pris le temps d'admirer la vue parce qu'elle était… fabuleuse. Marcus avait un corps d'athlète, svelte et musclé.

Le bébé vagit de nouveau. Bon. Elle avait mieux à faire que d'admirer la musculature de son patron.

— Enroulez votre chemise autour de son corps, demanda-t-elle en soulevant le nourrisson.

Il s'exécuta, et le soudain changement de température fit hurler le nourrisson.

— Ça va aller, murmura-t-elle, tâchant de faire tomber un peu d'eau dans sa bouche. Bientôt, tu te sentiras mieux.

— Et si j'allais chercher des secours ?

Des secours. Mais oui, bien sûr.

— Mon téléphone est dans mon sac, dit-elle.

Il ne prenait pas son portable pour courir, alors qu'elle emportait toujours le sien.

— Appelez le 911.

Elle se sentait étonnamment calme, comme si trouver un bébé sur le point d'avoir un coup de chaleur dans une poubelle n'avait rien d'exceptionnel.

Marcus s'accroupit derrière elle pour fouiller dans son sac.

— Je l'ai.

Elle lui donna son mot de passe, et il composa le numéro des secours.

— Nous sommes à Buckingham Fountain et nous avons trouvé un bébé près d'une poubelle, expliqua Marcus d'une voix forte au régulateur du 911.

— Parlez plus bas, ordonna-t-elle, tout en berçant le bébé. On va essayer une autre tactique, toi et moi.

Elle plongea son index dans l'eau et le posa sur la bouche du nourrisson. Il le suça avec avidité et protesta quand elle le retira pour le replonger dans l'eau.

Il s'empara de nouveau de son doigt, ce qui eut pour effet de faire cesser ses cris. Elle s'efforça alors de réfléchir. Il y avait eu un bébé dans son deuxième foyer. Comment sa mère d'accueil s'y prenait-elle pour le calmer ?

Ah, oui. Elle s'en souvenait. Elle se mit à se balancer d'avant en arrière, malgré le gravier qui s'incrustait dans sa chair.

— Tu es un bon garçon, murmura-t-elle, guettant le bruit des sirènes. Tu peux t'en sortir.

De longues minutes angoissantes s'écoulèrent. Elle ne parvenait pas à instiller davantage d'eau dans la bouche du bébé, mais il tétait vigoureusement le bout de son doigt. Tandis qu'elle le berçait, son petit corps se détendit et se lova contre elle.

— Il va bien ? demanda Marcus.

Elle leva les yeux vers lui en s'efforçant de ne pas regarder son torse dénudé. Jamais durant les trois années où elle avait travaillé pour Marcus, elle ne l'avait vu paniquer.

— Je pense qu'il s'est endormi. Le pauvre petit. Il ne doit pas avoir plus de quelques jours.

— Comment ses parents ont-ils pu l'abandonner ainsi ?

Maintenant, c'était davantage le Marcus qu'elle connaissait — frustré quand le monde ne fonctionnait pas selon ses principes.

— Vous seriez surpris de l'apprendre, maugréa-t-elle, reportant son attention sur le bébé qui continuait de téter son doigt en dormant.

Même s'il avait chaud et qu'il était sale, le petit garçon avait l'air en bonne santé. Bien sûr, n'ayant jamais vu William avant qu'il meure dans un foyer d'accueil, elle ignorait à quoi ressemblait un bébé né dépendant à la drogue. Restait à espérer que ce ne serait pas le cas pour ce nourrisson.

— Tu es parfait, tu sais ? murmura-t-elle.

Puis elle s'adressa à Marcus.

— Vous devriez mouiller de nouveau votre chemise. Je pense que ça lui fait du bien. Son corps est moins chaud.

Marcus s'exécuta aussitôt.

— Vous êtes formidable, remarqua-t-il tandis qu'elle enroulait le tissu humide autour du petit corps.

Le changement de température fit sursauter le bébé, mais il ne lâcha pas son doigt.

— J'ignorais que vous vous y connaissiez si bien en matière de bébé, ajouta Marcus, visiblement admiratif.

Il y a beaucoup de choses que vous ignorez à mon sujet. Mais elle s'abstint de le dire car il lui avait assuré un peu plus tôt qu'il lui faisait confiance et qu'elle était la seule personne à se montrer honnête avec lui.

Or, elle ne l'était pas. Mais elle n'avait pas envie de lui mentir pour autant. Elle détestait mentir. Si elle lui dissimulait certaines choses, c'était pour survivre.

Elle se contenta donc de répondre :

— Ce doit être l'instinct maternel.

De quoi d'autre pourrait-il s'agir ? Ce nourrisson avait besoin d'elle d'une manière primitive, et elle répondait de son mieux à ce besoin.

Le bébé soupira. Et son cœur se serra.

— Tu es un bon garçon, murmura-t-elle, déposant un baiser sur son front.

Enfin, deux voitures arrivèrent, sirènes hurlantes. Tout se passa très vite. Les secouristes lui ôtèrent le bébé des mains et le transportèrent dans l'ambulance où il se remit à crier. Cela lui fendait le cœur de l'entendre pleurer ainsi.

Dans le même temps, un officier de police prit leurs dépositions. Elle écoutait à moitié les questions, trop occupée à regarder les secouristes pendant qu'ils enveloppaient le nourrisson dans une couverture propre et qu'ils lui donnaient une tétine.

— Vous pensez qu'il va s'en sortir ? demanda-t-elle tandis qu'un des secouristes descendait de l'ambulance pour refermer la portière arrière.

— C'est difficile à dire, admit-il.

— Où l'emmenez-vous ?

— Au Northwestern Memorial. C'est le plus près.

— Conduisez-le au Children's Hospital, intervint Marcus.

Il avait renfilé sa chemise, qui était dans un piteux état.

Le secouriste haussa les épaules et referma la portière, privant Liberty de la vue du bébé. L'ambulance s'éloigna.

Quand l'officier de police eut fini de prendre leurs dépositions, Liberty lui demanda :

— Vous pensez que vous retrouverez la mère ?

A son tour, il haussa les épaules pour manifester son impuissance. Elle n'aurait pas dû être surprise. Enfant, elle avait failli ne pas survivre faute d'adulte pour prendre soin d'elle en dehors de grand-mère Devlin.

— D'habitude, les nourrissons sont déposés près de l'endroit où ils sont nés, expliqua-t-il, et il y a toujours une personne du voisinage qui sait quelque chose. Mais au milieu d'un parc ?

Il se détourna, comme si l'entretien était terminé.

— Qu'adviendra-t-il du bébé ? demanda Marcus.

Sur ce point, Liberty aurait pu lui répondre.

S'ils ne retrouvaient pas le père ou la mère, le bébé serait confié à un organisme de placement familial, puis proposé à l'adoption, mais l'établissement de son dossier prendrait du temps. A ce moment-là, il aurait grandi. Et comme il était afro-américain, il y aurait sans doute peu de chances qu'il soit adopté.

Le policier eut un sourire triste.

— Les Services de protection de l'enfance et de la famille se chargeront de lui, répondit-il.

Elle frémit. Elle ne gardait pas un bon souvenir de ces services. Les assistants sociaux ne s'étaient guère occupés d'elle à l'époque. Par la suite, elle avait compris qu'ils étaient débordés par le nombre d'enfants dont ils avaient la charge. Mais à l'époque, la petite fille qu'elle était cherchait désespérément à savoir pourquoi sa mère ou sa grand-mère Devlin ne venaient pas la chercher. A quoi on lui répondait invariablement : « Ne t'inquiète pas. »

Comme si cela compensait les soudaines disparitions de sa mère.

Elle contempla ses bras, soudain si vides.

— Marcus, lâcha-t-elle d'une voix rauque tandis que le policier remontait en voiture. Nous ne pouvons pas perdre ce bébé.

— Quoi ? s'exclama-t-il, interloqué.

Elle s'agrippa à son bras, comme une noyée à une bouée.

— Il va être pris dans l'engrenage du système, et quand la police clôturera l'affaire, il sera peut-être trop tard.

Marcus la contemplait sans comprendre.

— Trop tard ? Pourquoi ?

Elle ouvrit la bouche, et les mots « J'ai été une enfant placée et j'en connais long sur le sujet » faillirent lui échapper. Mais à la dernière seconde, elle les ravala et referma la bouche. Elle avait créé de toutes pièces la Liberty Reese que Marcus connaissait, une jeune femme blanche diplômée de l'enseignement supérieur, excellente gestionnaire du temps et de l'argent, qui s'appliquait à faire des recherches pour avoir toujours les bonnes réponses. Elle était indispensable à Marcus Warren parce qu'elle avait fait en sorte de l'être.

Cette femme n'avait plus rien en commun avec l'autre Liberty Reese — la fillette malpropre d'une Afro-Américaine toxicomane qui vendait son corps sur Death Corner dans la cité de Cabrini-Green pour se payer ses doses, qui avait fait de multiples séjours en prison, qui avait été incapable de se tenir à carreau quand sa fillette avait été renvoyée pour la troisième fois dans un foyer d'accueil, qui n'avait pas su dire à Liberty qui était son père ou même s'il était blanc, et qui avait donné le jour à un garçon né dépendant aux opioïdes et à Dieu sait quoi d'autre.

Elle n'était plus cette petite fille perdue. Elle ne le serait plus jamais.

Elle regarda dans la direction qu'avait prise l'ambulance. Ce nourrisson était perdu, lui aussi. Il était seul au monde, sans personne prêt à lutter pour lui. Comme son petit frère l'avait été durant les trois semaines où il avait vécu.

Elle n'accepterait pas qu'une telle histoire se reproduise.

Elle ouvrit la bouche pour l'expliquer à Marcus, sans trop savoir quels termes utiliser, mais sa gorge était trop nouée pour laisser passer le moindre son.

Pis. Les larmes lui brûlaient les yeux. Oh ! bon sang, elle n'allait pas se mettre à pleurer ! Liberty Reese ne pleurait pas. Elle était toujours maîtresse d'elle-même. Elle ne laissait jamais ses émotions prendre le pas sur sa raison.

Elle se rendit compte que Marcus la contemplait, l'air inquiet. Il se rapprocha et lui prit le menton.

— Liberty…

— Je vous en prie, réussit-elle à articuler. Le bébé, Marcus.

Mais elle ne put rien ajouter d'autre car les larmes se mirent à couler sur ses joues. Elle baissa les yeux et déglutit avec peine, tâchant de ravaler ces pleurs stupides.

Puis Marcus la prit dans ses bras et la serra contre lui.

— Ça va aller, murmura-t-il en lui frottant doucement le dos. Le bébé va s'en sortir.

— Vous n'en savez rien, répliqua-t-elle, tâchant de ne pas se lover contre son torse comme elle en brûlait d'envie.

A cet instant, Marcus n'était plus son patron mais un homme. Son contact à la fois doux et viril et sa fragrance masculine la grisaient. Un désir, puissant et inattendu, se mêlait à son sentiment d'angoisse et la plongeait dans une telle confusion qu'elle était incapable de s'écarter de Marcus comme elle l'aurait dû, ou de nouer les bras autour de sa taille comme elle le souhaitait. Elle était pétrifiée, aspirant à tellement plus que cette chaste étreinte tout en sachant que c'était impossible.

Marcus s'écarta un peu et lui releva le menton. Elle n'eut d'autre choix que de le regarder dans les yeux. C'était injuste, songea-t-elle tout en se noyant dans ses prunelles bleues de la même teinte que celle du lac Michigan. Pourquoi fallait-il qu'il soit aussi parfait : beau, sexy, riche et maintenant… tendre ? Pourquoi fallait-il qu'il lui inspire du désir alors qu'elle ne pourrait jamais l'assouvir ?

Il passa un pouce sur sa joue, essuyant les larmes qu'elle avait été impuissante à retenir.

— Ce bébé est-il si important pour vous ? demanda-t-il.

— Oui.

Ce fut tout ce qu'elle put répondre tant elle était subjuguée par cet homme. Il la tenait dans ses bras, il la réconfortait et la contemplait comme s'il était prêt à faire n'importe quoi pour la rendre heureuse. Pour un peu, elle allait croire qu'un de ses fantasmes se réalisait !

— Alors, je vais faire en sorte qu'on s'occupe bien de lui.

Son pouce lui effleura de nouveau la joue et son autre main se posa au creux de ses reins. Un coin de sa bouche se releva en un sourire qu'elle connaissait bien et qui signifiait que Marcus Warren obtiendrait exactement ce qu'il voulait.

Tout en sachant qu'elle n'en avait pas le droit, elle appuya la joue sur la paume de Marcus et savoura son contact.

— Vraiment ? Pourquoi faites-vous cela pour moi ?

Une curieuse lueur traversa le regard de Marcus, et il inclina la tête vers elle. Il allait l'embrasser ! Son patron allait l'embrasser, et non seulement elle le laisserait faire, mais elle lui rendrait son baiser. Aussitôt, toutes ces années où elle avait dû ignorer son désir pour lui disparurent comme par enchantement.

Mais il ne l'embrassa pas et répondit :

— Parce que vous êtes importante à mes yeux.

Surprise et folle de joie, elle en oublia presque de respirer. Elle, Liberty Reese, n'était pas seulement une employée précieuse. Elle était importante pour lui !

Soudain, l'alarme de son portable retentit, les tirant tous les deux de la folie dans laquelle ils s'étaient perdus. Marcus retira sa main et recula d'un pas avant de lui tendre son téléphone.

Il était déjà 8 h 45 ? Ils avaient commencé leur jogging matinal à 7 heures.

— Vous devez appeler Dombrowski dans quinze minutes au sujet du projet d'usine de bioénergie, lui dit-elle.

Malgré la chaleur qui montait, elle avait presque froid sans les bras de Marcus autour d'elle.

— Nous sommes plutôt en retard, aujourd'hui, remarqua-t-il en riant. Nous ne nous sommes même pas douchés.

Elle se figea tandis que la vision d'elle et de lui, ensemble sous la douche, surgissait dans son esprit. En temps normal, ils revenaient en courant jusqu'à l'immeuble de Marcus. Il montait chez lui pour se préparer tandis qu'elle récupérait le sac contenant ses vêtements dans la loge du concierge et prenait le métro jusqu'au bureau où Marcus avait fait installer une douche à son intention. Une fois prête, elle organisait les notes prises durant la course, et Marcus arrivait vers 9 h 30, tiré à quatre épingles.

En temps normal, ils ne se douchaient pas ensemble, donc. Ils ne se douchaient même pas dans le même immeuble.

Leurs contacts physiques se limitaient aux poignées de mains et, parfois, à une petite tape dans le dos.

— Voulez-vous que je programme un autre rendez-vous ?

— Oui. Puis nous rentrerons, et je passerai quelques coups de fil.

Et voilà. Ils reprenaient le cours normal de leur matinée. Liberty en était sûre, Marcus ferait comme si son étreinte et son invitation au mariage de Lillibeth Hanson n'avaient pas eu lieu. Tout compte fait, cela valait mieux ainsi.

Mais contre toute attente, Marcus se pencha vers elle. Bien qu'il s'abstienne de la toucher, elle sentait de nouveau l'air s'alourdir entre eux. Il posa le regard sur ses lèvres, et folle qu'elle était, elle se prit à espérer qu'il allait l'embrasser. Mais il n'en fit rien.

— Je vous le promets, Liberty, nous ne perdrons pas ce bébé.

- 3 -

Il fallut près de trois heures à Marcus pour trouver le bon fonctionnaire à qui parler. Le responsable du Children's Hospital, bien que comprenant l'inquiétude de Marcus, argua qu'il n'était pas légalement en mesure de lui fournir des informations sur le bébé. Toutefois, il le rappela vingt minutes plus tard pour lui communiquer le nom d'un responsable aux Services de protection de l'enfance.

Le responsable en question ne lui fut d'aucune aide, mais il obtint le nom de la directrice des tuteurs auprès de ces mêmes Services de protection de l'enfance. Quand il réussit à la joindre, il apprit qu'aucun assistant social n'avait encore été désigné pour s'occuper du bébé.

— Nous faisons de notre mieux, monsieur Warren, expliqua la femme d'une voix lasse, mais nous avons un nombre d'assistants sociaux et un budget limités. Le bébé restera sans doute plusieurs jours à l'hôpital. Nous enverrons quelqu'un dès que possible.

— Ce n'est pas suffisant, s'insurgea-t-il.

— Et comment voulez-vous procéder ? riposta-t-elle.

Comme il le faisait d'habitude : en ne laissant pas la bureaucratie se mettre en travers de son chemin. Il effectua une recherche rapide sur Internet et découvrit que l'actuel directeur des Services de protection de l'enfance avait été à l'école avec son père.

Quel idiot ! Il aurait dû commencer par là. Il connaissait par cœur les règles du jeu. Celui du bottin mondain. Ses parents le pratiquaient tout le temps. Les faveurs politiques et les donations constituaient le lubrifiant qui faisait fonctionner les rouages du pouvoir à Chicago.

Il lui fallut encore vingt minutes pour joindre le bureau du directeur et vingt minutes supplémentaires avant d'obtenir la promesse du directeur en personne qu'un assistant social serait désigné dans l'heure qui suivait.

— Bien sûr, en temps normal, nous ne communiquons pas d'informations aux personnes étrangères à la famille, déclara le directeur.

— Je considère cela comme une faveur personnelle, répondit Marcus, sincère.

Parce qu'après avoir vu Liberty faire tout son possible pour calmer le bébé, après avoir vu son angoisse tandis que l'ambulance s'éloignait, après l'avoir impulsivement serrée dans ses bras pour la rassurer, après avoir vu toute cette gratitude dans son regard quand il lui avait dit qu'il prenait les choses en main, oui, il en faisait une affaire personnelle.

— Saluez votre père de ma part, déclara le directeur à la fin de l'entretien.

— Je n'y manquerai pas, mentit Marcus.

Mieux valait que son père n'apprenne pas la teneur de cette conversation. Sinon, Laurence et Marisa Warren lui feraient la morale. Echanger des faveurs politiques était courant dans leur monde, mais le faire pour un motif pareil ? Pour un bébé abandonné ? Parce que son assistante avait versé une larme ?

« Qu'est-ce que tu espères gagner en agissant ainsi ? », lui dirait sa mère de sa voix affectée. Pour elle, la vie était un vaste marché où tout avait un prix. Soit on gagnait quelque chose, soit on perdait.

En l'occurrence, les Warren ne perdaient jamais.

Et son père ? En homme célèbre pour ses aventures avec ses secrétaires, il lui conseillerait : « Si tu la veux, prends-la. »

Mais il refusait de se comporter ainsi. Il refusait de se servir de Liberty sous prétexte que le pouvoir était de son côté. Il n'était pas son père.

Pourtant, celui-ci projetait une ombre écrasante sur lui. Marcus s'était inscrit à l'université que ses parents avaient choisie pour lui. Ses petites amies avaient été approuvées à l'avance par ses parents et sélectionnées dans leur cercle de connaissances. Même sa société, Warren Capital, était une idée de son père. Quel meilleur moyen d'engranger des bénéfices si ce n'est en finançant les entreprises de demain ?

Il lui avait fallu des années pour défaire les liens le rattachant à ses parents, mais maintenant il menait sa propre vie. Et Liberty en faisait partie. A l'époque, sa mère avait voulu lui imposer l'amie d'une amie au poste d'assistante, dans le but que cette jeune femme la tienne au courant des activités de son fils. Mais il l'avait contrecarrée en engageant Liberty dont la famille n'était connue de personne, sur la seule base de ses références et parce qu'elle courait tous les matins.

Ses parents lui avaient fait payer cet acte de rébellion et son refus d'épouser Lillibeth Hanson. Il ne jouissait plus de leurs bonnes grâces, mais il avait gagné bien davantage au change.

Il avait gagné son indépendance.

Quoi qu'il en soit, il ne fallait surtout pas que ses parents découvrent la démarche qu'il venait d'entreprendre sans quoi il les verrait de nouveau se mêler de sa vie.

— Monsieur Warren ?

Liberty passa la tête dans l'entrebâillement de la porte. Ainsi, il était redevenu M. Warren et non plus Marcus.

— Oui ?

— M. Chabot est en ligne.

Devant son air interrogateur, elle précisa :

— Le producteur de Feeding Frenzy. Il souhaite confirmer le rendez-vous à Los Angeles, le lendemain du mariage.

— Que lui avez-vous dit ?

— Je l'ai mis en attente.

La femme paniquée de ce matin avait disparu et, à la place, il retrouvait son assistante compétente et équilibrée, vêtue pour l'occasion d'un tailleur gris et d'un chemisier rose impeccables, les cheveux noués en un chignon sur la nuque, et arborant un maquillage discret, comme toujours.

Ce matin, il avait eu envie de l'embrasser sous le coup d'une impulsion venue de nulle part. Il l'avait observée pendant qu'elle tenait l'enfant et il avait perçu sa douleur quand l'ambulance s'était éloignée. L'ayant prise dans ses bras pour la rassurer, il lui avait murmuré que tout irait bien. Puis elle avait levé ses grands yeux sombres vers lui et…

— Merci, madame Reese, dit-il.

Parce que ce dont il avait besoin à cet instant, c'était d'oublier cette impulsion subite ainsi que la boutade qu'il avait faite en lui proposant de l'accompagner au mariage. Sauf qu'en réalité, il ne plaisantait pas. Et c'était un problème. Liberty était son assistante, elle ne faisait pas partie de son cercle social. S'il se montrait avec elle, les gens jaseraient. Ils penseraient qu'il prenait du bon temps avec sa secrétaire. Pis, ils supposeraient que Liberty le manipulait, comme Lillibeth l'avait fait.

Et en même temps, il avait envie qu'elle l'accompagne. Elle était loyale et digne de confiance. Et elle lui avait conseillé de faire ce dont il avait envie.

Elle s'apprêtait à quitter son bureau quand il la rappela :

— Liberty ?

Elle se figea l'espace d'une seconde avant de se retourner.

— Oui ?

— J'ai passé quelques coups de fil au sujet du bébé. Je vous tiendrai au courant dès que j'aurai des nouvelles.

Son expression s'adoucit, et il fut frappé par sa beauté. Jusqu'à ce matin, il ne s'était jamais rendu compte à quel point elle était superbe.

— Merci.

Il n'avait rien à gagner en s'occupant de ce bébé. Il ne lui rapporterait ni pouvoir ni argent ni faveur.

Mais il avait fait une promesse à Liberty. Et il avait l'intention de la tenir.

La maquette publicitaire de Rock City Watches que Liberty était en train d'étudier se brouillait devant ses yeux tandis qu'elle s'interrogeait sur le bébé. Cela faisait quatre jours qu'elle l'avait tenu dans ses bras. Etait-il toujours hospitalisé ? Etait-il en bonne santé ?

Elle n'aurait pas dû se faire autant de souci. S'inquiéter ne résoudrait rien. Par ailleurs, Marcus avait promis de s'informer à son sujet, et elle lui faisait confiance.

Bien sûr, cela faisait aussi quatre jours qu'il avait noué ses bras vigoureux autour d'elle et qu'il lui avait dit qu'elle était importante à ses yeux.

Depuis lors, il n'avait plus été question d'étreintes ni de longs regards. Ni du mariage, quand bien même la question devrait être abordée sans tarder. S'il persistait à vouloir s'y rendre, il aurait besoin d'une cavalière, d'une personne fiable qui ne verrait pas en lui qu'un homme sexy et…

Immensément riche.

La sonnerie du téléphone la tira de sa rêverie.

— Warren Capital Investments. En quoi puis-je vous être utile ?

— Madame Reese.

La voix affectée de Marisa Warren résonna à l'autre bout de la ligne. Elle serra les dents. La journée commençait mal !

— Comment va mon fils ?

— Bien, madame Warren, se contenta-t-elle de répondre.

Quand Marcus l'avait engagée, il avait insisté sur le fait qu'elle travaillait pour lui et non pour Laurence ou Marisa Warren. S'il la surprenait en train de communiquer des informations à ses parents sur ses activités, ses projets ou sa vie personnelle, elle n'aurait plus qu'à ramasser ses affaires et à prendre la porte. Fin de la discussion.

Par chance, Liberty s'y prenait à merveille pour dire aux gens ce qu'ils avaient envie d'entendre sans rien dévoiler.

— Je me demandais, intervint Marisa, si mon fils avait choisi une cavalière pour se rendre au mariage de Lillibeth Hanson. L'événement a lieu dans deux semaines, et mon fils sait à quel point c'est important.

Au début, Liberty n'avait pas vraiment compris pourquoi Marcus était si déterminé à ne laisser filtrer aucune information auprès de ses parents. Après tout, elle avait grandi en rêvant d'avoir des parents attentionnés. Et Marisa Warren semblait beaucoup se soucier de son fils. Mais les apparences s'étaient révélées trompeuses.

— Madame Warren, répondit-elle de son ton le plus déférent, car elle s'était vite rendu compte que si Marcus la traitait avec respect, ses parents l'assimilaient à une domestique. Je ne suis pas en mesure de vous parler de ses projets pour le mariage.

— Vous avez sûrement entendu quelque chose…

— Comme vous le savez, M. Warren ne me communique aucune information personnelle.

Elle n'aurait su dire précisément à quel moment ce mariage était passé du domaine personnel à celui des affaires et vice versa. Quand la liaison de Marcus avec Lillibeth avait fait la une des médias, elle avait lu tous les articles qui en parlaient, mais Marcus n'avait jamais abordé la question durant les heures de bureau. C'était uniquement lors de leur jogging matinal qu'il avait effleuré le sujet, non pas pour lui faire part de ses sentiments mais pour trouver la meilleure façon de limiter les dégâts causés par ce scandale.

Il lui avait demandé de préparer une liste de jeunes femmes acceptables avec qui il pourrait se rendre au mariage. Puis, il lui avait proposé — en plaisantant, bien sûr — d'être sa cavalière.

— Hum, marmonna Mme Warren pour manifester élégamment son dépit. Dites-lui de m'appeler quand il sera disponible.

Curieusement, cette femme ne demandait jamais à parler à Marcus quand elle appelait au bureau. Elle n'appelait pas pour lui parler, mais pour parler de lui à son assistante.

Or Liberty savait vers qui allait sa loyauté, même si Mme Warren semblait l'ignorer.

— Je n'y manquerai pas, madame Warren.

Elle raccrocha et finit d'étudier la maquette publicitaire de Rock City Watches. Si Marcus décidait d'orienter cette maison horlogère vers le très haut de gamme, la maquette était trop racoleuse et le texte faisant référence au renouveau de Detroit occupait trop d'espace. Non, la maquette devait dégager une impression de sobriété et d'élégance.

Ce que les riches voulaient, c'était l'exclusivité. Elle l'avait appris durant les trois années passées dans ce bureau. Ils ne se satisfaisaient pas de posséder une montre de luxe, une grosse cylindrée ou une demeure somptueuse. Ils voulaient être sûrs que leurs biens surpassaient ceux des autres. C'était sans doute pour cette raison qu'ils dépensaient des fortunes en œuvres d'art. Par définition, celles-ci étaient des pièces uniques.

Ce monde lui était encore étranger, mais au bout de trois ans elle commençait à en maîtriser les codes.

Elle finissait de rédiger ses notes quand Marcus l'appela.

Munie de sa tablette et de la maquette, elle pénétra dans son bureau. Cet endroit, par exemple, illustrait parfaitement la nécessité pour un riche de posséder ce qu'il y avait de mieux. Bien que Warren Capital soit une société relativement petite — Marcus employait quinze personnes pour s'occuper des finances et des contrats —, elle était située sur LaSalle Drive, au dernier étage d'un des plus prestigieux immeubles de bureaux de Chicago. La pièce que Marcus s'était attribuée était installée dans l'angle, et son immense façade vitrée dominait le centre-ville et le lac Michigan. Warren Capital étant la seule société à cet étage, personne d'autre ne pouvait revendiquer cette vue imprenable. Marcus possédait donc ce qu'il y avait de mieux en la matière.

Or à force de volonté, elle avait réussi à se tailler une place dans ce monde. Une place modeste, certes, mais qu'importait ? Elle aimait ce bureau, cette vue. Tout était net et brillant. Il n'y avait pas de trous dans les murs ni de cafards courant partout. En cas de panne, le service d'entretien faisait le nécessaire immédiatement. L'électricité et la climatisation fonctionnaient toujours. Ce bureau était à des années-lumière de l'appartement de son enfance, dans le grand ensemble de Cabrini-Green.

— Votre mère a appelé, déclara-t-elle, prenant son siège habituel en face de Marcus.

Le mobilier reflétait une sensibilité moderne — des fauteuils en cuir noir et un bureau en ébène, chrome et verre. Même les tableaux accrochés aux murs étaient modernes, notamment un Edward Hopper et un Mark Rothko. Marcus avait acheté le Rothko pour trente-cinq millions de dollars.

Oui, il avait un compte en banque… faramineux.

— Elle a cherché à vous soutirer des informations sur mes projets pour le mariage, devina-t-il sans lever les yeux.

— Oui. Elle voulait savoir si vous aviez choisi une cavalière.

Marcus exhala un profond soupir.

— J'ai eu des nouvelles du bébé, si cela vous intéresse toujours.

— Quoi ?

Son cœur se mit à cogner dans sa poitrine. Mais devant l'air surpris de Marcus, elle précisa :

— Bien sûr que cela m'intéresse ! Pourquoi en serait-il autrement ?

— Vous ne m'avez pas posé de questions.

Elle cilla, éberluée.

— Vous m'aviez promis de vous renseigner. Je ne voulais pas vous harceler.

Elle perçut de l'amusement dans son regard et aussi autre chose. Etait-ce de la tendresse ?

— Voyons, Liberty, commença-t-il avec bienveillance.

Un flot de chaleur se diffusa dans tout son corps. Avait-elle tort d'aimer la façon dont il prononçait son prénom ? Avait-elle tort d'avoir envie qu'il le prononce encore ?

— Jamais vous ne me dérangeriez.

Elle déglutit avec peine et s'efforça de se ressaisir. Visiblement, ils s'égaraient.

— Qu'avez-vous appris au sujet du bébé ?

— Ah, oui.

Voyant qu'il reportait son attention sur son ordinateur, elle se détendit.

— Il est sorti de l'hôpital.

— Vraiment ? Il va bien ? A-t-on retrouvé sa mère ?

— Par chance, étant donné les circonstances, il est en bonne santé, mais la police n'a pas encore localisé ses parents.

Il lui adressa un regard désolé.

— Je crains qu'elle ne se donne pas beaucoup de mal, malgré mon insistance. Je doute qu'on retrouve la mère.

Elle ne savait pas trop quoi penser. D'un côté, elle éprouvait de la tristesse à l'idée que ce pauvre enfant soit abandonné et ne connaisse jamais ses parents.

Mais que se passerait-il si on retrouvait sa mère ? Il y avait d'autres façons d'abandonner un enfant que de le laisser dans un parc. Elle en savait quelque chose.

Marcus interrompit le cours de ses pensées.

— On m'a assuré que la mère d'accueil est un de leurs meilleurs éléments et que les besoins du bébé seront satisfaits.

Elle le contempla, bouche bée, pendant un moment avant de se ressaisir et de refermer la bouche. C'était sans doute ce qu'ils pouvaient espérer de mieux. Une de leurs meilleures mères d'accueil ? L'assurance que le bébé serait bien traité ? En somme, tout ce qu'elle n'avait jamais eu quand elle était dans le système.

— C'est formidable. Puis-je lui rendre visite ?

Marcus la considéra, stupéfait.

— Je n'ai pas l'adresse.

— Oh ! fit-elle, contemplant sa tablette. Je pensais…

Elle s'éclaircit la gorge et s'efforça de se concentrer sur le travail.

— Voici mon analyse de la maquette de Rock City Watches. Selon moi, elle n'atteint pas la clientèle cible que vous visez. Et vous devez encore trouver une cavalière pour le mariage.

Elle se leva et tendit la maquette et ses notes à Marcus, puis elle se dirigea vers la porte.

C'était mieux ainsi. Elle avait fait ce qu'elle pouvait pour le bébé. Marcus avait respecté sa promesse de le retrouver. Il était entre de bonnes mains.

D'ailleurs, que pouvait-elle faire d'autre ? Adopter le bébé ? Allons donc. Elle travaillait de 7 heures à 18 heures, cinq jours par semaine, et elle venait encore au bureau le samedi pour préparer les rendez-vous de la semaine suivante. Elle ne pouvait pas faire autrement. Elle ignorait tellement de choses sur cet univers, alors qu'elle ne pouvait pas se permettre de faire figure de profane. Ce qui signifiait qu'elle devait mettre les bouchées doubles.

Elle s'apprêtait à franchir le seuil quand Marcus l'interpella.

— Liberty.

Elle s'arrêta. Il n'allait pas lui redemander de l'accompagner, tout de même.

Elle se tourna pour lui faire face. La façon presque tendre qu'il avait de la regarder… n'avait rien de normal, et c'était d'autant plus injuste. Si seulement il la contemplait ainsi parce qu'il y avait quelque chose entre eux, quelque chose de possessif et d'intense. Elle en rêvait depuis trois ans. L'envie qu'il la regarde avec les yeux de l'amour était si forte qu'elle en fut effrayée. Aussi se mit-elle sur la défensive.

— Vous ne pouvez pas sérieusement vouloir que je vienne avec vous à ce mariage !

Ses lèvres s'incurvèrent en un sourire malicieux.

— N'est-ce pas vous qui m'avez conseillé de faire ce dont j'avais envie ?

— Si, mais…

Il leva sa main, tel un roi magnanime.

— Voulez-vous revoir le bébé ?

Elle lui jeta un regard dur. Etait-ce un jeu ? Si c'était le cas, elle refusait de jouer.

— Monsieur Warren, vous me mettez dans une situation embarrassante. Vous me donnerez l'adresse de la mère d'accueil si j'accepte d'assister à ce mariage ridicule en tant que… bouclier humain ?

Un muscle tressauta dans la mâchoire de Marcus, et une lueur dangereuse traversa son regard. Rares étaient les personnes qui osaient dire « non » à Marcus Warren. Mais elle en faisait partie.

— Contentez-vous de répondre à ma question. Voulez-vous revoir le bébé ?

— Oui, admit-elle, attendant avec méfiance la contrepartie de son offre.

— Ce sera tout, déclara-t-il, reportant son attention sur son ordinateur.

Il la congédiait de façon si soudaine et si inattendue qu'elle demeura immobile un moment. Marcus ne leva pas les yeux. Il l'ignora purement et simplement.

Et ce n'était pas un sentiment agréable, loin de là.

- 4 -

Cette fois, le responsable des Services de protection de l'enfance n'hésita pas à donner à Marcus le nom et l'adresse de la mère d'accueil. Il n'avait qu'à se présenter, et la dame en question lui montrerait tout ce qu'il voulait.

Bon. Voilà au moins une personne qui se conduisait de façon appropriée. Il ne pouvait pas en dire autant de son assistante.

Marcus contempla l'information qu'il avait écrite sur une lettre à en-tête de sa société. Hazel Jones. Il vérifia l'adresse via Google et découvrit qu'elle habitait à West Rogers Park, un quartier au nord de Chicago.

C'était ridicule. Il ferait mieux de mettre au point une stratégie pour survivre à ce mariage au lieu de perdre son temps, son énergie et des faveurs pour un bébé abandonné et pour son assistante. Et pourtant, c'était ce qu'il faisait.

Il n'avait rien à gagner dans cette histoire. Il n'avait pas besoin de Liberty pour lui servir de bouclier humain, et le sous-entendu contenu dans sa remarque était une insulte à son orgueil. Bon sang, il était un Warren ! Il ne se cachait pas pour éviter quelqu'un ou quelque chose, et malheur à la personne qui se mettait entre lui et son objectif.

Laquelle personne était, en cet instant précis, Liberty Reese.

Il sortit de son bureau et la trouva en train de téléphoner. Elle leva les yeux vers lui, et le soupçon d'inquiétude qu'il perçut dans son regard l'énerva un peu plus. Pourquoi avait-elle peur de lui ? Son père l'aurait culbutée sur son bureau peu après l'avoir engagée, et si elle avait élevé la moindre protestation, il aurait entravé sa carrière par tous les moyens.

Et comment s'était-il comporté, lui ? Il l'avait traitée avec respect. Il n'avait jamais posé la main sur elle ni sous-entendu que l'attribution de son poste aurait une quelconque contrepartie sexuelle.

Il lui avait simplement demandé de l'accompagner à ce mariage. Et maintenant, elle le traitait comme s'il était un type dont elle avait tout à craindre !

— Oui, disait-elle à son interlocuteur. C'est exact. Non... Non, assenait-elle d'une voix plus sévère. Ce n'était pas le délai prévu. Cette information doit me parvenir le 12.

Elle haussa un sourcil vers lui et articula en silence :

— Oui ?

Il croisa les bras et répondit sur le même mode :

— J'attendrai.

Il perçut de nouveau cette même lueur d'inquiétude dans ses yeux. Bon, d'accord. Peut-être avait-il commis une erreur en lui proposant de l'accompagner à ce fichu mariage. En réalité, s'il ne tenait qu'à lui, il n'y assisterait même pas.

— Non, le 12. Je me suis bien fait comprendre ? Le 12 ! répliqua-t-elle sèchement.

Marcus sourit. Il l'avait engagée parce qu'elle était en dehors de la sphère d'influence de ses parents et parce qu'elle courait. Mais elle s'avérait aussi une excellente assistante sachant faire preuve de fermeté en cas de besoin.

Elle leva les yeux au ciel, exaspérée par son interlocuteur au bout du fil, et fouilla dans une petite pile de papiers sur son bureau. Elle en retira un feuillet qu'elle tendit à Marcus.

Il avait pour titre « Suggestions pour le mariage Hanson-Spears ». Suivait une liste de noms et de numéros de téléphone.

Il lui jeta un regard accablé, mais elle l'ignora.

— Oui. Excellent. Nous attendons votre travail.

Elle raccrocha et prit une profonde inspiration.

— Je dois dire qu'à ce stade les responsables de la société de vêtements connectés pour bébés ne font preuve ni d'organisation ni de professionnalisme. Je doute qu'ils soient prêts à passer à l'étape suivante.

Ah, oui. La société qui sollicitait un financement pour une ligne de vêtements et de couvertures pour bébés, garnis de capteurs dans le tissu pour que les parents anxieux puissent surveiller les habitudes de sommeil et d'alimentation de leurs enfants à l'aide de leurs téléphones. L'idée était séduisante, mais il n'aimait pas voir son argent dépensé en pure perte à cause d'une organisation défectueuse.

— J'en prends bonne note.

Elle lui adressa un sourire, mais il n'était pas sincère.

— En quoi puis-je vous aider ?

Il lui tendit le nom et l'adresse qu'il avait écrits.

— Tenez. C'est dans West Rogers Park, au nord de la ville.

Liberty émit un petit bruit de gorge, une sorte de halètement qu'elle s'efforça de maîtriser.

— Je…

Elle leva les yeux vers lui et, cette fois, toute trace d'inquiétude ou de sourire factice avait disparu. Il contemplait la jeune femme qu'il avait tenue dans ses bras l'autre matin.

Elle ferait n'importe quoi pour ce bébé, comprit-il. Y compris assister au mariage avec lui.

Il le savait. Et à en juger par la rougeur qui colorait ses joues, elle le savait aussi.

Comme sa vie en serait facilitée ! Une cavalière à sa convenance en échange d'une petite information. Il n'aurait plus besoin de choisir une jeune femme approuvée par ses parents, une habituée des médias qui risquait de considérer cette invitation comme le préambule à une demande en mariage. Il emmènerait Liberty et passerait même un bon moment en sa compagnie. Ils feraient leur jogging matinal le long du Pacifique.

Elle ne pourrait pas refuser.

Et lui ne vaudrait pas mieux que son père.

— Chose promise, chose due, dit-il, pivotant sur ses talons pour retourner dans son bureau.

Il perçut le raclement de sa chaise tandis qu'elle se levait pour le suivre.

— C'est tout ?

— Oui, c'est tout, confirma-t-il, s'asseyant à son bureau.

Il n'aurait su dire pourquoi, mais il éprouvait une sensation étrange quoique pas désagréable. Il lut la liste qui contenait une douzaine de noms. Il était sorti avec la moitié des jeunes femmes et il connaissait l'autre moitié. Toutes rencontreraient l'approbation de sa mère.

Il froissa le feuillet et le jeta dans la corbeille à papier.

— Vous n'allez pas…

Elle laissa sa phrase en suspens, mais il devinait la suite. *Vous n'allez pas me forcer la main ?*

— Insister pour que vous fassiez quelque chose qui vous déplaît et sort du cadre de votre travail ? Non, répondit-il, s'efforçant de prendre un ton désinvolte.

Il allait vraiment renoncer à cette idée ? S'il ne choisissait pas une cavalière et n'emmenait pas Liberty, il serait contraint d'y aller seul. A coup sûr, ses parents le renieraient.

Il contempla Liberty et ne fut pas surpris de voir qu'elle avait l'air de quelqu'un qui venait de pénétrer dans une pièce pleine d'alligators menaçants.

— C'est… Merci.

Plus étrange encore, il se sentit mieux, comme si la reconnaissance de Liberty était tout ce dont il avait besoin.

— De rien.

Mais au lieu de quitter la pièce, elle fit un pas en avant.

— Marcus…

Ce n'était pas comme si elle n'avait jamais prononcé son prénom auparavant. Mais cette fois, quelque chose dans sa façon de le prononcer retint son attention.

— Je sais que je ne devrais pas vous demander ça, mais…

Elle contempla les coordonnées de la mère d'accueil comme s'il lui avait offert un lingot d'or.

— Puis-je partir plus tôt, aujourd'hui ? Rien qu'aujourd'hui, s'empressa-t-elle d'ajouter. C'est juste que…

Il se rappelait la manière dont elle avait calmé le bébé. Elle ne s'était pas contentée de lui fredonner une berceuse, elle lui avait dit qu'il était fort et qu'il allait s'en sortir. Et Marcus se rappelait aussi à quel point il avait été bouleversé en voyant Liberty serrer tendrement ce bébé contre elle.

— Je viendrai samedi pour finir le travail de la semaine, proposa-t-elle, se méprenant sur son silence.

Il la contempla sans mot dire. Se figurait-elle qu'il ignorait qu'elle venait déjà travailler tous les samedis ?

— La qualité de mon travail n'en sera pas affectée, insista-t-elle.

En somme, elle lui rappelait qu'il détenait tout le pouvoir et qu'il pouvait gagner quelque chose dans cet échange.

Il consulta sa montre. Elle indiquait 15 h 45, de bonne heure selon leurs critères, puis il tendit la main.

— Donnez-moi ce papier.

— Oh ! fit-elle, terriblement déçue. Oui, bien sûr.

Elle s'avança vers lui à contrecœur et lui tendit le papier. Puis elle fit demi-tour, tête baissée, et se dirigea vers la porte.

— Préparez-vous, ajouta-t-il, décrochant son téléphone. Nous y allons ensemble.

Il n'avait rien à gagner dans l'histoire, mais il accédait à sa demande parce qu'il en avait envie.

Contre toute attente, Liberty se retrouva assise sur le siège passager de l'Aston Martin de Marcus, filant en direction de Lake Shore Drive. Pendant un instant, elle avait été catastrophée de ne pas pouvoir rendre immédiatement visite au bébé. Et l'instant d'après, Marcus la conduisait en personne à la maison d'accueil !

Elle n'était jamais montée dans sa voiture auparavant. Oh ! bien sûr, elle assistait à des réceptions d'ordre professionnel avec lui, mais elle s'y rendait en métro, ou à des dîners d'affaires avec des clients potentiels, auquel cas elle louait une limousine pour le compte de Marcus afin de véhiculer tout leur groupe.

L'Aston Martin était sa voiture personnelle. Et il la conduisait comme un bolide de course. Elle s'agrippa discrètement à la poignée de sa portière quand il négocia un virage sans freiner.

— Vous n'êtes pas obligé de rouler aussi vite, protesta-t-elle, tâchant de paraître calme. Je ne suis pas pressée à ce point.

— Je ne roule pas vite, répliqua-t-il.

De fait, quand ils rejoignirent l'autoroute, il appuya à fond sur la pédale de l'accélérateur, et elle fut littéralement projetée en arrière sur son siège. Lake Shore Drive n'était pas encore saturé par les banlieusards, et Marcus se faufila habilement à travers la circulation.

Si elle ne craignait pas autant de mourir calcinée dans un amas de ferraille, elle serait forcée d'admettre que cette course était plutôt sexy. Combien de fois avait-elle eu un milliardaire comme chauffeur personnel ? Jamais.

Ils remontèrent Lake Shore Drive en un temps record, puis ils prirent la direction de Peterson Park, ce qui obligea Marcus à ralentir.

Elle était nerveuse. Et si ce foyer d'accueil, censé être le meilleur, ne répondait pas à ses attentes ? Elle tâcha de se souvenir des trois foyers qu'elle avait fréquentés. Elle gardait un souvenir confus du premier car elle venait d'intégrer la maternelle. Un beau jour, sa mère n'avait pas été là à la descente du bus. Liberty s'était débrouillée tant bien que mal, allant voir grand-mère Devlin à l'heure des repas, mais elle avait été rapidement placée dans un foyer.

Tout ce dont elle se souvenait, c'était qu'il faisait froid dans la chambre et que les autres filles étaient méchantes avec elle. Mais elle avait toujours mangé à sa faim, et il n'y avait pas de cris ni de bagarres, comme à la maison.

— Pourquoi tenez-vous tellement à le voir ? demanda Marcus, attendant que le feu de signalisation passe au vert.

Elle se raidit. Etaient-ils encore dans l'affrontement, comme tout à l'heure ? Ou les choses étaient-elles redevenues normales ? Puisqu'ils se trouvaient en dehors du bureau, s'agissait-il d'une conversation sur un mode plus informel, comme quand ils couraient le matin ?

Marcus lui jeta un coup d'œil oblique.

— C'est une simple question, Liberty, dit-il d'une voix lasse. Ça n'a rien à voir avec le mariage.

Oh ! si seulement elle pouvait lui faire une réponse honnête ! Mais comment réagirait-il si elle lui parlait de sa mère toxicomane, de son enfance de petite fille non désirée et mal aimée, et de ses séjours en foyers d'accueil ? Serait-il toujours disposé à l'emmener à ce mariage stupide ou ne verrait-il en elle qu'une mystificatrice indigne de confiance ?

Par chance, il ne cherchait pas à connaître ses plus sombres secrets. Sa question participait d'une conversation polie. Restait à espérer qu'il se satisferait de sa réponse :

— J'avais un petit frère.

Elle s'aperçut, horrifiée, que sa voix tremblait. Elle n'avait jamais parlé de lui à qui que ce soit. Qui cela aurait-il intéressé ? Ses parents d'accueil ? Ils avaient trop d'enfants à s'occuper. Ses enseignants ? Ils l'auraient prise en pitié, et elle en avait eu sa dose, de la pitié. Ses amies ? Balivernes.

— Je l'ignorais, répondit Marcus. Je suis désolé.

— Ce n'est pas grave, mentit-elle.

Ce mensonge lui était venu naturellement parce qu'avec le temps elle avait appris à relativiser les choses. Elle s'était battue pour survivre. Désormais, elle menait une vie décente. Elle pouvait donc se permettre d'ignorer le passé.

Du moins, elle en avait été capable jusqu'à la découverte du bébé abandonné. Là, tout lui était revenu en mémoire.

Elle déglutit avec peine et s'efforça de raffermir sa voix.

— Il est né avec des malformations congénitales et n'a pas vécu longtemps.

C'était une version de la vérité acceptable pour un homme aussi raffiné que Marcus.

Le silence qui s'ensuivit la mit sur des charbons ardents. Elle se rendait compte que Marcus réfléchissait, et elle redoutait qu'il pose d'autres questions. Elle serait obligée de trouver une meilleure version de la vérité, mais tôt ou tard, elle se trahirait ou elle serait amenée à proférer un vrai mensonge. Aussi, décida-t-elle de détourner la conversation.

— Je vous remercie de m'accompagner, mais ce n'était pas nécessaire. Vous devriez plutôt étudier la liste que je vous ai donnée.

— Vous parlez de celle que j'ai jetée ?

Ouf. Ils retrouvaient leur ton de plaisanterie matinal.

— J'en ai d'autres copies, annonça-t-elle.

Elle fut récompensée par un grand sourire de Marcus.

— Vous devriez vous concentrer sur le mariage et sur la réunion avec les producteurs au lieu de m'emmener voir un bébé abandonné, insista-t-elle.

— Peut-être que c'est ce que je souhaite faire.

— Soyez sérieux, Marcus.

Ils s'arrêtèrent à un autre feu rouge.

— Je suis sérieux. Vous pensez être la seule à vous soucier de ce bébé ?

— Vous vous en préoccupez aussi ? s'étonna-t-elle.

— C'est difficile à expliquer, mais quand je vous ai vue le tenir dans vos bras…

Oh. La façon dont il laissait sa phrase en suspens et son air nostalgique, tout cela ne présageait rien de bon.

Elle n'était pas assez bien pour lui. Elle ne serait jamais rien de plus qu'une employée précieuse qui se levait très tôt le matin pour courir avec lui.

— Je risquerais de ternir votre réputation.

Marcus concentrait son attention sur la route, mais sa mâchoire était crispée, comme tout à l'heure, au bureau.

— Ma réputation n'est pas le plus important.

Elle aurait tant voulu le croire, mais elle savait que dans l'univers de Marcus, sa seule existence serait un scandale.

— Je ne suis pas assez bien pour vous, murmura-t-elle.

Il s'engagea dans une petite rue et se gara.

— Je suis seul juge en la matière.

C'était précisément ce qui l'inquiétait.

- 5 -

Marcus sortit de la voiture et regarda alentour. Il avait toujours vécu dans le quartier huppé de Gold Coast, avec ses gratte-ciel luxueux, ses portiers et ses voituriers. Il quittait rarement le centre-ville et, quand il le faisait, c'était pour aller voir jouer les White Sox, les Bulls ou les Blackhawks au United Center, de sa loge privative, bien sûr.

Il examina les bâtiments à un étage et les bungalows plus anciens qui bordaient la rue. La plupart des pelouses étaient tondues. Etait-ce un quartier convenable ?

— C'est agréable, ici, remarqua Liberty, l'air stupéfait.

— Vous vous attendiez à quoi ? A des taudis ?

Sa façon de détourner le regard tout en riant piqua sa curiosité. Elle contempla de nouveau l'adresse inscrite sur le papier, et il remarqua que ses mains tremblaient.

— C'est cette maison, annonça-t-elle, désignant un petit bungalow à la façade blanche.

La peinture autour des fenêtres était un peu écaillée, et avec le temps le crépi blanc avait pris une teinte sale, mais, dans l'ensemble, l'endroit avait l'air convenable.

— Prête ? demanda-t-il.

Elle prit une profonde inspiration et lui jeta un regard d'excuse.

— Vous devez trouver que cette démarche est ridicule.

Il brûlait d'envie de la prendre dans ses bras et de la rassurer. Mais il se contenta de répondre :

— Non. Et je suis content de la faire avec vous.

Les yeux de Liberty s'agrandirent de nouveau sous le coup de la surprise, mais elle s'abstint de tout commentaire. Ils s'avancèrent jusqu'à la porte d'entrée, et il frappa. Voyant que personne ne se manifestait, il frappa une deuxième fois.

— Elle sait que nous venons, n'est-ce pas ? demanda Liberty, une note de panique dans la voix. Nous aurions dû…

Sur ces entrefaites, la porte s'ouvrit à la volée.

— Monsieur Warren ?

Marcus ne put s'empêcher de sourire devant l'apparition de leur hôtesse, une dame d'un certain âge, de petite taille, avec des cheveux blancs coupés au carré et de grandes lunettes à la monture de style vintage.

— Bonjour, madame Jones. Nous nous sommes parlé au téléphone. Et voici Liberty Reese. C'est nous qui avons découvert le bébé et nous voulions simplement voir comment il allait.

— C'est un plaisir de vous rencontrer, madame Jones, déclara Liberty, visiblement mal à l'aise.

— C'est très gentil à vous d'être venus, déclara l'intéressée en souriant. Je vous en prie, appelez-moi Hazel. Entrez et refermez bien la porte derrière vous, s'il vous plaît.

Marcus s'effaça pour laisser passer Liberty. Dans l'entrée, il distingua deux autres portes. Mais Hazel et Liberty empruntèrent un escalier menant à l'étage, et il les suivit après avoir refermé la porte d'entrée un peu récalcitrante. Arrivé sur le palier, il examina les lieux.

Quelle ne fut pas sa surprise ! Quand il était petit, il avait eu une nourrice qui adorait la série télévisée The Brady Bunch. Ses parents ne croyaient pas aux vertus du petit écran, c'est pourquoi il était heureux comme un roi quand Mlle Judy le laissait regarder la série s'il avait appris toutes ses leçons. Elle préparait un saladier de pop-corn, puis ils s'installaient sur le canapé, et pendant une demi-heure il avait un aperçu de ce qu'il pensait être une vie normale.

Cela faisait une éternité qu'il n'avait pas songé à cette série. Mais en cet instant, il eut l'impression de pénétrer dans la maison des Brady. Tout datait des années 1960 ou 1970 : les lambris en pin, le canapé aux coussins recouverts de vinyle, la prédominance des tons dorés et orangés. Il passa la tête dans l'entrebâillement d'une porte — oui, les appareils électroménagers de la cuisine étaient vert avocat.

Et c'était l'un des meilleurs foyers d'accueil ?

— Il est dans la chambre d'enfants, indiqua Hazel. Il dort encore. Ils dorment beaucoup la première semaine. Mais il commence à se réveiller.

— Il va bien ? demanda Liberty d'une voix anxieuse.

— Parfaitement bien, répondit Hazel tout en les guidant à travers une petite salle à manger et devant deux portes donnant sur une chambre et une salle de télévision. La troisième porte ouvrait sur la chambre d'enfants.

— Mais je comprends votre inquiétude. J'ai eu des bébés nés dépendants à la drogue. Par chance, il ne semble pas avoir ce genre de problèmes.

Elle s'arrêta et poussa un soupir.

— Sa pauvre mère ! Il y a de quoi s'interroger.

— Oui, il y a de quoi, convint Liberty.

Hazel lui adressa un sourire maternel et lui tapota le bras.

— C'est bien que vous soyez venus. Par ici.

Ils pénétrèrent dans la petite chambre. Marcus découvrit un berceau métallique contre un mur et un plus grand, en bois, contre un autre mur, une commode dont le dessus était recouvert d'un tissu-éponge bleu et un rocking-chair usé. Ce mobilier datait-il de l'époque où les propres enfants de Hazel Jones étaient bébés ?

Il s'aperçut que deux des murs étaient couverts de photos de bébés. Des vieux clichés aux bords recourbés couleur sépia, en harmonie avec le reste de la maison.

Près d'une fenêtre se trouvait une vieille balancelle pour bébé qui grinçait doucement. Et où était couché le nourrisson. Il était propre et dûment emmailloté, et Marcus aurait juré qu'il avait grandi durant les cinq derniers jours, mais il n'y avait pas d'erreur possible, c'était le bébé qu'ils avaient trouvé. Il l'aurait reconnu entre mille. Comme c'était étrange !

Liberty émit un petit bruit de gorge.

— Oh ! s'exclama-t-elle, se couvrant la bouche d'une main.

Hazel lui tapota de nouveau le bras.

— Vous et votre petit ami êtes ses anges gardiens. Il serait sans doute mort sans votre intervention.

— Nous ne sommes pas…, commença Liberty.

Mais Hazel l'interrompit.

— Il sera bientôt l'heure de son biberon. Aimeriez-vous le lui donner ?

— Je peux ? demanda Liberty, se tournant vers Marcus. Avons-nous le temps ?

Comme si elle avait besoin de sa permission.

— Oui, bien sûr.

— Je reviens tout de suite. Surtout, ne partez pas ! plaisanta Hazel avant de se diriger vers la cuisine.

— Vous êtes contente de le revoir ? dit-il à Liberty tandis qu'ils contemplaient le bébé.

— Oh ! oui. Il a l'air d'aller bien, remarqua-t-elle comme si elle avait du mal à le croire.

Le bébé soupira et tourna sa tête minuscule vers eux. Liberty tendit une main en direction de Marcus qui s'en empara. Il la pressa pour lui marquer son soutien, et elle pressa la sienne en retour.

— Regardez comme il est adorable, dit-elle, subjuguée.

— A votre avis, cette maison lui convient-elle ?

Il examina de nouveau le mobilier usé.

— Il paraît que c'est l'un de leurs meilleurs foyers d'accueil.

— Oui, cet endroit est très bien. Et visiblement, Hazel n'a que lui en ce moment. C'est inespéré.

Il fut frappé par sa remarque, comme si Liberty connaissait bien le sujet. Mais avant qu'il puisse l'interroger, Hazel surgit dans la chambre et lança gaiement :

— A nous, maintenant.

Il lâcha la main de Liberty et s'écarta. Hazel lui tendit le biberon qu'il prit, même s'il ignorait comment s'en servir.

— Lui a-t-on déjà donné un prénom ? demanda Liberty.

— Pas encore. Il est toujours le « bébé du parc ».

Comme en réponse, le nourrisson leva ses menottes et se frotta les yeux.

— Mais il devrait en avoir un, ajouta Hazel.

— William, déclara Liberty. Il se prénomme William.

Elle prononça ces mots avec une telle conviction que Marcus la considéra, stupéfait.

— Oh ! j'aime beaucoup, déclara Hazel en souriant. C'était le prénom de mon mari.

Le bébé commença à s'agiter, et Hazel le souleva prestement avant de le déposer sur le tissu-éponge recouvrant le dessus de la commode. Elle défit son vêtement, un genre de pyjama, puis elle retira sa couche avec une habileté qui témoignait d'une longue pratique.

— Nous n'avons jamais eu d'enfants, poursuivit-elle en sortant une couche propre du tiroir supérieur sans ôter son autre main du ventre du bébé. Mais j'adorais les enfants. Alors, quand on m'a proposé une retraite anticipée de l'enseignement en 1988, j'ai décidé de devenir grand-mère d'une façon ou d'une autre.

— Vous ne vous occupez que de nourrissons ? demanda Liberty.

— Oui. J'adore cet âge. Ce sont de vrais petits anges. En revanche, dès qu'ils commencent à ramper et à marcher, cela devient trop fatigant pour moi. Le rythme plus lent des nourrissons me convient parfaitement.

En la voyant faire, il eut l'impression que la tâche était facile. Puis le bébé presque nu se mit à gigoter, et s'ensuivit l'étape du nettoyage des fesses et…

Soudain, il fut terrifié. Ce n'était pas la peur panique qu'il avait ressentie en ôtant le couvercle de la boîte et en découvrant l'enfant — il y avait eu une vie en jeu, et Dieu merci, ce danger était écarté. Mais quand Hazel demanda à Liberty si elle voulait l'aider à rhabiller William, toute cette scène lui parut tellement éloignée de ses habitudes de vie qu'il eut l'impression d'avoir atterri sur une autre planète.

Liberty glissa les pieds minuscules du bébé dans les jambes du vêtement et remonta la fermeture Eclair.

— Et voilà, chantonna Hazel en soulevant William.

Puis elle s'adressa à Liberty.

— Voulez-vous vous asseoir dans ce rocking-chair ?

Liberty prit place, et Hazel déposa le bébé dans ses bras. A cet instant, sa vision de Liberty changea radicalement. C'était comme s'il contemplait une autre femme. Il n'avait plus devant lui son assistante, mais la vraie Liberty.

Hazel prit le biberon des mains de Marcus et montra à Liberty comment le tenir. Puis elle disposa un petit coussin sur l'accoudoir, pour soutenir le bras de la jeune femme.

— Et maintenant, donnez-lui son biberon. Ce pauvre trésor a bon appétit.

Soudain, elle parut se souvenir de la présence de Marcus.

— Oh ! je suis désolée. Je vais vous chercher une chaise.

— Non, merci, c'est inutile.

Il ne parvenait pas à détacher son regard de Liberty et William. Quelque chose passait entre elle et le nourrisson — une sorte d'empathie, comme lors de ce fameux matin dans le parc.

— Vous êtes merveilleuse avec lui.

Et il était sincère. Certes, il avait découvert le bébé, mais c'était Liberty qui l'avait réconforté. C'était Liberty qui l'avait incité à user de son influence afin que le bébé soit placé dans le meilleur foyer d'accueil.

C'était Liberty qui lui avait donné un prénom.

Puis elle leva les yeux vers lui et lui sourit. Et soudain, tout ce qui composait le fondement même de son existence se trouva remis en question.

Qu'importait qu'il soit milliardaire, que son nom figure régulièrement dans les chroniques mondaines et qu'il devienne peut-être une star de la téléréalité ? Pas plus que ne comptait le fait qu'il soit chef d'entreprise, qu'il doive préserver sa réputation et perpétuer le nom des Warren.

Ce qui comptait vraiment, c'était de voir Liberty donner le biberon au nourrisson, un sourire radieux aux lèvres, comme si elle avait attendu ce moment précis toute sa vie.

Ce qui comptait vraiment, c'était de savoir qu'il avait permis que ce moment arrive. Il voulait lui donner tout ce qu'elle désirait. Non pas pour avoir prise sur elle mais pour la rendre heureuse.

de détresse et de tendresse qu'avait dû ressentir Liberty quand elle l'avait tenu dans le parc.

Il ne fallait pas qu'ils perdent ce bébé. Il avait cru qu'il avait rempli son rôle en faisant admettre William dans l'un des meilleurs foyers d'accueil, mais maintenant qu'il avait vu Liberty avec William, maintenant qu'il avait tenu ce petit bonhomme dans ses bras, il était hors de question qu'il en reste là.

Il examina de nouveau la pièce. Hazel était une bonne mère d'accueil, mais le mobilier était obsolète, voire dangereux, notamment cette balancelle.

La sonnerie de son téléphone dans sa poche fit sursauter le bébé. Voyant qu'il s'agitait, Hazel se hâta de le récupérer.

— Tout va bien, trésor, murmura-t-elle d'un ton apaisant.

— Désolé, s'excusa Marcus en sortant son portable.

L'appel manqué provenait de sa mère. Ce n'était pas bon signe. Il était déjà 17 heures passées.

— Il est temps de partir, annonça Liberty. Hazel, merci infiniment de nous avoir permis de voir William. J'ai passé un merveilleux moment. Je suis contente qu'il soit avec vous.

Hazel agita sa main libre pour repousser le compliment.

— J'espère que vous reviendrez. Il vous suffit de me passer un coup de fil !

— Nous n'y manquerons pas, promit Liberty, radieuse.

Puis elle jeta un coup d'œil contrit à Marcus.

— Je veux dire, je n'y manquerai.

— Nous reviendrons ensemble, assura-t-il.

Il voulait vraiment revoir le bébé. Et surtout, il voulait revoir Liberty avec le bébé.

Elle lui adressa un sourire timide, comme si elle avait espéré qu'il dirait cela, mais sans oser le demander.

Hazel les suivit tandis qu'ils se dirigeaient vers la porte.

— Vous devriez envisager de faire une demande d'adoption, suggéra-t-elle. Vous formez un couple si charmant. Et comme c'est vous qui avez découvert le bébé, vous auriez plus de chances d'obtenir satisfaction. Je veux dire, si on ne retrouve pas sa mère biologique, ajouta-t-elle d'une voix triste. Pauvre trésor !

Liberty sursauta, stupéfaite.

— Je ne…

— Nous en discuterons ensemble, intervint Marcus, posant une main sur le dos de Liberty pour la guider vers l'escalier. Merci pour votre accueil.

Puis il referma soigneusement la porte derrière eux.

- 6 -

Liberty se tenait sur le trottoir, en état de choc. Elle savait qu'elle devait se ressaisir, mais elle était la proie d'une étrange léthargie.

— Cette maison est un vestige des années 1970, dit Marcus en lui ouvrant la portière du passager.

Elle cilla, hébétée. Hazel était une femme compétente et chaleureuse. Elle ne s'occupait que de William et elle le dorlotait comme si c'était son propre enfant. Déjà, cette situation sortait de l'ordinaire. Et voilà que, maintenant, Marcus lui ouvrait la portière. Tout cela n'avait aucun sens.

— Liberty ?

Il posa de nouveau une main au creux de ses reins pour la pousser doucement vers la voiture, comme s'il était son chauffeur et non son patron milliardaire. Un flot de chaleur envahit son dos à l'endroit où il la touchait, et elle dut résister à l'envie de s'incliner contre sa main.

— Tout va bien ?

Non, elle était désorientée. Tout avait changé, et elle ne savait pas si elle redeviendrait jamais la même. Mais elle devait essayer.

— Je ne veux pas… Vous n'êtes pas obligé de revenir.

Marcus eut un sourire amusé.

— Rien ne saurait m'obliger à faire ce que je ne veux pas. Mais vous aviez raison. Nous ne pouvons pas perdre ce bébé.

— « Nous » ?

Ce mot acquérait une sonorité presque étrangère à ses oreilles. Il n'y avait pas de « nous » s'agissant d'elle et de Marcus. Ni en dehors du bureau ni dans le parc. Ni même au-delà de ses fantasmes soigneusement maîtrisés.

— Mais…

— Montez, ordonna-t-il, la poussant presque dans la voiture. Allons dîner. Nous en parlerons à ce moment-là.

— Dîner ?

Nous allons dîner ?

Décidément, elle ne comprenait rien de ce qu'il lui disait.

— Non, attendez, protesta-t-elle, tandis qu'il s'installait derrière le volant. Ce n'est pas moi qu'il faut emmener dîner, mais une cavalière potentielle pour le mariage.

— Qui vous dit que je n'emmène pas une cavalière potentielle ?

Les voilà revenus à leur point de départ ! Mais cette fois, elle allait mettre les points sur les *i*. Plus vite il se rendrait compte qu'elle ne faisait pas du tout l'affaire, plus vite leur relation reprendrait son cours normal, lequel ne pouvait être que professionnel.

— Marcus, je refuse de vous accompagner à ce mariage. Je ne suis pas assez bien pour vous. Je ne fais pas partie de votre monde. Et les invités auront tôt fait de s'en apercevoir. Vous êtes le seul à ne pas vous en rendre compte.

— Je ne…

Elle l'interrompit car elle devait absolument lui faire entendre raison. Et elle ne savait pas si elle aurait longtemps la force d'argumenter.

— Ce n'est pas tout. Pourquoi voudrais-je aller à ce mariage ? Pour voir Lillibeth vous faire encore du mal ? Parce qu'elle va essayer, et vous le savez. Les invités seront aux premières loges de ce spectacle dégradant, et vous ferez de nouveau la une des médias. Je ne veux pas être une source supplémentaire de tracas pour vous. Je vous apprécie trop pour vous causer le moindre tort.

Elle se mordit la langue. Trop tard. Cet aveu lui avait échappé. Elle s'était laissé emporter dans son élan. Mais c'était la vérité — une vérité qu'elle ne pouvait plus dissimuler.

— Liberty !

Quelque chose d'horrible et de merveilleux se produisit. Marcus la toucha. Il posa la paume de sa main sur son visage.

— Je ne veux pas que vous soyez de nouveau malheureux.

Et tout en sachant que c'était une erreur, elle posa sa main sur la sienne, la pressant contre son visage.

— Vous ne me causerez aucun tort. Je vous connais suffisamment pour en être sûr.

Il affichait de nouveau la confiance aveugle qu'il avait en elle. Mais s'il apprenait la vérité sur sa mère toxicomane et son père inconnu, il se sentirait trahi.

Elle brûlait d'envie de se lover contre lui, mais c'était impossible. Elle en avait déjà trop dit et, si elle s'abandonnait à son doux contact et à ses regards attendris, elle risquait de prononcer des paroles encore plus regrettables.

Elle s'écarta de lui à contrecœur.

— Si vous ne voulez pas aller à ce mariage, n'y allez pas. Et ne participez pas à cette émission de téléréalité. Vous l'avez dit vous-même — votre réputation n'est pas le plus important. Ce qui l'est, c'est de faire ce que vous voulez.

Il la contempla un long moment, mais elle se refusa à croiser son regard, de peur de craquer. Un seul regard torride de Marcus suffirait à briser sa résolution.

Il démarra enfin et roula sans mot dire.

— Ramenez-moi au bureau. Je finirai le travail que j'ai laissé en suspens.

— Ne vous inquiétez pas pour ça, répliqua-t-il d'un ton distant.

Elle ressentit soudain le besoin de s'excuser, de faire machine arrière. Elle voulait que leur relation redevienne comme elle l'était une semaine auparavant, quand il la taquinait durant leur jogging matinal, quand elle gagnait son respect en lui apportant une aide précieuse dans ses affaires, quand elle s'abstenait d'émettre une opinion sur sa vie privée et qu'elle ne risquait pas dans la foulée de laisser échapper des bribes d'informations sur la sienne.

Mais cela signifierait ne pas trouver William, ne pas savoir qu'il était vivant, en bonne santé et choyé. Et cela, c'était inconcevable. Elle n'avait vu ce bébé que durant une heure et demie, mais elle n'imaginait plus la vie sans lui.

Vous devriez envisager de faire une demande d'adoption. Elle n'allait pas se mentir, la suggestion de Hazel répondait à toutes ses attentes. Elle avait longtemps fantasmé sur Marcus. Il était superbe, intelligent, très riche, et elle était tombée sous son charme. Elle détestait faire du jogging, mais elle aimait courir avec lui. Elle aimait son humour et sa prévenance. N'avait-il pas fait installer une douche au bureau, pour qu'elle puisse se changer, lui évitant ainsi de retourner jusqu'à son appartement de Logan Square ?

Et elle avait aimé la façon dont il avait tenu le bébé dans ses bras. Il ne s'était pas inquiété pour son costume sur mesure au cas où William régurgiterait son biberon. Il lui avait souri, il l'avait cajolé et lui avait offert son doigt pour jouer. William était important pour Marcus parce que William était important pour elle.

Durant toute son adolescence et sa vie d'adulte, elle s'était efforcée de surmonter son abandon, travaillant plus dur que quiconque pour acquérir une certaine indépendance et ne plus être une laissée-pour-compte. A l'université, elle cumulait deux jobs tout en suivant ses cours. Elle ne sortait pas et ne participait à aucune fête étudiante. Elle s'était fait passer pour une Blanche parce qu'elle avait la peau claire et que c'était la seule solution pour s'en sortir.

Que se passerait-il si Marcus apprenait qu'elle n'était pas ce qu'elle prétendait être ?

Continuerait-il de la regarder et de lui sourire comme il avait souri à William ? Ou serait-il horrifié de découvrir qui elle était réellement — la fille d'une droguée et d'une prostituée, qui mentait pour avoir une vie meilleure ?

— Nous sommes arrivés, annonça-t-il, la tirant de ses pensées.

Elle regarda alentour et s'aperçut qu'au lieu de se trouver au pied de l'immeuble abritant leur bureau ils étaient devant un restaurant. Un voiturier en veste rouge lui ouvrit la portière.

— Madame, monsieur, bienvenue chez Alinea.

Abasourdie, elle se tourna vers Marcus.

— Mais que signifie ceci ?

— Nous allons dîner, déclara-t-il d'un ton sans appel.

— Marcus, c'est impossible !

— Qu'est-ce qui est impossible ?

— Je suis votre assistante, et vous êtes mon patron. Je ne…

— Ne vous avisez pas de me dire que vous n'êtes pas assez bien pour moi, Liberty, parce que c'est faux.

Son cœur se mit à battre la chamade. Il avait l'air sincère. Et quand il disait ce genre de choses, elle avait envie de croire à tout. Elle était prête à aller au bout du monde avec lui.

Il avait passé sa vie à accumuler. Des objets, du pouvoir, des faveurs. Encore et encore.

Et si…

Soudain, William retira sa bouche de la tétine et s'agita.

— Oh ! il va bien ? s'inquiéta Liberty.

Les deux femmes se penchèrent sur lui, et Liberty lui fit faire son rot. Puis Hazel récupéra William et se tourna vers Marcus.

— Aimeriez-vous le tenir ?

— Volontiers, répondit-il, s'asseyant à son tour dans le rocking-chair.

Liberty cala le coussin sous son bras, et il tâcha de se positionner comme elle.

Elle le contempla, l'air sceptique.

— Avez-vous déjà tenu un bébé ?

Il se sentit rougir.

— Je présume que non, ajouta-t-elle.

Du moins, elle souriait tandis qu'elle lui disposait les mains dans la bonne position. La sensation d'irréalité qu'il ressentait depuis leur arrivée dans cette maison s'accentua.

Et si…

— Là, c'est bien, approuva Hazel en tendant William à Marcus.

Le bébé soupira et frotta son petit nez.

Marcus était vaguement conscient que Hazel et Liberty discutaient, mais il ne les entendait pas vraiment, trop occupé à contempler le bébé dans ses bras. Il était si petit !

— Bonjour, William, murmura-t-il tandis que le bébé agitait une de ses menottes en l'air.

Il posa son index contre la paume du bébé. Celui-ci referma aussitôt ses petits doigts autour du sien et ouvrit les yeux. A cet instant, Marcus fut perdu. Comment avait-on pu abandonner ce bébé ? C'était ce mélange de révolte,

Hélas, la réalité aurait tôt fait de la rattraper, et c'en serait fini. Elle se raccrocha à l'unique argument qui lui restait — leur relation professionnelle.

— Mais je travaille pour vous !

Il haussa un sourcil narquois.

— Je peux arranger cela.

Elle haleta, atterrée.

— Vous… me menacez ?

Elle avait besoin de ce travail. Elle était faite pour ce poste. Chercher un autre emploi signifierait courir le risque de voir ses secrets divulgués. On vérifierait ses références. On mènerait une enquête de moralité à son sujet, et Dieu savait ce qu'il en sortirait.

Il la contempla, l'air contrit.

— Non ! Bien sûr que non ! C'est juste que…

Il exhala un profond soupir.

— Ecoutez, la journée a été longue, et je meurs de faim. Vous aussi, sans doute. Il s'agit d'un simple dîner, pas d'un rendez-vous galant, d'accord ? Nous parlerons travail.

— Vous ne me redemanderez pas de vous accompagner au mariage ?

— Non, promit-il.

Marcus s'installa dans l'alcôve et contempla Liberty tandis qu'elle marquait un temps avant de s'asseoir en face de lui. Puis le maître d'hôtel se tourna vers lui.

— Monsieur Warren, voici la carte des vins.

— Merci, Winston.

Quand l'homme se fut éclipsé, Liberty murmura :

— Vous venez souvent ici ?

— Suffisamment souvent pour qu'ils gardent une table à ma disposition. J'aime dîner dehors.

— Bon, dit-elle avec un enjouement forcé. Parlons travail.

— Oui, acquiesça-t-il. Mais le dîner d'abord.

Liberty fit la moue en consultant la carte des mets.

— Qu'est-ce qui est bon ? Je ne… Que veut dire « *green beans* » ?

— « Haricots verts », expliqua-t-il en souriant.

— Alors pourquoi n'indiquent-ils pas tout simplement « haricots verts » ?

— Ce serait trop commun, voyons, ironisa-t-il.

Liberty eut un petit rire nerveux, et il se souvint qu'une de ses excuses pour ne pas l'accompagner au mariage, c'était qu'elle n'était pas assez bien pour lui.

— Qu'est-ce qu'une mousse à l'huile de truffe ? C'est vraiment un plat ?

— C'est plutôt une saveur pour le palais, expliqua-t-il. Ce n'est pas la première fois que vous mangez dans un restaurant chic, n'est-ce pas ? Nous avons déjà déjeuné dans des endroits comme celui-ci.

— Nous ne sommes jamais venus ici, je m'en souviendrais, répliqua-t-elle, évitant son regard.

Au même instant, un serveur passa à côté d'eux avec un ballon. Il le déposa à une table proche, et les convives firent éclater le ballon et commencèrent à le manger.

Liberty blêmit.

— Je me souviendrais au moins de cette coutume !

— C'est une spécialité de la maison.

Décidément, ce dîner ne se présentait pas sous les meilleurs auspices. Pourtant son invitation partait d'un bon sentiment. Il avait eu envie de faire un bon repas avec elle, et Alinea était l'un des meilleurs restaurants de la ville.

— Que commandez-vous quand nous déjeunons dehors ?

Il regrettait de ne pas s'en souvenir. Cela dit, quand ils allaient ensemble au restaurant, c'était pour recevoir des clients. Il n'empêche qu'il aurait dû savoir ce genre de choses à son sujet.

Elle rougit.

— En général, je commande la même chose que vous ou bien la spécialité du chef.

Pourquoi ne l'avait-il jamais remarqué ?

— Et si vous n'aimez pas ce que je commande ?

— Je ne suis pas difficile.

Voyant qu'elle continuait de déchiffrer la carte comme si elle y lisait du chinois, il la lui prit des mains.

— De quoi avez-vous envie ? D'un steak ? D'un homard ? Ils l'accommodent à la perfection.

Elle le dévisagea, l'air éberlué.

— Le steak figurait sur la carte ?

Il sourit tandis que le serveur s'avançait vers eux.

— Je prendrai du homard et des bulbes de lys. La dame prendra le *wagyu* et les quatorze textures.

— Excellents choix, assura le serveur. Puis-je vous recommander un bourgogne blanc Leflaive Bâtard 2000 ?

— S'agit-il d'un montrachet grand cru ?

— Oui, confirma le serveur avec un sourire approbateur.

— Entendu.

— Si je puis me permettre, ajouta le serveur, nous avons le pâté sucré, ce soir.

— Nous le prendrons aussi, déclara Marcus en tendant les cartes au serveur.

Il contempla Liberty.

— A moins que vous ne souhaitiez goûter les ballons ? Ils sont amusants à manger. Saveur pomme, n'est-ce pas ?

— En effet, acquiesça le serveur.

Liberty lui jeta un regard noir.

— Non. Ce que vous avez commandé me convient.

En d'autres termes, elle ignorait ce qu'il avait commandé. La prochaine fois qu'il l'emmènerait dîner, il s'arrangerait pour choisir un restaurant plus accessible, genre grill-room.

— Ai-je seulement envie de savoir combien ce repas va coûter ?

— C'est sans importance, déclara-t-il d'un ton désinvolte.

— Bien sûr que si, c'est important. Je ne peux pas accepter que vous payiez pour moi !

Sa remarque le fit sourire.

— Parce que vous vous figurez que je vais vous laisser payer votre écot dans ce genre de restaurant ?

— Ce n'est pas un dîner d'affaires, Marcus. Vous ne pouvez pas…

Ils n'allaient pas poursuivre la discussion indéfiniment !

— Pour l'amour du ciel, Liberty, arrêtez ! Cette bouteille de vin coûte sans doute cinq cents ou six cents dollars.

Tout le sang reflua de son visage.

— Et ce n'est pas important ?

— Qu'est-ce qu'une bouteille à six cents dollars pour moi ?

— Six cents dollars ! Quand j'étais enfant…

Elle laissa sa phrase en suspens et garda le silence.

— Liberty, intervint-il, quand on est milliardaire, à un certain stade, l'argent perd toute signification. Même si la bouteille coûtait six millions de dollars, cela n'aurait pas une grande incidence sur mes finances.

Hélas, au lieu de la réconforter, cet argument sembla l'anéantir un peu plus.

— Vous… vous pensez vraiment ce que vous dites ?

— L'argent, c'est comme l'air que je respire. Je n'y pense pas. Je n'ai rien à faire de spécial pour en avoir. J'en ai, c'est tout.

Voyant qu'elle le contemplait, médusée, il ajouta :

— Je sais que la plupart des gens ne vivent pas ainsi — je ne suis pas complètement idiot. C'est pourquoi il est hors de question que je vous laisse régler une partie de l'addition dans ce genre d'établissement.

Sa réaction choquée l'amena à se demander comment elle vivait. Elle était toujours bien apprêtée. Certes, elle ne portait pas des tailleurs Chanel ou Armani, mais elle correspondait à l'image qu'il se faisait d'une jeune femme ambitieuse et compétente, appartenant à la classe moyenne.

Mais était-ce en effet le cas ?

— Alors, merci pour ce dîner, marmonna-t-elle, visiblement nerveuse.

— Je vous en prie.

Un silence embarrassé s'établit entre eux. Ce fut lui qui le rompit.

— Donc, nous ne parlons plus du vin.

Elle lui jeta un regard courroucé, et il s'en amusa.

— Non. Et nous ne parlerons pas non plus du mariage.

— Voulez-vous que nous parlions de William ?

Parce qu'il avait des questions à lui poser. Il éprouvait un flot d'émotions confuses qui le prenait de court et il ne savait pas comment les gérer. Des émotions tendres. C'était… bizarre. Il avait besoin de comprendre ce qu'il ressentait et il voulait savoir si Liberty ressentait la même chose.

Liberty esquissa un sourire timide.

— Je croyais que nous devions discuter travail.

— Entendu. Pourquoi venez-vous travailler tous les samedis ?

La question la prit au dépourvu.

— Quoi ? Je… Vous le saviez ?

— Bien sûr. Il y a peu de chose qui m'échappe concernant ma société.

Elle fixa la table en rougissant.

— Je m'avance pour la semaine suivante.

Puis elle leva les yeux vers lui et arbora un sourire malicieux.

— Mon patron est exigeant. Il veut que son assistante soit incollable sur tous les dossiers.

— Il me fait l'effet d'un tyran. Mais de là à travailler les samedis ?

Elle haussa les épaules, comme si ce n'était pas important.

Quelque chose le chiffonnait dans cette histoire, mais il n'arrivait pas à cerner le problème, ce qui le contrariait un peu plus.

— Je ne vous paie pas pour travailler six jours par semaine.

— Vous me versez un salaire généreux. Cela ne me dérange pas de venir le samedi.

— Mais vous n'avez pas une vie en dehors du bureau ?

Trop tard. Cette question lui avait échappé. Les yeux de Liberty se rétrécirent tandis qu'elle se redressait.

— Je veux dire, se hâta-t-il d'ajouter, je ne passe pas autant de temps que vous au bureau, et pourtant cette société m'appartient. Vous devez vous ménager du temps libre pour mener une vie sociale, faire les courses ou que sais-je encore.

Il fit un rapide calcul.

— Vous travaillez soixante heures par semaine. Or, je ne vous paie que pour quarante heures.

— Vous me payez pour faire un travail. Et il me faut ces soixante heures pour le faire bien, objecta-t-elle, l'air accablé. Et pour votre gouverne, j'ai une vie personnelle. Je fais les courses et les boutiques. Je regarde la télévision.

— Avez-vous une vie sociale ? Passez-vous du temps avec votre famille ? Fréquentez-vous quelqu'un ?

Comme lui, il s'était entouré des meilleurs talents que l'argent pouvait acheter.

En revanche, il avait été surpris par le refus de Liberty. Non qu'elle lui ait parlé de la proposition de Jenner. C'était son ami qui lui avait raconté toute l'histoire avec l'air de quelqu'un qui a échoué dans sa quête sans savoir pourquoi.

Il ignorait lui aussi la raison de l'échec d'Erik.

— Je n'apprécie pas M. Jenner, répliqua-t-elle. Je veux dire, je n'apprécie pas son modèle économique. Ses opérations de promotion immobilière ne me semblent pas viables.

— Vous refusez de prendre des risques. Pourtant, vous êtes plus qu'assez intelligente et compétente pour postuler ailleurs et gravir les échelons. Cela vous satisfait donc vraiment de rester mon assistante le restant de votre vie ?

Elle ouvrit la bouche pour répondre, mais les premiers plats arrivèrent. Le serveur expliqua en quoi ils consistaient, puis il indiqua à Liberty comment déguster le sien. Elle testa le contenu de son assiette tout en jetant un regard curieux aux bulbes de lys qu'il avait dans la sienne.

— Ils sont délicieux, assura-t-il, cueillant un bulbe avec sa fourchette.

— Tenez, goûtez-en un.

Il lui tendit sa fourchette et, après un temps d'hésitation, elle se pencha en avant. Ses lèvres se refermèrent sur le bulbe, et il comprit soudain pourquoi il lui avait demandé si elle fréquentait quelqu'un. Ce n'était pas parce qu'il craignait qu'elle se tue à la tâche.

Non. C'était parce que contempler ses lèvres pulpeuses qui glissaient délicatement sur les dents de la fourchette constituait une expérience inouïe. Les yeux de Liberty s'agrandirent tandis qu'elle mâchait le bulbe, puis, d'un air gourmand, elle passa le bout de la langue autour de ses lèvres.

— Je ne sais pas comment vous pouvez m'accuser de ne prendre aucun risque, répliqua-t-elle, alors que vous me faites manger des bulbes et Dieu sait quoi d'autre.

Elle plongea sa cuillère dans son bol et la lui tendit pour qu'il goûte à son tour.

— Je prends beaucoup de risques au contraire.

- 7 -

Marcus se pencha en avant avec une lueur dans les yeux qu'elle ne pensait pas avoir vue auparavant.

— Vraiment ? demanda-t-il, prenant sa cuillère dans sa bouche.

Le cœur de Liberty cognait si fort qu'elle n'aurait pas été surprise que Marcus l'entende. Elle contempla ses lèvres charnues qui se refermaient sur sa cuillère. Avait-elle tort de se demander ce qu'elle éprouverait en les sentant se mouvoir sur son corps avec la gourmandise qu'elles mettaient à savourer le contenu de sa cuillère ?

Serait-ce mal si elle en faisait l'expérience ?

Bonté divine ! C'était sans doute le vin qui lui montait à la tête. Elle avait intérêt à se ressaisir. Le risque était trop grand. Son poste était en jeu. En temps normal, jamais elle ne se laissait aller à de telles divagations en sa présence.

Mais aujourd'hui, rien ne lui semblait normal.

Surtout ce dîner.

Ne trouvant rien à lui répondre, elle reporta son attention sur son plat. Elle était forcée d'appeler cela ainsi à défaut d'autres mots pour le décrire. Elle n'était même pas sûre que ce qu'elle mangeait puisse être qualifié de nourriture !

Elle sirota une gorgée du vin le plus cher qu'elle ait jamais bu.

— Il a une curieuse saveur, mais il est bon.

— La prochaine fois, nous irons dans un grill-room, précisa-t-il entre deux bulbes.

— La prochaine fois ?

Ce dîner se situait entre le dîner d'affaires et le dîner galant. S'il y en avait un autre, ce serait pour le coup un dîner galant.

Hélas, elle ne pouvait pas sortir avec Marcus, même si c'était son rêve. Elle n'était pas à sa place dans un endroit aussi huppé, buvant du vin hors de prix et mangeant des plats étranges, sans doute aussi onéreux. La carte n'affichait aucun prix ce qui, d'après son expérience, était mauvais signe.

Pour elle, une bouteille de vin à cinq dollars et une pizza à emporter constituaient un festin. Si elle avait envie de faire un extra, elle allait dans le petit restaurant thaïlandais près de chez elle et commandait un *pad see ew*.

— Je réitère ma question, déclara Marcus. A savoir, pourquoi ne m'avez-vous pas quitté au profit de Jenner ?

— Parce que.

Elle était consciente de l'insuffisance de sa réponse, mais elle n'en avait pas d'autre.

Marcus avait en partie raison. Elle avait travaillé d'arrache-pied pour arriver là où elle était et ne plus vivre sur la ligne séparant la pauvreté de l'extrême pauvreté. Ce qu'elle avait réalisé était une sorte d'exploit : elle était sortie du système de l'assistance publique, elle avait remboursé tous ses prêts étudiants, elle était en mesure de dire qu'elle vivait confortablement et qu'elle était une valeur sûre.

Pourquoi voudrait-elle risquer de perdre tout cela ?

— « Parce que » n'est pas une réponse, rétorqua Marcus.

Le serveur vint débarrasser leurs assiettes et remplir leurs verres.

Elle sirota son vin avec plaisir.

Pourquoi vous ne m'avez pas quitté. Curieusement, elle n'avait jamais envisagé le problème sous cet angle. Elle avait conservé un emploi. Elle n'était pas restée avec un homme.

Encore que…

Elle repensa au jour où Erik Jenner était entré sans s'annoncer. Il s'était assis sur un coin de son bureau et lui avait adressé un sourire aguicheur. Jenner était séduisant et riche, comme Marcus. Mais la façon qu'il avait eue de la regarder l'avait mise mal à l'aise.

Il lui avait offert beaucoup d'argent et de responsabilités si elle changeait de camp. Et elle mentirait en disant que le salaire qu'il lui avait proposé ne l'avait pas tentée.

Mais cela aurait signifié avoir un nouveau patron avec qui elle se sentirait sans doute moins à l'aise qu'avec Marcus et des nouveaux collègues qui lui poseraient des questions personnelles à propos de ses parents, de sa scolarité, de sa vie privée. L'argent, aussi tentant soit-il, ne lui avait pas semblé être en mesure de compenser la stabilité et la sécurité qu'elle avait trouvées chez Warren Capital.

— Je ne veux plus que vous travailliez le samedi, décréta Marcus par-dessus le bord de son verre.

— Je risque de ne pas être aussi efficace, l'avertit-elle.

— Dans ce cas, je vous augmente. Actuellement, je vous paie sur la base d'une semaine de quarante heures. J'augmente donc votre salaire de vingt pour cent.

Elle faillit s'étrangler avec son vin.

— Quoi ?

Oh ! ce sourire nonchalant ! Il pourrait causer sa perte si elle n'y faisait pas attention. Mais elle resterait sur ses gardes.

— Vraiment, Liberty, vous devez améliorer vos talents de négociatrice. Vous auriez dû exiger trente pour cent.

— Mais je ne vous ai même pas demandé d'augmentation !

— Justement. Un bon négociateur aurait mis en avant l'offre de Jenner pour réclamer une hausse de salaire. Il vous a proposé trente pour cent de plus que ce que je vous paie ainsi que des stock-options. C'est considérable, et vous ne m'en avez même pas parlé.

Il agita un doigt, comme pour la gronder.

— Je vous ai vu discuter âprement les termes de nos contrats avec nos clients. Ne pouvez-vous pas faire la même chose pour vous ?

— Je ne…

— Demandez-moi quelque chose, exigea-t-il en se penchant en avant et en rivant son regard au sien. Là, maintenant. Que voulez-vous de moi ?

Elle se mit à paniquer car le vin commençait à lui monter à la tête et elle craignait de dire quelque bêtise, par exemple, qu'elle le désirait. Et ce qui était vrai. Ce dîner ressemblait à un rêve : Marcus Warren assis en face d'elle dans une alcôve à la lumière tamisée, lui offrant ce que son cœur souhaitait. Elle n'avait qu'un mot à dire.

Elle se mordit l'intérieur de la joue, et la douleur la tira de sa rêverie.

— Je veux manger, répondit-elle d'un ton léger. Vos bulbes étaient meilleurs que mon… je ne sais quoi.

Il la contempla fixement.

— Vous avez peur de moi ? C'est ça ?

— Ne soyez pas ridicule !

— Alors, pourquoi ne me dites-vous pas ce qui vous ferait plaisir ? Vous vous rendez compte qu'aujourd'hui, c'est la première fois que vous me demandez de partir plus tôt du bureau ? Ce n'est pas normal. Les gens ont des rendez-vous, tombent malades, ont des imprévus. Mais pas vous.

— Vous est-il jamais venu à l'esprit que je pouvais déjà avoir tout ce que je désirais ? J'aime ce que je fais. J'aime travailler pour vous. Pourquoi faudrait-il que cela change ?

Il lui adressa un regard qui la brûla. Un flot de chaleur l'envahit, débutant au creux de ses reins et se diffusant dans tout son corps, tel un feu de forêt. Il se pencha un peu plus en avant. Elle savait qu'elle aurait dû reculer, détourner le regard — faire n'importe quoi pour mettre de la distance entre eux —, mais Marcus semblait doté d'une force d'attraction magnétique qui l'empêchait de réagir.

— Et si les choses avaient déjà changé ?

Il tendit la main et la posa sur la sienne. Son contact était chaud contre sa peau — intime, même. L'air environnant paraissait chargé d'électricité, et un trouble délicieux l'envahissait.

— Et si nous ne pouvions pas revenir en arrière ?

Le serveur arriva avec leurs plats, et Liberty retira sa main. Marcus avait oublié ce qu'il avait commandé, mais il s'en moquait. Liberty contemplait son assiette avec méfiance, et il ne pouvait pas l'en blâmer. Son steak *wagyu* ressemblait à des briquettes de charbon avec les tisons. Le serveur répéta ses explications, mais Marcus n'écoutait pas.

Et si tout avait déjà changé ?

Non. Il ne s'agissait pas de supposition. Tout avait changé. Rien n'était plus pareil entre eux depuis qu'ils avaient trouvé ce bébé et qu'il avait vu Liberty le serrer contre sa poitrine. A partir de cet instant, il l'avait regardée d'un autre œil. Il avait vu en elle beaucoup plus qu'une employée.

Ses yeux lancèrent des éclairs.

— Cela ne vous regarde pas.

Sans doute. Il n'empêche qu'il avait envie de savoir si elle avait un homme dans sa vie.

— Il y a quelque chose que je ne comprends pas, poursuivit-il. Quand je me suis aperçu que vous travailliez les samedis, j'ai cru que c'était pour progresser, pour prouver que vous étiez une collaboratrice précieuse, ce que vous êtes, bien sûr, s'empressa-t-il de la complimenter. Et le sens de cette démarche était compréhensible. Les personnes qui sont des bourreaux de travail comme vous ont un plan de carrière. Elles se fixent des objectifs. Elles demeurent dans un poste pendant un an ou deux, apprennent tout ce qu'elles peuvent, puis elles vont de l'avant. Elles postulent pour un nouvel emploi où elles développent leur savoir-faire et préparent le terrain pour l'emploi suivant — elles se constituent un réseau, elles accumulent les références, elles grimpent les échelons. Or, cela fait trois ans que vous travaillez pour moi, que vous éludez les questions de ma mère et que vous remettez à leur place les inventeurs qui ne sont pas à la hauteur de leurs ambitions. Pourquoi ?

— J'aime ce travail. Il est intéressant.

Il balaya son argument d'un geste de la main.

— Allons donc. Ce n'est pas comme si c'était le seul poste intéressant au monde. Il y a quelque temps, Jenner a essayé de vous débaucher. Il vous a proposé un poste d'assistante et le doublement de votre salaire actuel. Pourtant vous avez refusé.

Erik Jenner et lui étaient amis depuis le lycée. Ils jouaient au golf, discutaient de sport et rivalisaient pour avoir le plus gros bateau, la plus belle voiture et ainsi de suite. Il n'avait pas été étonné que Jenner ait tenté de débaucher Liberty pour son entreprise de promotion immobilière.

Pour l'instant, elle chipotait son steak.

— C'est vraiment de la nourriture ?

— Mangez lentement. L'expérience est presque aussi importante que la nourriture, conseilla-t-il, les yeux fixés sur son propre plat.

Ah, oui, il s'en souvenait maintenant. Du homard.

— De fait, manger vite pourrait s'avérer fatal, plaisanta-t-elle en écartant une braise fumante de son morceau de bœuf.

Pourquoi refusait-elle de lui demander quelque chose pour elle-même ? Une augmentation, des avantages, n'importe quoi, mais quelque chose ?

Je vous apprécie trop pour vous causer le moindre tort. C'était ce qu'elle lui avait avoué dans la voiture, et là non plus, il n'y avait pas de retour en arrière possible.

Il l'observa tandis qu'elle prenait un morceau de viande.

— Tout compte fait, c'est bon, remarqua-t-elle.

— Tant mieux.

Et s'il existait un lien entre le fait qu'elle l'appréciait et le fait qu'elle ne lui avait jamais rien demandé ? Sauf pour William.

Parce qu'elle se souciait aussi de cet enfant.

— Qu'allons-nous faire au sujet de William ? demanda-t-il, s'efforçant de garder un ton léger.

Mais son effort se révéla vain. Elle s'immobilisa, la fourchette à mi-chemin de sa bouche. Il brûlait d'envie de se pencher en avant et de l'embrasser, mais elle réagirait sûrement mal.

— « Nous » ?

— Oui, nous sommes ensemble dans cette histoire. Quand voulez-vous revenir le voir ?

Elle prit son temps pour répondre, et il attaqua son homard tout en l'observant du coin de l'œil.

— Je n'avais pas compris que nous faisions les choses ensemble au sujet de William.

— Bien sûr que si. Nous l'avons trouvé tous les deux et nous lui avons porté secours. Nous nous intéressons à lui.

« Vous devriez envisager de faire une demande d'adoption », avait suggéré Hazel, avant de préciser qu'ils formaient un couple charmant. Etait-ce ainsi que les autres les voyaient ? Notamment le personnel du restaurant ?

Il n'avait pas été en couple depuis Lillibeth et, même alors, il avait eu l'impression d'être davantage un accessoire qu'un homme aux yeux de ses maîtresses.

— Vous vous souciez vraiment de son sort ?

Ce fut plus fort que lui. Il posa de nouveau une main sur celle de Liberty.

— Je serais un monstre si ce n'était pas le cas.

Plus précisément, il serait comme ses parents qui ne se souciaient pas de lui, mais seulement de savoir comment maximiser la valeur qu'il représentait pour eux.

L'ombre d'un doute traversa son regard, mais au moins, cette fois, elle ne retira pas sa main. Elle la laissa sous la sienne — légère et chaude.

— Nous devrions attendre une semaine, dit-elle finalement.

Il ne manqua pas de remarquer qu'elle avait dit « nous ».

— Sinon Hazel pourrait se faire des idées. Que diriez-vous de jeudi prochain, avant votre départ pour le mariage ?

— Je suppose que je n'ai pas à vous demander si mon emploi du temps le permet.

— Vous serez disponible, précisa-t-elle, un demi-sourire incurvant ses lèvres pulpeuses.

Puis elle parcourut son corps d'un coup d'œil si rapide qu'il ne s'en serait pas aperçu s'il n'avait pas eu le regard fixé sur elle à ce moment-là.

— Mais la date du mariage se rapproche.

— Nous avions convenu de ne pas aborder ce sujet, Liberty. Sauf si un changement intervenait entre-temps.

— Vous voulez dire, si vous décidiez de ne pas y aller ?

— Si vous décidiez de m'accompagner.

Elle contempla leurs mains jointes.

— Je ne crois pas que ce soit une bonne idée, murmura-t-elle en retirant sa main.

Il brûlait d'envie de la reprendre, mais il s'abstint sagement.

— Vous savez, Liberty, je ne vous demande pas de venir en tant que ma petite amie.

— Oh ! bien sûr que non. Je vous accompagnerai à titre professionnel, répliqua-t-elle, pince-sans-rire.

— Ce sera bel et bien le cas, le lendemain, pour le rendez-vous avec les producteurs, se défendit-il. J'aurai besoin de vous pour prendre des notes.

Elle eut une moue de dépit.

— Puisque vous ne me laissez pas le choix… Mais votre mère voudra ma tête sur un plateau, et Dieu sait quelles représailles elle exercera sur vous.

Il soupira car elle avait raison. Ses parents étaient capables de le désavouer s'il contrariait leurs plans de façon aussi publique.

Mais iraient-ils jusque-là ? Il en doutait. Ils laisseraient éclater leur colère en privé pour ne pas risquer un nouveau scandale. Et même s'ils le désavouaient, ils cesseraient de se mêler de ses affaires — du moins, pour un temps.

— Le jeu en vaut la chandelle. Je ne parle pas de votre tête sur un plateau, bien sûr, mais je serai ravi de mettre un peu de distance entre mes parents et moi.

— Je ne veux pas être un objet de discorde entre vous.

— Si vous acceptez de venir avec moi, je ferai tout mon possible pour que vous restiez en dehors de nos querelles familiales.

Elle prit une profonde inspiration.

— Pourquoi tenez-vous tant à ce que ce soit moi qui vous accompagne ?

— Parce que j'ai confiance en vous.

Elle eut l'air abasourdie.

— En quoi l'ai-je mérité ?

— Ecoutez, répliqua-t-il, frustré. La confiance est la seule chose en ce monde que je ne puisse pas acheter. Elle n'a pas de prix. On peut acheter la loyauté, mais on court le risque que quelqu'un d'autre surenchérisse pour obtenir cette même loyauté.

— Est-ce parce que j'ai refusé la proposition de Jenner ?

— Non.

Cette discussion ne rimait décidément à rien !

— Parce que vous travaillez les week-ends sans me le dire, reprit-il. Parce que vous courez avec moi tous les matins. Parce que vous êtes la seule personne qui me dise de faire ce que je veux et non ce que je devrais. Parce que vous…

Vous m'appréciez.

Et que je vous apprécie.

Mais il s'abstint de le dire.

— Je ne pense pas que vous devriez aller à ce mariage, le coupa-t-elle doucement. Et je doute que vous ayez envie d'y aller. Cela revient donc au même.

— Non, répondit-il, exaspéré. Et vous ? Que voulez-vous ? Ne me dites pas que vous êtes ravie de venir travailler tous les week-ends !

Elle haussa les épaules et baissa les yeux. Il sentait qu'elle se repliait sur elle-même, comme si ce qu'elle voulait n'avait pas d'importance. Mais elle se trompait.

— Une supposition, Liberty. S'il ne s'agissait pas du mariage de Lillibeth, m'accompagneriez-vous ?

— Non, répondit-elle sans hésiter. Je ne fais pas partie de votre monde, Marcus. Je ne suis pas à ma place ici, ajouta-t-elle en désignant les dîneurs mangeant des ballons et buvant du vin onéreux. C'est une folie de penser que je pourrais m'intégrer à cet univers.

— Mais le voudriez-vous ?

Elle ouvrit la bouche puis la referma, mais il comprit que la réponse était affirmative.

— Peu importe, articula-t-elle finalement — mais c'était trop tard.

— Et qu'est-ce qui importe à vos yeux ?

— Le fait d'avoir un travail intéressant avec un bon patron qui me fait confiance.

— Et c'est tout ? Vous ne voulez rien d'autre ? Ce n'est pas possible. J'ai beau être très riche, je désire toujours quelque chose.

Il désirait rencontrer quelqu'un à qui il pourrait confier sans risque ses secrets les plus intimes. Il désirait avoir une femme dans son lit sans craindre de voir leur histoire divulguée au grand jour dans les tabloïds.

Une femme comme Liberty.

Elle s'empourpra mais répondit sans ciller :

— Non. Je ne veux rien d'autre.

Décidément, cette femme était une énigme.

Dépité, il jeta sa serviette sur la table.

— Venez. Je vous ramène chez vous.

- 8 -

Marcus jeta à peine un regard à l'addition avant de la payer, et ce fut suffisant pour rappeler à Liberty qu'un très large fossé les séparait.

Ou plutôt, un océan de la taille du Pacifique.

Et pourtant, la perspective d'un week-end de trois jours avec lui la comblait. Il la regardait comme si elle était la femme de ses rêves. Elle tremblait à force de se retenir d'entrelacer ses doigts aux siens.

Allons. Trêve de sottises. Si elle se mettait à fantasmer sur les égards que Marcus lui manifestait, elle risquait de perdre tout ce qu'elle avait acquis de haute lutte — un emploi bien rémunéré, une vie stable et sûre. Or, elle n'était pas stupide. Elle n'avait pas besoin d'être secourue par le prince charmant. Elle s'était déjà tirée d'affaire toute seule.

Il fallait qu'elle s'éloigne de lui, de ses regards suppliants et de ses questions embarrassantes.

— Je prendrai un taxi, déclara-t-elle quand ils se retrouvèrent sur Halstead Street.

Elle avait un mal fou à redescendre sur terre après ce repas qui avait sans doute coûté un millier de dollars, sans le pourboire. Bonté divine ! C'était plus que le loyer de son studio aménagé dans une ancienne remise pour calèches.

Cette pensée lui fit l'effet d'une douche froide. Elle s'y raccrocha quand Marcus posa une main au creux de ses reins et l'entraîna vers le poste du voiturier.

— Non, je vous ramène chez vous, insista-t-il.

— Rien ne vous y oblige, répliqua-t-elle, sentant le désespoir la gagner.

Parce que s'il la reconduisait chez elle, ils se retrouveraient seuls dans l'étroit habitacle de l'Aston Martin — une situation embarrassante, voire dangereuse.

— Certes, mais ce serait discourtois de ma part de vous laisser rentrer par vos propres moyens.

Pourquoi s'obstinait-il à jouer avec le feu ?

Bien sûr, elle connaissait la réponse. Mais les flammes ne le consumeraient pas, alors qu'elles l'embraseraient tout entière. Il serait peut-être légèrement brûlé, mais il s'en tirerait à bon compte.

Si les conséquences de ce petit jeu étaient bénignes pour les hommes comme Marcus Warren, elles s'avéraient le plus souvent dévastatrices pour les femmes comme Liberty Reese. C'était la dure réalité de la vie. Il pouvait lui murmurer des mots doux à l'oreille et l'embrasser, puis au petit matin, assailli par les regrets, la renvoyer comme une malpropre.

A vrai dire, elle doutait qu'il se comporte ainsi avec elle, mais elle recevrait peut-être une offre d'emploi inattendue d'un de ses amis, et cette fois il insisterait pour qu'elle l'accepte. Dans son intérêt, arguerait-il.

C'était pour cette raison qu'elle évitait les intrigues sentimentales. Le risque était toujours plus grand que la satisfaction qu'elle retirerait d'un bref rapport sexuel. Il était hors de question qu'elle se mette en danger de cette façon. L'intimité était propice aux questions personnelles, et elle ne tenait pas à y répondre.

En fait, elle ne voulait rien changer à la situation actuelle. Ses relations avec Marcus devaient rester strictement professionnelles, et ses fantasmes cantonnés dans sa tête.

Le voiturier ramena l'Aston Martin. Il s'avança pour lui ouvrir la portière, mais Marcus l'en dispensa.

— Je m'occupe d'elle, merci.

Tout en sachant qu'elle commettait une erreur, elle s'assit sur le siège du passager et suivit Marcus des yeux tandis qu'il contournait la voiture pour s'installer derrière le volant. Qu'avait-elle fait pour mériter toutes ces attentions ? Ce n'était pas uniquement le fait qu'il soit superbe — un dieu blond aux yeux bleus avec un corps d'athlète — ni même milliardaire.

C'était parce qu'il la regardait comme personne d'autre avant lui. Marcus la voyait. Elle avait passé sa vie d'adulte — et la plus grande partie de son adolescence — à ne pas se faire remarquer et à travailler d'arrache-pied pour améliorer sa situation. Certes, il arrivait qu'on s'intéresse à elle, autrefois parce qu'elle était une bonne élève et aujourd'hui parce qu'elle était une bonne assistante, mais jamais elle n'avait eu la moindre valeur intrinsèque. Sauf pour grand-mère Devlin, une voisine âgée et bienveillante qui n'avait pas su empêcher ses propres enfants de mal tourner et qui avait reporté sa tendresse maternelle sur l'enfant délaissée qu'elle était.

Mais grand-mère Devlin était l'exception qui confirmait la règle. Personne d'autre ne s'était préoccupé d'elle. Pas même sa propre mère. Si elle avait désormais une certaine valeur, c'est parce qu'elle avait su se rendre précieuse.

Peut-être trop précieuse. Marcus l'appréciait pour l'image qu'il se faisait d'elle — une personne honnête et digne de confiance, qui savait où était sa place.

Mais il ignorait tout de la vraie Liberty Reese.

Et il n'était pas question qu'il apprenne la vérité alors qu'il venait de lui témoigner toute sa confiance.

— Où habitez-vous ? demanda Marcus.

— Près de Fullerton, répondit-elle, restant dans le vague.

Mais voyant qu'il la regardait avec insistance, elle précisa de mauvaise grâce :

— Logan Square.

— Ah, fit-il, comme s'il connaissait ce secteur, ce dont elle doutait.

Tandis qu'il démarrait, elle commença à paniquer. Que dirait-il quand il verrait qu'elle habitait dans une ancienne remise ? Lui conseillerait-il à nouveau d'exiger davantage de lui ? Et par extension, d'elle-même ?

Il ne se rendait pas compte que pour parvenir là où elle se trouvait, elle avait dû fournir des efforts surhumains et vaincre bien des obstacles.

— C'est très loin du Loop, remarqua-t-il tandis qu'ils étaient pris dans la circulation du vendredi soir sur la Kennedy Expressway.

— En réalité, ce n'est pas si loin que ça.

— A quelle heure partez-vous pour notre jogging matinal ? Vous m'attendez à 7 heures tous les matins.

Elle résista à l'envie de s'agiter sur son siège tant elle était mal à l'aise. De fait, elle arrivait dans le hall de son immeuble à 6 h 50. Puis elle déposait son sac à dos avec sa tenue de travail dans un coin du placard que le concierge mettait à sa disposition et elle attendait que Marcus descende.

— Il y a une station de métro près de chez moi, argua-t-elle. C'est direct jusqu'au Loop. Ensuite, je prends un bus jusque chez vous. Et à cette heure matinale, la circulation est fluide.

— Liberty, la coupa-t-il d'une voix sévère, je vous ai posé une question. A quelle heure partez-vous de votre domicile ?

Elle était piégée.

— Je prends le train de 6 h 09. Il y a une rame toutes les cinq minutes, précisa-t-elle, comme si cela arrangeait les choses.

Mais il n'en fut rien.

— Donc, vous vous levez à… 5 h 30 ? Tous les matins ?

— A peu près.

— Et vous travaillez jusqu'à 18 heures tous les soirs ?

— Oui, admit-elle avec humeur. Dois-je aussi vous rendre compte de ce que je fais entre 18 heures et 5 heures ?

Ils sortirent finalement de la Kennedy Expressway et s'engagèrent dans Fullerton Avenue.

— Non, bien sûr que non, répondit-il, visiblement perplexe. C'est simplement que…

— Le commun des mortels n'a pas d'appartement en bord de lac, de chefs personnels, de voitures avec chauffeurs et un budget illimité ?

— Je ne suis pas naïf, vous savez. Je sais pertinemment que très peu de personnes vivent comme moi.

— Oui, vous le savez, mais comme un concept abstrait. Etes-vous déjà venu ici ? Ou à Rogers Park ? Vous êtes-vous déjà aventuré en dehors des quartiers chics et sûrs de Chicago ?

Son silence était éloquent.

— C'est précisément pour cette raison que je ne peux pas vous accompagner à ce mariage, et qu'il est ridicule de penser que je pourrais en avoir envie. Vous me voyez dans des circonstances particulières, mais ce n'est qu'une partie de moi. Je trouve mon quartier agréable et mon logement confortable, et je travaille dur pour bénéficier de ces avantages. Mais vous ne verrez pas les choses sous le même angle.

Il s'engagea dans sa rue et s'arrêta devant la maison de son propriétaire. Puis, à sa grande consternation, il coupa le moteur et se tourna vers elle.

— Et qu'est-ce que je verrai, Liberty ? Qu'est-ce que je vois à cet instant ?

Moi. C'est moi que vous voyez. C'était ce qu'elle avait envie de lui dire. Elle avait grandi dans un taudis et, désormais, elle vivait au-dessus de sa condition d'origine. Elle était montée si haut que, parfois, quand elle regardait alentour, elle était prise de vertige.

— L'argent n'est pas comme l'air qu'on respire, murmura-t-elle. Chaque dollar que je gagne a déjà une attribution. Chaque voyage au supermarché, chaque repas, chaque paire de baskets que j'achète est un risque, car je n'ai pas d'économies. Je n'ose imaginer ce qui se passera le jour où la source se tarira.

— Alors, pourquoi n'avez-vous pas accepté la proposition de Jenner ? Il doublait votre salaire.

— Parce que l'argent n'est pas ma seule motivation.

Et c'était la vérité.

L'espace entre eux, déjà étroit, se rétrécit encore. Etait-ce elle qui se penchait ou lui ? Toujours est-il qu'une force invisible l'attirait vers Marcus, contre laquelle elle ne pouvait pas lutter.

— Quelle est votre autre motivation ? demanda-t-il.

Le souffle de Marcus sur sa peau la fit frissonner.

— Marcus…

Mais elle oublia ce qu'elle voulait lui dire quand il posa une paume sur sa joue et l'obligea à lever le visage vers lui.

— Avez-vous besoin de quelque chose d'autre ? Quelque chose de plus ? Parce que c'est mon cas.

Dans un ultime effort pour maîtriser la situation, elle murmura :

— Cela va tout changer.

Son nez frôlait le sien, et sa paume l'attirait à lui.

— Et si les choses avaient déjà changé, sans retour en arrière possible ?

— Je ne suis pas assez bien pour vous, l'avertit-elle alors même qu'elle levait les mains vers son visage et sentait sous ses doigts le léger piquant de son ombre de barbe.

— Alors, soyez mauvaise pour moi, murmura-t-il contre ses lèvres.

Puis il l'embrassa, et au diable les bonnes résolutions, elle l'embrassa à son tour. Son premier vrai baiser. Elle aurait voulu enregistrer chaque moment pour s'en souvenir sa vie durant — elle embrassait Marcus Warren !

Mais comment réfléchir sous la pression exquise de ses lèvres contre les siennes ? Elle touchait Marcus, elle goûtait à sa saveur, et elle ne rêvait pas ! Un flot de chaleur se diffusa dans ses membres, la consumant tout entière et l'obligeant à prendre appui contre lui.

C'était de la faiblesse, de la tentation, elle le savait. Jusqu'à présent, elle y avait toujours résisté parce que sa survie était plus importante qu'un baiser. Mais maintenant qu'elle n'était plus sur le bord du précipice, elle s'autorisait à baisser sa garde.

Au début, les lèvres de Marcus se posèrent doucement sur les siennes, puis elle les entrouvrit instinctivement pour mieux le savourer. Elle avait tant envie de lui, et en même temps, elle était terrifiée à l'idée que son désir se mue en besoin.

Quand il glissa la langue dans sa bouche, elle sursauta sur son siège. Le choc de la surprise fut suffisant pour la ramener à la réalité, et la gravité de son acte la frappa comme un coup de poing en pleine poitrine.

— Je ne peux pas continuer, balbutia-t-elle, s'écartant.

Elle était tellement troublée qu'elle dut s'y reprendre à plusieurs reprises pour détacher sa ceinture de sécurité.

— Attendez ! s'écria-t-il en l'agrippant par l'avant-bras. Vous ne pouvez pas ? Ou vous ne voulez pas ?

Elle se dégagea sans mot dire et mit pied à terre. Puis elle s'éloigna d'un pas rapide, tête baissée, pressée de mettre de la distance entre eux. Quand il la touchait comme cela, elle perdait tout sens des réalités.

Elle l'entendit ouvrir sa portière, mais elle ne ralentit pas et ne tourna pas la tête.

— Liberty ?

Elle ne répondit rien. Que pouvait-elle dire ? *Je vous désire ? Je fantasme sur vous depuis des années ? Je suis prête à faire tout ce que vous me demanderez, mais ne me posez aucune question sur mon passé ?*

Il lui faisait confiance. Il pensait qu'elle était honnête avec lui.

Mais si quelqu'un les voyait ensemble et s'avisait de faire des recherches sur elle, ce serait la catastrophe assurée. Marcus serait blessé par ce qu'il apprendrait.

Et elle l'appréciait trop pour lui faire le moindre mal.

Elle n'avait donc pas d'autre choix que de s'éloigner de lui.

- 9 -

— Monsieur Warren.

Le vigile salua Marcus quand il pénétra dans le bâtiment.

— Bonjour, Lester, répondit-il, déchiffrant le nom du vigile sur son badge.

Il connaissait les agents de sécurité présents les jours ouvrés, mais il ne se souvenait pas de la dernière fois où il était passé à son bureau un week-end. Quand il travaillait le week-end, c'était chez lui. Il lisait les rapports que lui avait préparés Liberty, confortablement installé dans son canapé.

— Est-ce à vous que j'ai parlé tout à l'heure ?

— Oui, monsieur, acquiesça le vigile.

— Bien. Mme Reese est-elle encore là ?

— Oui, monsieur. Mme Liberty est arrivée à 8 h 30, comme tous les samedis.

Marcus eut le sentiment que Liberty n'avait pas eu besoin de lire le nom de Lester sur son badge.

— Et elle reste jusqu'à…

— 15 heures, 15 h 30, répondit-il en souriant. Elle travaille dur, cette jeune dame.

— En effet, convint Marcus.

Il commençait à prendre conscience du bourreau de travail qu'elle était. Tous les samedis, durant près de trois ans, elle avait fait sept heures supplémentaires par semaine. Et sans rien réclamer ! Elle méritait vraiment qu'il l'augmente.

— Merci, Lester, lança-t-il, se dirigeant vers les ascenseurs.

La montée jusqu'à son étage ne lui avait jamais paru aussi longue. A vrai dire, la matinée tout entière lui avait pesé. Il avait initialement prévu de venir de bonne heure, puis il s'était dit que s'il faisait irruption dans le bureau alors que Liberty venait d'arriver, elle risquait de paniquer et de s'enfuir.

Comme elle l'avait fait hier soir.

Seigneur, quel gâchis ! Pourtant, si c'était à refaire, il n'était pas certain de se comporter autrement. A la rigueur, il ne l'emmènerait pas dans ce restaurant. Mais pour le reste ?

Il avait eu envie d'aller voir le bébé avec elle.

Il avait eu envie de l'emmener dîner.

Il avait eu envie de l'embrasser.

Et quel baiser ils avaient échangé ! Un désir sauvage s'était emparé de lui au contact de ses lèvres contre les siennes et de sa peau soyeuse contre la paume de sa main. Il avait eu l'envie folle de lui ôter son tailleur trop sage, de l'allonger nue sur un lit et de la combler d'attentions jusqu'à ce qu'elle crie son nom dans le paroxysme du plaisir.

Il en avait encore envie. Hélas, c'était un doux rêve.

Les portes de l'ascenseur s'ouvrirent, et il se dirigea vers les bureaux de Warren Capital. Curieusement, tout semblait différent le week-end. La chaleur de l'été se glissait à travers les baies vitrées malgré la climatisation, et des échos de musique pop lui parvenaient, assourdis. Il aperçut un sac de sandwichs ouvert posé sur un meuble.

Liberty n'était pas dans son bureau.

Il contempla la chaise vide, perplexe. Pourtant, Lester lui avait confirmé sa présence sur place. Il jeta un coup d'œil dans son propre bureau au cas où elle s'y trouverait. Non. La pièce était vide. Où pouvait-elle bien être ?

Puis il entendit derrière lui la porte de la salle de bains s'ouvrir. Avant qu'il ait le temps de se retourner, Liberty s'exclama :

— Marcus ! Que faites-vous ici ?

— Je suis venu vous voir.

Et ce qu'il vit lui coupa le souffle.

Au lieu de la joggeuse en short et T-shirt unisexe ou de l'assistante en tailleur classique, il avait devant lui une Liberty en courte jupe kaki, tongs et T-shirt moulant sans manches au motif très coloré. Même ses cheveux étaient coiffés différemment, ramenés en une masse indisciplinée sur sa nuque au lieu d'être noués en un chignon strict ou une queue-de-cheval lisse.

Elle paraissait terriblement jeune et séduisante. Il brûlait d'envie de la prendre dans ses bras et de l'embrasser éperdument.

— Je ne m'attendais pas… Je veux dire, vous ne venez jamais.

Elle s'interrompit, balayant son corps à lui du même regard désorienté qu'il avait posé sur sa tenue. Elle ne l'avait sans doute jamais vu en chemise décontractée, bermuda et chaussures bateau. Elle croisa les bras et frotta sa peau nue, comme si elle avait froid, tout à coup.

— Il fallait que je vienne aujourd'hui, expliqua-t-il, serrant les poings le long de son corps pour s'empêcher de lui frotter les bras.

— Si c'est pour le travail, vous me prenez au dépourvu.

— Je sais déjà que vous venez au bureau tous les samedis, lui rappela-t-il. Ce n'est donc pas pour le travail. En fait, nous avons un problème.

— Oh ? Un seul ? plaisanta-t-elle.

— Un gros problème, qui en engendre des plus petits, précisa-t-il en souriant.

— Et quel est-il ?

— Vous vous souciez de moi…

Elle ouvrit la bouche pour répliquer quelque chose, mais il la devança.

— Et je me soucie de vous.

— Oh ! se contenta-t-elle de dire.

— Oui. Et vous semblez penser que c'est un problème.

Cette fois, elle poussa un soupir de frustration.

— Parce que c'en est un, Marcus ! Vous avez vu où j'habite. Vous avez vu comme je me sentais déplacée dans ce restaurant où vous avez une table réservée. Les seuls endroits où nos deux univers se croisent, c'est dans ce bureau et sur le sentier pédestre. Peu importe ce que je ressens pour vous et croyez-le ou non, peu importe ce que vous ressentez pour moi. Ça ne marchera jamais entre nous.

Cette réponse le rendit fou. Ce qu'ils éprouvaient l'un pour l'autre ne comptait pas ? Il avait l'impression d'entendre sa mère, le jour où le scandale avec Lillibeth avait éclaté. Peu importait qu'il soit malheureux. Ce qui comptait, c'était qu'il fasse bonne figure pour la galerie.

— Allez-vous prétendre que le baiser d'hier soir ne comptait pas ?

Elle porta le bout de ses doigts à ses lèvres.

— Il ne change rien.

— Bien sûr que si ! s'écria-t-il. Aviez-vous envie de m'embrasser, Liberty ?

Cette pensée le taraudait. L'avait-il embrassée contre son gré ? Seigneur, il n'avait aucune intention d'être avec elle le prédateur sexuel que son père était avec ses secrétaires.

— Ce que je veux n'a pas d'importance, répondit-elle d'une voix tremblante.

— Arrêtez de me servir ce genre de bêtises ! s'emporta-t-il. Vos souhaits sont aussi importants que les miens.

Elle ouvrit la bouche pour protester, mais il ne lui en laissa pas le temps.

— Répondez à ma question, Liberty. Aviez-vous envie de m'embrasser ?

Elle eut beau le contempler d'un air de suppliciée, il ne pouvait en rester là. Il fallait qu'il sache.

— Me désirez-vous ?

Le silence semblait de plomb tandis qu'ils se fixaient l'un l'autre.

— Bien sûr, murmura-t-elle, alors que le sang se retirait de son visage. Bien sûr que je vous désire, mais…

Il n'y avait pas de « mais » dans ces circonstances. Il la rejoignit en deux enjambées, la prit dans ses bras et l'embrassa en insufflant toute son âme dans son baiser. Elle émit un petit cri de surprise puis, à sa grande satisfaction, elle soupira d'aise contre sa bouche, son corps lové contre le sien.

Quand leurs lèvres se détachèrent, il plongea le regard dans ses yeux et écarta une mèche folle de son visage.

— Ne me dis pas que ce baiser n'est pas important, Liberty. Il l'est. Parce que tu comptes à mes yeux.

Elle ferma les paupières et inspira longuement.

— Tout cela finira mal. Je ne suis pas assez bien pour toi.

Hier, elle lui avait opposé cet argument, et il en avait été contrarié. Il l'était encore plus maintenant.

— Mais qu'est-ce que ça peut faire du moment que je suis assez bien pour toi ? Personne ne se soucie de moi comme tu le fais, Liberty. Personne ne s'inquiète de savoir ce qui est bon ou mauvais pour moi. Si je disparaissais de la surface de la terre demain, sais-tu ce que les gens pleureraient ? Ils pleureraient tout l'argent que je laisserais derrière moi, ma jeunesse et mon pouvoir perdus. Je ne manquerais pas à mes parents. Ils regretteraient seulement de ne plus pouvoir m'utiliser à leurs propres fins. Tu serais la seule personne en ce bas monde à qui je manquerais.

— Tu ne penses pas ce que tu dis ! s'exclama-t-elle, horrifiée. Les gens t'aiment.

— Tu crois ? N'aiment-ils pas plutôt ce que je suis en mesure de faire pour eux ?

Il s'écarta d'elle, éprouvant le besoin de bouger et de réfléchir.

— Tu ignores tout de mon enfance. Sais-tu à quel point c'est déchirant de s'apercevoir que tes parents ne t'aiment pas ? Qu'ils ne se battraient pas pour toi si tu avais vraiment besoin d'eux ?

Il l'avait compris très tôt. Il devait avoir six ans quand des hommes armés de fusils avaient tenté de l'enlever avec sa nounou. Mlle Judy avait crié, faisant fuir les méchants et le sauvant d'un sort cruel. Et comme ses parents avaient-ils réagi ? Ils avaient renvoyé sa nounou.

Encore maintenant, son cœur se serrait en se remémorant la solitude effroyable qu'il avait ressentie à l'époque.

— Je le sais, murmura-t-elle. Plus que tu ne crois. Mais…

Il s'arrêta de faire les cent pas et lui lança un regard furieux.

— Ne t'avise pas de me dire que c'est sans importance, Liberty. Tu veux savoir ce qui n'en a pas ? Tout ceci. Ce bureau, cette entreprise, cette existence. Tu te soucies de ma réputation, alors que je m'en fiche complètement.

Il ignorait d'où ces mots lui venaient. Tout ce qu'il savait, c'était qu'ils s'étaient formés dans sa tête depuis la veille au soir — et même avant. Depuis qu'il avait trouvé ce nourrisson et qu'il avait vu Liberty faire de son mieux pour le sauver.

Depuis qu'il avait trouvé quelqu'un pour qui il avait envie de se battre. Et maintenant que ces mots étaient sortis, il n'y avait plus moyen d'en tarir le flot.

— Ce n'est pas l'homme que je suis réellement. C'est celui qu'on veut que je sois.

— Que voulais-tu faire quand tu étais enfant ?

Il eut un rire amer.

— Sais-tu que tu es la première personne à me poser la question ?

— Tu parles comme si c'était trop tard, comme si tu n'avais plus l'énergie de réaliser ton rêve. Mais c'est faux, Marcus. Il n'est jamais trop tard.

— Je pensais que tu ne voulais pas que les choses changent.

Elle le contempla, l'air meurtrie.

— Crois-tu que je serais heureuse de faire partie des gardiens qui te maintiennent dans une cage où tu es enfermé contre ton gré ? Crois-tu que je te sacrifierais pour éviter d'avoir à entreprendre quelque chose de risqué ?

— Tous les autres le feraient. Lillibeth l'aurait fait.

— Je ne suis pas les autres, et encore moins Lillibeth.

Cette fois, ce fut elle qui prit son visage entre ses paumes douces, l'obligeant à incliner la tête pour l'embrasser.

Il l'enlaça et la plaqua contre lui tandis qu'elle l'embrassait éperdument. Son sang chantait dans ses veines. Rien ne les séparait si ce n'était une fine couche de vêtements. Quand elle lui mordilla la lèvre inférieure, il se sentit durcir.

Il la freina dans son élan avant qu'ils aillent trop loin.

— Liberty, grogna-t-il, sa poitrine se soulevant contre la sienne, comme s'il venait de courir un marathon.

— Je sais qui tu es, murmura-t-elle contre la peau sensible de son cou.

— Vraiment ?

Comment était-ce possible alors qu'il n'était pas tout à fait sûr de le savoir lui-même ?

— Tu es quelqu'un de bien, Marcus Warren.

A cet instant, tandis qu'il la serrait contre lui, il n'avait pas cette impression.

— Tu es un bon patron, poursuivit-elle, égrenant des baisers le long de son cou. Et tu t'occupes d'un bébé dont tout le monde se désintéresse.

Ses dents lui mordillaient la peau juste sous l'oreille, et il ne put retenir un râle de plaisir. Il posa une main sur ses fesses et la plaqua contre lui pour qu'elle se rende compte de l'effet qu'elle lui faisait.

Pour autant qu'il s'en souvienne, il n'avait jamais été aussi excité par une femme.

Oh ! bien sûr, il n'était pas puritain. Il aimait le sexe. Il avait eu son lot de mannequins, d'actrices et d'héritières, et toutes lui faisaient les yeux doux depuis qu'il était pubère. Le sexe était facile et amusant. Une simple partie de plaisir avec des femmes interchangeables.

Du moins, jusqu'à maintenant. Les choses étaient différentes. Parce qu'il s'agissait de Liberty. Il éprouvait pour elle plus qu'une simple attirance sexuelle.

— Avec toi, je me sens importante, murmura-t-elle dans son oreille, tout en prenant le lobe entre ses lèvres et en le suçant.

— Tu es importante à mes yeux, marmonna-t-il à travers ses dents serrées.

Mais quand elle se frotta contre son érection et qu'elle posa les mains sur ses fesses, il se força à inspirer profondément pour refréner son désir exacerbé.

— Est-ce cela que tu veux ? Parce que si tu continues de m'exciter de cette façon…

Elle inclina la tête en arrière pour river son regard au sien.

— Ce que je veux, c'est sortir de ce bureau.

Sortir d'ici, la déshabiller… Oh ! oui, il était d'accord !

— Acceptes-tu de venir chez moi ?

— Ça changera tout, remarqua-t-elle.

Mais cette fois, elle n'essayait pas de le dissuader. Au contraire, elle semblait accepter l'idée que tout devait changer, que le statu quo signifierait une mort lente pour tous les deux.

Il l'étreignit et plongea le nez dans ses cheveux.

— Je veux que tout change. J'en ai besoin.

Liberty connaissait l'immeuble de Marcus. Tous les matins, du lundi au vendredi, elle l'attendait dans le hall d'entrée. Mais elle n'avait jamais franchi la limite, matérialisée par une petite ligne carrelée, séparant le territoire du concierge du reste du hall et, bien sûr, elle n'était jamais montée jusqu'à l'appartement de Marcus.

Par chance, Joey, le concierge à qui elle avait affaire d'habitude, ne travaillait pas le samedi.

— Todd.

Marcus salua le remplaçant.

— Monsieur Warren, répondit Todd, adressant un petit sourire à Liberty.

Et voilà que, pour la première fois, elle franchissait la ligne et montait dans l'ascenseur avec Marcus !

— Tout va bien ? demanda-t-il, glissant un bras autour de sa taille et l'attirant contre lui.

Oui et non. Dans ses rêves, Marcus surgissait au bureau, l'embrassait et lui disait à quel point il avait besoin d'elle, et oui, ils se retrouvaient au lit.

Mais ici et maintenant ?

Ce qu'elle faisait était stupide et plus que risqué. Elle allait coucher avec son patron. C'était pour ainsi dire un suicide professionnel.

Toutefois, Marcus avait raison sur un point : ils ne pouvaient plus revenir en arrière. Ils se désiraient et s'appréciaient mutuellement. Et cela changeait tout.

— Oui, tout va bien, murmura-t-elle en l'embrassant.

Les lèvres de Marcus se pressèrent contre les siennes, chaudes et exigeantes, tandis qu'il la plaquait contre la paroi de la cabine.

— Si tu savais comme j'ai envie de toi ! murmura-t-il à son oreille, les mains glissant sur ses fesses. Je te ferai tout ce que tu aimes.

Le hic, c'était qu'elle ne savait pas ce qu'elle aimait. Durant son enfance et son adolescence, elle s'était préservée des garçons trop entreprenants, et par la suite elle avait été trop occupée à étudier et à travailler pour songer à sortir.

Elle éluda donc la question.

— Je veux d'abord voir ce que tu as à me proposer, murmura-t-elle en glissant la main entre leurs deux corps pour effleurer la bosse de son bermuda.

Bonté divine ! Quel membre !

— Liberty, grogna-t-il en avançant les hanches contre sa paume.

Oh ! oui, son membre viril était dur et à peine contenu par son bermuda.

Quand l'ascenseur s'arrêta, elle se figea. Et si quelqu'un les découvrait ainsi enlacés ?

Mais Marcus eut un grand sourire.

— Détends-toi, mon chou. Je possède tout l'étage.

Il déposa un baiser léger sur ses lèvres et l'entraîna dans une petite pièce donnant sur une porte fermée à clé.

— Je ne voulais pas que l'ascenseur s'ouvre directement dans mon appartement, expliqua-t-il en déverrouillant la porte. Mes parents auraient été capables de soudoyer le concierge pour venir fouiner chez moi.

Une fois à l'intérieur, il referma la porte à clé et soupira de soulagement avant de la prendre dans ses bras.

— Nous sommes tranquilles, ici.

Puis il l'embrassa de nouveau, et pour la première fois elle s'abandonna complètement à lui.

— Je vais te faire visiter, annonça Marcus, sans la lâcher et en la conduisant à reculons.

D'un coup de pied, elle se débarrassa de ses tongs à un dollar et se laissa guider.

— Voici l'entrée, poursuivit-il, soulevant le bord de son T-shirt pour le lui ôter.

— Elle est belle, répondit-elle sans même la regarder.

Elle préférait observer Marcus. Il se comportait avec elle comme il le faisait durant leur jogging matinal, discutant et plaisantant, sauf qu'aujourd'hui ils se touchaient.

— Oh ! Liberty ! s'exclama-t-il, émerveillé, laissant tomber son T-shirt sur le plancher.

Il posa les mains sur sa taille avant de remonter le long de ses côtes. Puis il cueillit ses seins au creux de ses paumes, ses pouces en titillant les tétons à travers le tissu du soutien-gorge.

— Comme tu es belle !

Elle frissonna délicieusement sous ses mains expertes. Elle n'était pas ignorante, juste inexpérimentée. Elle avait vu des hommes et des femmes se caresser, mais elle n'avait pas deviné à quel point ces caresses étaient source de plaisir.

— C'est bon ? demanda Marcus, se penchant pour presser un baiser sur son sein gauche, juste au-dessus de la bordure de son soutien-gorge.

— Oh ! oui. Continue de me faire visiter.

Elle ne voulait pas que sa première fois ait lieu dans une entrée.

Soudain, une image se forma dans son esprit, celle de Marcus la plaquant contre le mur et la soulevant pour qu'elle enroule ses jambes autour de lui tandis qu'il la pénétrait.

Bon, ce serait peut-être pour la deuxième ou la troisième fois.

— D'accord, marmonna-t-il contre sa peau, tout en continuant de la faire avancer à reculons.

— Et voici le salon. Parfois, je m'installe sur le canapé.

— Nous devrions l'essayer ensemble. Pour discuter, le taquina-t-elle.

— Je veux d'abord essayer d'autres choses.

Il dégrafa son soutien-gorge et fit glisser les bretelles le long de ses bras.

— Ceci, par exemple, précisa-t-il, se penchant pour prendre son téton droit dans sa bouche avant de le sucer.

Oh ! bon sang ! La sensation de plaisir était presque insoutenable. Et c'était Marcus Warren qui la lui procurait ?

Non, c'était Marcus, tout simplement.

Elle glissa les doigts dans ses cheveux mordorés et rejeta la tête en arrière, exhalant un gémissement de volupté.

— Donc, le salon, réussit-elle à dire.

— J'aime cette pièce, articula-t-il, s'attaquant à l'autre téton. La vue est splendide.

Elle ne pouvait que le croire sur parole car elle avait fermé les yeux pour mieux se concentrer sur la sensation exquise que lui procurait la langue qu'il passait sur sa peau nue.

Soudain, un vent de panique s'empara d'elle quand Marcus la guida vers la gauche, toujours à reculons. Tout cela était-il bien réel ? Ou s'agissait-il d'un rêve ? Le rêve le plus réaliste et le plus érotique qu'elle ait jamais fait ? Peut-être s'était-elle endormie au bureau. Elle avait mal dormi la nuit dernière, après s'être enfuie de la voiture de Marcus. Cette scène n'était peut-être que le fruit de son imagination.

— La salle à manger, murmura-t-il.

Non, Dieu merci, elle ne rêvait pas.

Elle se reconcentra sur les mains de Marcus qui glissaient le long de ses flancs et relevaient sa jupe.

— Arrête, dit-elle.

A peine eut-elle prononcé ce mot qu'il se figea.

— Attendre ?

Voyant qu'il respectait sa décision, elle ressentit un élan d'amour pour lui. Il ne jouait pas la comédie. Il ne lui débitait pas des compliments uniquement pour l'amener dans son lit. Il la désirait vraiment et il se conduisait comme un gentleman avec elle.

— Ne remonte pas ma jupe, précisa-t-elle.

L'image de sa jupe retroussée lui paraissait tout sauf sexy. Par ailleurs, dans ses fantasmes, il la dénudait.

— Enlève-la, plutôt.

— Liberty ! gronda-t-il, visiblement soulagé.

Alors qu'il s'y était pris en douceur avec son T-shirt et son soutien-gorge, il détacha frénétiquement le bouton de sa jupe et abaissa d'un coup sec la fermeture Eclair avant de faire glisser la jupe le long de ses hanches. Elle atterrit sur le sol avec un bruit mat, et Liberty se félicita d'avoir opté ce matin pour une jolie culotte avec un imprimé de fleurs roses et un liseré en dentelle.

— Le bureau, indiqua-t-il, désignant une porte du menton.

— Mmm, murmura-t-elle, s'attaquant aux boutons de sa chemise.

Une tâche malaisée alors qu'elle marchait à reculons et qu'il glissait les doigts sous l'élastique de sa culotte tout en l'embrassant dans le cou. Elle réussit à défaire les deux premiers boutons avant de renoncer et de lui passer sa chemise par-dessus sa tête.

— Quelle splendeur ! s'exclama-t-elle, promenant ses mains sur le torse dénudé de Marcus. Sais-tu depuis combien de temps j'en rêve ?

Tout en parlant, elle frotta ses tétons et constata avec satisfaction qu'il frissonnait sous sa caresse.

— Je ne voulais pas être ce genre de patron, lui confia-t-il, la faisant pivoter sur sa gauche. Je ne voulais pas te blesser.

Elle aurait quand même mal. Non pas tant à cause du sexe — encore que le premier rapport risquait d'être douloureux —, mais coucher avec Marcus se révélerait préjudiciable à la longue pour eux deux.

Pourtant pouvait-elle ne pas coucher avec lui maintenant ? C'était inenvisageable.

— Alors, ne me fais pas mal, plaida-t-elle, s'attaquant à son bermuda.

— La chambre et le lit, grogna-t-il en la soulevant.

La seconde d'après, Marcus l'allongeait sur un lit massif garni de draps blancs.

Elle s'abandonna à la douceur du matelas et aux muscles durs du corps de Marcus. Elle le caressa partout, mais ce n'était pas suffisant — il gardait encore son bermuda.

— Ta chambre me plaît, constata-t-elle.

— Elle est encore mieux quand tu t'y trouves.

Elle réussit à défaire son bouton, mais quand elle voulut abaisser la fermeture Eclair, effleurant son érection au passage, il haleta et lui saisit les mains.

— Ralentis, mon chou. Laisse-moi faire…

Il lui cloua les mains sur le lit et s'agenouilla entre ses jambes.

— Laisse-moi te découvrir, murmura-t-il, s'inclinant pour lui prendre un téton dans sa bouche.

— Oh ! Marcus, gémit-elle tandis qu'il suçait avec ardeur.

— Tu aimes ça, n'est-ce pas ?

— Oui, râla-t-elle alors que la bouche de Marcus se refermait sur son autre téton, le titillant et l'aspirant jusqu'à ce qu'elle se trémousse sur le matelas, ivre de volupté.

— Oh ! oui !

— J'adore ta saveur, dit-il, alors que sa bouche descendait plus bas.

Il lui relâcha les mains et agrippa l'élastique de sa culotte.

— Je veux te savourer tout entière.

Il tira et fit glisser le tissu le long de ses jambes. Cette fois, elle était nue devant lui. Elle avait craint de se sentir nerveuse ou timide sous son regard torride, mais il n'en était rien.

Une étrange pression montait en elle, comme l'éclair prêt à frapper. Elle cambra les reins quand Marcus promena une main le long de son ventre.

— Je vais te caresser ici, grogna-t-il, tandis que sa main descendait plus bas.

— J'y compte bien, répliqua-t-elle, impressionnée par sa propre assurance.

Mais il ne se pressait pas, et l'anticipation la tuait à petit feu. Elle serra les poings sur les draps.

— Quelle impatience ! Cela ne vous ressemble pas, madame Reese, la taquina-t-il.

— Je veux simplement faire…

Elle haleta quand les doigts de Marcus effleurèrent son sexe.

— Je veux bien faire les choses, monsieur Warren, articula-t-elle, les dents serrées, tandis qu'il commençait à la caresser.

— Oh ! je ne doute pas que vous ferez de l'excellent travail, madame Reese. Vous avez toujours su satisfaire mes besoins, n'est-ce pas ?

Son autre main se glissa entre ses jambes et effleura sa fente, mais sans qu'il cesse de frotter son clitoris.

— Je ne veux surtout pas vous décevoir maintenant, murmura-t-elle, incapable de détourner le regard de ses mains qui s'activaient sur elle.

— Vous ne me décevrez pas, assura-t-il d'une voix rauque de désir. Et maintenant, laissez-moi satisfaire vos besoins.

Il insinua un doigt dans son vagin.

— Oh ! haleta-t-elle tandis qu'il se mouvait à l'intérieur et frottait à l'extérieur. Oh ! Marcus !

— C'est bien, mon chou, marmonna-t-il d'une voix saccadée. Ouvre-toi pour moi.

Il s'inclina, et sa bouche remplaça le doigt qui frottait son clitoris, puis celui qui caressait son vagin. Soudain, elle sentit tous ses muscles se resserrer, puis une décharge électrique la traversa de part en part et une jouissance d'une intensité extraordinaire déferla sur elle tandis que sa bouche s'ouvrait pour un cri silencieux.

Jamais elle n'avait éprouvé une sensation pareille. Elle s'était caressée, mais ces petites secousses de libération étaient sans commune mesure avec le plaisir orgasmique que lui avait procuré Marcus.

Il releva la tête et la contempla, un sourire satisfait sur les lèvres. Elle était incapable de réagir tandis que ses muscles continuaient de pulser autour des doigts de Marcus.

— Madame Reese…

Au prix d'un immense effort, elle lui prit le visage entre ses paumes et l'attira vers elle pour l'embrasser.

Pendant si longtemps, elle avait rêvé du corps de Marcus pesant sur le sien, de sa bouche écrasant la sienne, du son de son prénom échappé de ses lèvres.

Cette fois, elle était sienne. Elle l'avait toujours été.

Et maintenant, il le savait aussi.

- 10 -

La saveur de Liberty encore sur sa langue, Marcus se força à s'écarter.

Tout ceci est mien, songeait-il en contemplant son corps superbe étalé sur le lit dans une délicieuse débauche.

Un préservatif. Il devait en enfiler un avant de perdre le peu de contrôle qui lui restait. Il réussit non sans mal à le récupérer dans sa table de chevet tandis que Liberty lui retirait son short et son slip et s'exclamait « Oh ! Marcus ! » en constatant à quel point il la désirait.

Elle enroula les doigts autour de son sexe palpitant, et toute pensée cohérente le déserta. Seule comptait la sensation exquise des mains de Liberty caressant son membre érigé. Faute de pouvoir bouger, il s'agrippa au bord du lit et se mit à pousser des hanches.

— Tu aimes ça ? demanda-t-elle.

Il y avait comme une note d'innocence dans sa question.

— Oh ! oui ! grogna-t-il.

Il lui aurait été facile de s'épancher dans ses mains, mais il ne voulait pas se montrer égoïste.

Non sans mal, il lui écarta les doigts et ajusta le préservatif tandis qu'elle le regardait faire, les yeux écarquillés.

— Quelle position préfères-tu ? demanda-t-il.

Et sans lui laisser le temps de répondre, il la prit dans ses bras et l'embrassa avec passion.

L'étreignant à son tour, elle roula sur le dos et l'attira sur elle.

— Comme ça, répondit-elle.

— Tout ce que tu veux, mon chou.

Elle se mordilla la lèvre inférieure tandis qu'il se positionnait à l'entrée de son vagin et, l'espace d'une seconde, elle lui parut si nerveuse qu'il marqua une pause.

— Tout va bien ? Je continue ?

— Oui, voyons, souffla-t-elle, cambrant les reins pour aller à sa rencontre.

Il s'efforça de modérer son ardeur au moment d'unir son corps au sien. Il ne devrait pas avoir de difficulté — pendant des années, il avait toujours été capable de se retenir. Parce qu'il était un amant attentionné, faisant passer les besoins de sa partenaire avant les siens…

C'était du moins ce qu'il se racontait, mais en vérité il cherchait à se protéger et à éviter d'être blessé. Même avec Lillibeth, la femme qu'il s'était résigné à épouser, il ne s'était jamais laissé aller à une passion incontrôlée. Sans doute parce qu'il n'y avait jamais eu de passion entre eux.

En revanche, il faisait une totale confiance à Liberty. Et il n'était plus question de se retenir.

Elle haleta quand il s'immisça dans son corps tendu, aussi l'embrassa-t-il pour la réconforter, laissant sa chaleur bienfaisante englober son pénis.

Puis il commença à la chevaucher. Liberty émit de petits bruits de gorge en s'agrippant à ses épaules, les lèvres contre son cou. Ils accordèrent bientôt leurs rythmes, et elle se mit à onduler du bassin pour accueillir ses poussées.

Et tandis que leurs corps s'harmonisaient parfaitement, il se perdit en elle. La seule chose qui lui permettait de retarder sa jouissance, c'était son endurance de joggeur. Ses muscles étaient bandés, ses poumons le brûlaient.

Il repoussait au maximum les limites du plaisir et de la douleur.

Enfin, un gémissement monta du plus profond de la gorge de Liberty, et ses épaules se soulevèrent du lit. Elle se raccrocha à lui avant de retomber en arrière, pantelante et murmurant son prénom. Il n'était plus question qu'il se retienne alors qu'elle le contemplait, un sourire comblé aux lèvres.

Le corps secoué par les spasmes de la jouissance, il émit un grognement guttural avant de s'effondrer, le cœur tambourinant dans sa poitrine.

— Liberty, murmura-t-il dans ses cheveux.

Il avait tant de choses à lui dire, mais il ne trouvait plus ses mots — il était perdu.

Elle rejeta la tête en arrière, le regard cherchant son visage. Puis, voyant qu'il était incapable d'émettre un son, elle l'embrassa avec fougue.

Pour la première fois depuis longtemps, depuis la trahison de Lillibeth et même avant, il se sentit en paix avec lui-même. Il avait trouvé un havre de sécurité auprès de Liberty.

Elle gisait sur le dos, contemplant le plafond.

— C'était… fabuleux !

— Oui, acquiesça-t-il en souriant. Et nous aurons trois jours pour recommencer avant d'aller au mariage.

A peine eut-il prononcé ces mots qu'il comprit son erreur. Il la sentit se crisper et se détacher de lui. Elle s'éclaircit la gorge.

— Hum, je voudrais me laver.

— La salle de bains est là, dit-il en désignant une porte.

Elle se glissa hors du lit sans le regarder.

Il la suivit des yeux jusqu'à ce qu'elle referme la porte derrière elle. L'amener chez lui et lui faire l'amour avait tout changé. Un nouveau lien s'était tissé entre eux, profond et authentique.

Il ne voulait pas que leur nouvelle relation soit à temps partiel. Il n'allait pas continuer de courir avec Liberty le matin et de travailler avec elle l'après-midi en prétendant que ce qu'ils avaient vécu ici n'existait pas.

S'ils devaient être ensemble, ils seraient ensemble. Tout le temps. Il n'en démordrait pas.

Il se hâta vers l'autre salle de bains à côté de l'entrée, ôta le préservatif et se lava rapidement avant de retourner dans la chambre. Il n'avait aucune obligation professionnelle ou autre aujourd'hui, et il ne laisserait pas Liberty retourner au bureau, quoi qu'elle objecte.

Il rabattait le drap quand la porte de la salle de bains s'ouvrit. Liberty s'adossa au chambranle, totalement nue, un bras noué autour de sa taille. Il fut ravi de voir le sourire satisfait sur son visage.

— Hello, lança-t-elle d'une voix douce.

Il tapota la place sur le lit à côté de lui.

— Viens ici.

Il la contempla tandis qu'elle s'avançait avec une grâce féline. Son corps avait une beauté authentique. Chez elle, tout était naturel, contrairement au corps de Lillibeth qui s'était fait refaire le nez et les seins et qui suivait un régime draconien pour conserver son poids fétiche de cinquante kilos. Parfois, quand il était au lit avec elle, il avait l'impression de coucher avec un sac d'os, dur et pointu.

En revanche, Liberty avait des courbes voluptueuses et, quand elle se glissa dans le lit à côté de lui, il eut un mal fou à ne pas poser les mains sur elle. Ses aréoles étaient beaucoup plus foncées qu'il ne s'y attendait, mais il les aimait telles qu'elles étaient, et ses seins, bien que petits, lui remplissaient parfaitement les mains.

Il l'attira contre lui et posa une main sur sa poitrine.

— Je sens ton cœur battre, murmura-t-il.

Elle posa à son tour une main sur son torse, et ce simple contact fit courir un délicieux frisson le long de son dos.

— Je sens le tien aussi, dit-elle, se penchant pour y déposer un baiser. Et maintenant, que faisons-nous ?

— Nous avons trois options. Nous pouvons rester au lit durant les prochains jours.

Elle se redressa et lui jeta un regard sévère.

— C'est impossible, et tu le sais.

— Il est hors de question que tu retournes au bureau aujourd'hui. Sinon, je te vire.

— Encore des menaces, murmura-t-elle.

Mais elle n'avait pas l'air effrayée. Elle semblait repue et comblée. Et bien qu'il n'ait pas l'habitude de faire la sieste, il sentait lui aussi ses paupières s'alourdir.

— Bon. Visiblement, je n'ai pas d'autre choix que de rester ici avec toi.

— C'est la deuxième option — la meilleure, acquiesça-t-il, caressant ses petits seins parfaits.

— Et la troisième ? demanda-t-elle d'une voix méfiante.

— Je comprends que ce mariage te rende nerveuse, et je vais appeler ma styliste personnelle pour qu'elle te choisisse des tenues. Ce sera un souci de moins pour toi, expliqua-t-il en embrassant son épaule dénudée.

— Marcus, pourquoi tiens-tu autant à ce que je t'accompagne à ce mariage ?

— Parce que.

Il roula sur le dos et contempla le plafond.

— Sais-tu ce que je voulais faire quand j'étais plus jeune ?

— Non, répondit-elle, se nichant contre lui, une main posée sur son cœur. Je suppose que ce n'était pas dans la finance.

— Non, en effet. J'ai été repéré par des recruteurs sportifs pour jouer au football, au base-ball et faire de l'athlétisme. J'ai reçu des offres de bourses émanant de différentes écoles qui proposaient d'excellents programmes. Non que j'aie eu besoin de ces bourses.

— Mais les coaches te voulaient.

— Oui. J'ai reçu plusieurs offres, notamment de deux équipes allemandes de football, qui ont surenchéri entre elles.

— Vraiment ? s'étonna-t-elle, se redressant sur un coude. Comment se fait-il que j'ignore ce détail ? Je veux dire, avant de postuler pour ton job, je me suis renseignée sur toi via Google.

— Ces offres n'ont jamais abouti car mes parents désapprouvaient l'idée que je devienne sportif professionnel.

Liberty fit la grimace.

— C'était indigne d'un Warren ?

Sa remarque le fit sourire. Elle le comprenait si bien ! Il glissa les doigts dans les cheveux de Liberty. Il appréciait la sensation de leur texture un peu rêche.

— Exactement. Il a suffi d'un mot de mon père, et les offres de bourse ont été retirées. Je ne sais toujours pas comment il s'y est pris pour dissuader les deux équipes de m'embaucher.

— Attends. Tu veux dire qu'il leur a demandé de se retirer ?

— J'étais sur le point de partir en Allemagne quand toutes les offres ont été annulées. C'était fichu pour moi. A dix-huit ans, je rêvais de partir aussi loin que possible de mes parents et de jouer au football pendant quelques années. L'université pouvait attendre, non ?

Elle le contempla, incrédule.

— Comment ton père a-t-il pu manigancer tout cela ?

— Je n'ai aucune preuve, mais je le soupçonne d'avoir racheté — momentanément — l'équipe que j'avais choisie.

— Je n'arrive pas à croire que tes parents aient pu te faire un coup pareil !

Il eut un sourire amer.

— Ils ont soi-disant agi dans mon intérêt. Pour me protéger.

— Quel danger craignaient-ils au point de racheter une équipe de football ?

— Eh bien…

Il ouvrit la bouche pour lui parler des hommes armés et du brusque départ de sa nounou, Mlle Judy, mais les mots lui manquèrent. Et au lieu de répondre à sa question, il poursuivit :

— Ce n'est pas moi qu'ils voulaient protéger, mais le nom des Warren. Je suis donc allé à l'université de Columbia puis à celle de Northwestern pour y suivre des cours de gestion et de management. C'était la seule option qu'ils me laissaient.

Elle parut réfléchir un moment.

— Est-ce pour cette raison que tu m'as engagée ? Parce que ce n'était pas l'idée de tes parents ?

— Oui, et parce que tu courais trois kilomètres par jour.

Une moue amusée releva le coin de ses lèvres.

— Je suis beaucoup plus rapide, maintenant.

Il sourit tout en promenant les mains le long de son dos.

— J'aime courir avec toi le long du lac. C'est le meilleur moment de la journée.

— C'est aussi mon moment préféré, admit-elle, presque nostalgique.

Il l'embrassa, exprimant ainsi tout ce qu'il avait envie de lui dire sans parvenir à trouver les mots justes.

— J'aimerais que tu viennes avec moi, mon chou, déclara-t-il, détachant ses lèvres des siennes et lui caressant la joue. Parce que, quand tu es avec moi, j'ai l'impression de voir l'homme que j'aurais pu être autrefois. Je n'ai pas envie de rentrer dans le rang et de faire ce qu'on me dicte pour préserver l'image des Warren. Je veux me battre pour toi.

— Je ne trouverai pas ma place dans ton monde, le prévint-elle.

— Tu n'arrêtes pas de répéter ça, remarqua-t-il, se redressant sur un coude pour la contempler. J'en conclus que tu n'es pas née avec une cuillère en argent dans la bouche, comme moi. J'en suis réduit aux suppositions puisque tu ne dévoiles rien de ta vie privée.

Elle le contempla sans mot dire de ses grands yeux sombres.

Soudain, le doute s'insinua dans son esprit. Elle préservait si bien sa vie privée qu'après trois ans de collaboration il n'avait vu qu'hier l'endroit où elle vivait.

Dans son esprit, Liberty était l'honnêteté personnifiée. Ponctuelle, scrupuleuse et compétente. Mais…

Et si elle dissimulait un secret susceptible de le blesser ?

Il l'observa avec attention. Elle était allongée sur le ventre, le menton sur ses mains, son regard rivé au sien.

— Tu veux vraiment que je te parle de moi ?

— Uniquement si tu en as envie. Le passé appartient au passé, mon chou. Du moment que tu n'as pas kidnappé ou tué quelqu'un…

Elle éclata de rire.

— Grands dieux, non ! Je n'ai commis aucun crime ni délit.

Il relâcha le souffle qu'il retenait sans même s'en rendre compte. Liberty était fiable, et il lui faisait confiance. Il fallait simplement qu'elle s'y habitue.

— Tu n'es peut-être pas assez bien pour le milliardaire Marcus Warren, concéda-t-il, mais tu es parfaite pour moi. Alors, accepte de m'accompagner et laisse-moi me battre pour toi.

Elle détourna le regard et posa la tête sur son torse.

— Personne ne s'est jamais battu pour moi, murmura-t-elle.

— Personne ? Et tes parents ?

Elle haussa les épaules. Un geste désinvolte que démentait la tension de son corps tandis qu'il caressait sa peau nue.

— Comme tu le dis, le passé appartient au passé. Je n'aime pas en parler. Mais si tu veux que je te raconte tout, je le ferai.

— Rien ne t'y oblige. Ce que tu me diras ne changera pas mes sentiments pour toi. Je veux que tu sois heureuse.

Du bout du doigt, elle traça un petit cercle sur son torse.

— Est-ce pour cette raison que tu t'es occupé de William ? A cause de moi ?

— Oui, parce que tu te soucies de lui. Et aussi parce que, quand je t'ai vue avec lui, j'ai éprouvé des sentiments que j'avais refoulés au fond de moi.

Elle se redressa et le contempla, intriguée.

— Vraiment ?

Et si les choses avaient été différentes… Voilà ce qu'il avait pensé en la voyant avec ce nourrisson, le visage illuminé d'amour.

— Quand je t'ai vue le bercer et essayer de l'hydrater, j'ai eu l'impression que je voyais l'autre existence, l'autre voie que je n'ai pas prise. Peut-être que dans une autre vie...

Il se serait marié par amour et non pour le pouvoir ou le prestige. Il aurait eu des enfants et fait des choses normales comme passer ses samedis à jouer au football, aider sa femme à préparer les repas, mettre les enfants au lit, puis se coucher avec Liberty...

— Mais il est afro-américain, remarqua-t-elle prudemment. Cela ne te gêne pas ?

Il repoussa la vision idyllique de Liberty et lui, entourés d'une grande famille heureuse.

— Mes parents s'en offusqueraient sûrement, mais pas moi.

Elle continua de le contempler, le regard plein... d'amour ? D'habitude, quand les femmes lui faisaient les yeux doux, c'était pour son argent, son physique, ou les deux. Mais Liberty le regardait différemment. Comme il en avait envie !

— Nous irons le voir avant de partir, d'accord ? dit-il.

Curieusement, elle n'exigeait rien pour elle-même, mais elle voulait que quelqu'un se batte pour le bébé.

— Jeudi. Il faudra juste que mon assistante vérifie si mon emploi du temps le permet.

Elle lui adressa un grand sourire reconnaissant.

— Ça ne posera pas de problème.

— Et tu m'accompagneras au mariage ? En tant que ma petite amie ?

Il retint son souffle parce que, si elle refusait, il devrait renoncer. Elle poussa un soupir, et il fut pris de remords. Peut-être se montrait-il égoïste en lui demandant ce service.

— C'est important pour toi ?

— Tu es importante à mes yeux.

Il crut deviner un sourire dans son regard. Contre toute attente, elle s'écarta de lui et s'assit au bord du lit. Il brûlait d'envie de l'attirer dans ses bras, mais il se contenta de déposer un baiser entre ses omoplates.

— Alors, allons faire du shopping. Je n'ai rien à me mettre.

- 11 -

— Je suis ridicule là-dedans ! protesta Liberty, contemplant le bikini de designer orange à grosses fleurs.

Cathy, la vendeuse de Barneys New York chargée de transformer Liberty en membre de la haute société, croisa son regard dans le miroir de la cabine d'essayage privée.

— Le thème du dîner de répétition est *Beach Blanket Bingo*, lui rappela-t-elle. Tous les invités sont censés s'habiller comme dans la célèbre comédie musicale des années 1960.

— Alors ? demanda Marcus de l'autre côté du rideau.

— Aurais-je au moins une tunique ?

Cathy choisit une robe de plage drapée avec un motif de plumes de paon dans les tons orangés. Liberty la passa par-dessus sa tête, évitant de regarder le prix sur l'étiquette.

Son malaise était accentué par la façon dont son entrecuisse pulsait à chaque mouvement, lui rappelant à quel point les choses avaient changé.

Après avoir fantasmé pendant des années sur Marcus, elle avait vu son rêve devenir réalité. Marcus était son premier amant. Dieu merci, on ne lui avait pas pris sa virginité de force, une crainte perpétuelle quand elle était adolescente et que peu d'adultes veillaient sur elle. Alors, pourquoi éprouvait-elle cette sensation d'étrangeté ?

Une fois prête, elle écarta le rideau et s'avança dans le salon. Marcus était installé sur une causeuse en cuir, buvant du champagne, avec l'air de bien s'amuser. Il le pouvait. Ce n'était pas lui qu'on déguisait comme pour le carnaval !

— Encore une fois, je suis ridicule dans cette tenue. A-t-on idée de convier ses invités à un feu de camp sur la plage, la veille de son mariage ?

Non qu'elle sache vraiment en quoi consistait un mariage classique. Elle avait déjà commandé des cadeaux de noces pour le compte de Marcus, mais elle n'avait jamais assisté à un mariage, classique ou extravagant.

Et elle n'était jamais allée dans un magasin comme Barneys. Elle avait cru qu'ils se rendraient dans l'une des boutiques chic sur le Magnificent Mile, et c'était déjà assez impressionnant pour elle — mais au moins, il lui était arrivé d'aller chez Bloomingdale au moment des soldes.

Barneys était tellement éloigné de sa zone de confort qu'elle devait se concentrer sur l'aspect ridicule de ce mariage pour éviter l'hyperventilation.

— Et exiger que tout le monde vienne en bikini ! pesta-t-elle, prenant la pose sur l'estrade au centre du salon pour que Marcus puisse donner son avis.

— Tu as de la chance que Lillibeth ne se soit pas mariée à Vienne, comme le mariage auquel j'ai assisté quelques années auparavant. Le code vestimentaire était la *lederhose* pour les hommes et le *dirndl* pour les femmes !

— Je ne veux même pas savoir ce qu'est un *dirndl*!

— Quoi qu'il en soit, j'adore te voir en bikini, assura-t-il.

— Je n'ai pas un corps fait pour porter le bikini, maugréa-t-elle. Et je garderai ma robe de plage durant la réception.

— Tu as un corps de rêve. Par ailleurs, si tu ne viens pas nager avec moi, tu devras rester sur la plage avec les autres femmes qui n'oseront pas se mettre en bikini.

— Ce n'est pas juste ! Et toi, que porteras-tu ?

— Un short et une chemise hawaïenne. Mais j'ôterai ma chemise pour nager.

Il se tourna vers Cathy.

— Quelles chaussures avez-vous prévu ?

L'intéressée disparut dans la cabine où des portants chargés de vêtements les attendaient après le coup de fil de Marcus.

Au comble de la nervosité, Liberty résista à l'envie de se ronger l'ongle du pouce. Elle portait un bikini qui devait coûter deux semaines de loyer, voire trois !

— Y a-t-il des requins dans l'océan ? Des bestioles qui piquent et qui mordent ?

Marcus se mit à rire, son regard s'attardant sur son corps presque nu, comme une caresse.

— Oui. Mais crois-moi, l'océan sera plus sûr que la plage.

Cathy réapparut avec une paire de spartiates dans une main et des tongs dans l'autre. Liberty enfila une chaussure de chaque et attendit le verdict de Marcus. Il choisit les tongs. Et bien sûr, Cathy conseilla de compléter la tenue avec des pendants d'oreilles en or, un collier ras du cou et des bracelets en or.

Puis, durant l'heure et demie qui suivit, Liberty dut essayer des robes appropriées pour un mariage sur la plage. Si encore les vêtements qu'on lui présentait lui avaient plu, elle se serait fait une raison. Mais certains d'entre eux étaient franchement laids, notamment une robe longue du soir qu'on aurait cru découpée dans de vieux rideaux !

Finalement, Cathy sélectionna une robe corail dos nu, sans manches, avec un ourlet asymétrique, qui s'attachait derrière le cou avec un gros nœud.

Ouf, enfin une robe belle ! Et plus important, elle n'avait pas l'impression d'être un imposteur en la portant.

Par chance, Marcus fut du même avis. Quand elle sortit de la cabine, il se redressa et écarquilla les yeux.

— Magnifique ! s'exclama-t-il avec enthousiasme.

— Cette couleur met votre carnation en valeur, acquiesça Cathy. Et les spartiates compléteront la tenue à la perfection.

Liberty s'examina dans le miroir. De fait, la robe la faisait paraître svelte et élégante. Et la couleur lui seyait à merveille.

Elle avait l'impression que ce n'était pas vraiment elle, un peu comme si elle évoluait dans un monde parallèle où elle aurait eu une enfance normale, des parents aimants et une vie aisée.

Pour la première fois depuis très longtemps, elle se rendit compte de sa ressemblance avec sa mère. Non pas la femme qui ne parvenait pas à rester dans le droit chemin, mais celle qu'elle avait été bien avant.

« Maman, pourquoi es-tu si belle ? » Liberty devait avoir neuf ans le jour où elle lui avait posé cette question. Jackie avait suivi une cure de désintoxication durant son premier séjour en prison et elle essayait de s'en sortir.

« J'ai rendez-vous avec le prince charmant, ma chérie, et il va me sauver de… tout ceci », avait-elle répondu tandis que leur voisine du dessous ajustait la jupe crayon qu'elle lui avait prêtée et que grand-mère Devlin ôtait les rouleaux de sa mise en plis. Jackie se targuait d'avoir de beaux cheveux non crépus, grâce à sa mère à moitié blanche. Et Liberty en avait hérité. En revanche, Jackie ne faisait jamais allusion au père de Liberty, sans doute un Blanc. Mais c'était une supposition.

« Je suis fière de toi, ma Jackie », avait dit grand-mère Devlin en la coiffant.

C'était la seule fois où Liberty avait eu un aperçu de la femme qu'aurait pu être sa mère si elle avait essayé de s'en sortir par ses propres moyens au lieu de compter sur les autres. Son soi-disant prince charmant ne l'avait pas sauvée. Peut-être d'ailleurs que rien n'aurait pu la sauver d'elle-même.

Et voilà qu'à son tour Liberty portait une robe chic avec l'étrange sensation de passer pour ce qu'elle n'était pas. Sa mère avait-elle éprouvé la même chose, ce soir-là ? Une fois les festivités du mariage terminées, serait-elle toujours la Belle aux yeux du prince qui avait promis de se battre pour elle ? Ou se retrouverait-elle à son point de départ, attendant que la vie la punisse pour avoir osé s'élever au-dessus de sa condition ?

Marcus se leva, interrompant sa rêverie. Seigneur, elle ne voulait pas que le charme se rompe. Etait-ce trop demander de vouloir vivre pleinement et non pas simplement de survivre ? De vouloir plus qu'un après-midi ou un long week-end avec Marcus ?

Voyant qu'il l'observait, elle prit la pose.

— Tu aimes cette robe ? demanda-t-il.

Elle lui sourit avec reconnaissance.

— Oui, beaucoup. Au moins, je ne me sens pas déguisée.

— Cathy, j'aurai besoin d'une nouvelle cravate, dit-il quand elle revint au salon.

— Vous avez choisi un costume en lin, n'est-ce pas ?

— En effet, acquiesça-t-il.

— Je pense que nous avons quelque chose qui s'accordera parfaitement avec, répondit-elle avec empressement.

Dès qu'elle fut sortie, Marcus rejoignit Liberty sur l'estrade.

— Tu es sublime, assura-t-il, pressant un baiser sur son épaule nue.

Il croisa son regard dans le miroir et glissa un bras autour de sa taille.

— Tu vois ? Tu es à ta place dans mon monde. A mes côtés.

— C'est grâce à cette robe. Elle est superbe.

— Non. Ce n'est pas la robe. C'est toi. Je sais que cette invitation te rend nerveuse, mais dans le pire des cas, que peut-il arriver ?

Elle lui jeta un regard soupçonneux qui le fit sourire.

— Tu seras la même que d'habitude, sûre de toi et capable. Nous nous amuserons ensemble et oui, nous aurons sans doute droit à des regards de travers et à des commentaires désobligeants. Et après ? Notre couple n'a rien de scandaleux.

Elle déglutit avec peine. Il y avait eu un moment, cet après-midi, où elle avait eu envie de lui raconter ses secrets les plus intimes après qu'il lui eut raconté les siens.

Puis il avait dit que le passé appartenait au passé. Donc, qu'importait si Jackie Reese était une Afro-Américaine, toxicomane et prostituée occasionnelle ? Qu'importait si Liberty était une enfant placée ? Rien de tout cela ne modifierait l'opinion qu'il avait d'elle, n'est-ce pas ?

Elle avait terriblement besoin de croire qu'elle ne s'était pas montrée malhonnête, car elle lui aurait tout raconté s'il le lui avait demandé.

— Je sais comment les choses se passent, poursuivit Marcus, en effleurant ses épaules nues. J'ai surmonté une épreuve bien pire, tu t'en souviens ? Ce sera l'affaire de quelques jours, puis les gens passeront au scandale suivant.

Elle pouvait encore tout arrêter. Prétendre qu'elle était malade ou avancer n'importe quelle autre excuse pour s'assurer que son passé ne serait pas utilisé contre lui.

En réalité, au point où en étaient les choses, elle n'avait d'autre choix que de faire bonne figure dans sa jolie robe. Toutefois, elle lui laissa une porte de sortie.

— Tu en es sûr ? Il n'est pas trop tard. Nous pourrions passer ces trois jours ici, au lit.

Il la fit pivoter dans ses bras et riva son regard au sien.

— C'est très tentant, mais non. En revanche, pourquoi ne passerais-tu pas la nuit avec moi ?

Elle mentirait si elle disait que l'idée ne la séduisait pas. Toute une nuit lovée contre Marcus. Se réveiller à ses côtés dans son luxueux appartement. Un vrai conte de fées.

Voyant qu'elle hésitait, il lui prit le visage entre ses paumes.

— Bon. Ça ne fait rien si tu n'es pas libre, mais…

Laissant sa phrase en suspens, il l'embrassa. Son sang s'enflamma et son entrecuisse pulsa encore plus fort. Si seulement il la touchait de nouveau à cet endroit pour ôter un peu de toute cette pression accumulée.

— J'aimerais beaucoup que tu restes.

Comment refuser ?

— Il faudra que je retourne chez moi avant de reprendre le travail, lundi. J'aurai besoin de mes baskets. Sinon, mon patron ne sera pas content…

L'espoir et l'excitation firent briller le regard de Marcus.

— Nous pourrons y faire un saut une fois nos achats terminés, puis aller dîner.

— Pas dans ce restaurant huppé ?

— Non, nous prendrons des plats à emporter et nous contemplerons le coucher de soleil sur le lac. Rien que toi et moi. Ensuite, je satisferai tous tes désirs…

— Me revoici, annonça Cathy d'une voix forte en entrouvrant la porte.

Liberty sursauta et tenta de s'écarter de Marcus, mais il la retint fermement.

— Cette cravate ira parfaitement avec la robe, mais j'en ai apporté d'autres, au cas où. Je vous propose aussi des pochettes de costume et des chaussettes assorties.

Marcus regarda à peine les cravates avant de donner son accord sur la première. Puis, descendant de l'estrade, il annonça :

— Parfait. Nous avons tout ce qu'il nous faut.

- 12 -

Cette fois, quand Marcus et Liberty mirent pied à terre devant le bungalow de Hazel Jones, ils se tinrent par la main jusqu'à la porte d'entrée.

En ce jeudi après-midi, il faisait si chaud que le bleu du ciel avait viré au gris. Par temps de canicule, Liberty s'arrangeait pour rester au bureau le plus tard possible. Elle avait la chance d'avoir un climatiseur de fenêtre dans son studio, mais l'électricité coûtait cher, et elle ne le mettait en route qu'une fois chez elle.

De fait, elle n'avait guère séjourné dans son studio durant ces six derniers jours. Et elle n'avait pas travaillé tard au bureau non plus. Elle avait passé presque tout son temps avec Marcus.

La semaine s'était écoulée comme dans un rêve. Ils avaient dîné dans des restaurants agréables sans être trop chic. Mardi soir, ils avaient assisté à un match des White Sox. Même quand ils couraient le matin, l'ambiance était différente. Elle courait plus vite car, au lieu de prendre le métro pour aller se doucher au bureau, elle grimpait les escaliers jusqu'à l'appartement de Marcus, et ils se douchaient ensemble.

Mais le problème avec les rêves, c'est que tôt ou tard ils se terminent. Et puisqu'ils prenaient le jet privé de Marcus le lendemain matin pour assister au mariage, elle redoutait que la fin de son rêve soit proche.

Et ce serait par sa faute.

La porte du bungalow s'ouvrit avant même que Marcus sonne.

— Monsieur Warren !

Hazel se tenait sur le seuil, arborant un large sourire.

— Madame Reese ! Oh ! c'est tellement…

Elle s'interrompit, les yeux embués de larmes.

— Que se passe-t-il ? William va bien ? s'inquiéta Liberty, lâchant la main de Marcus pour se précipiter vers Hazel.

Elle fut prise de court quand Hazel la serra dans ses bras.

— C'est merveilleux ! s'exclama-t-elle d'une voix tremblante. Oui, William va très bien. Venez voir.

— J'en déduis que tout a été livré à votre entière satisfaction, intervint Marcus tandis que Hazel montait lentement l'escalier.

— Qu'as-tu fait ? demanda Liberty à voix basse.

Marcus lui adressa un clin d'œil.

— Tu verras.

— Vous m'aviez prévenue, intervint Hazel, mais je ne pensais pas que vous vouliez tout remplacer. Et quand ces messieurs sont venus !… Oh ! Seigneur !

— Remplacer quoi ? murmura Liberty.

Pour toute réponse, Marcus posa une main au creux de ses reins et la poussa devant lui.

— William vient juste de se réveiller, expliqua Hazel en pénétrant dans la chambre d'enfant. Ces messieurs ont été si rapides et si soigneux que je n'ai eu à me soucier de rien !

— Qu'est-ce que… ?

Liberty pénétra à son tour dans la chambre et les mots moururent sur ses lèvres.

Les murs étaient les mêmes, avec les mêmes photos jaunies des nourrissons. Mais le reste de la pièce ?

Disparus la balancelle et le berceau métalliques branlants. Disparus la commode faisant office de table à langer et le second berceau. Disparu le rocking-chair qui se balançait à peine.

Tout avait été remplacé par du mobilier neuf : deux berceaux en bois robustes aux finitions brillantes arborant chacun une nouvelle parure de lit et sans doute un matelas neuf. Une balancelle dernier cri. Un rocking-chair au bois tellement poli qu'il reluisait. Une authentique table à langer avec des paquets de couches sur une étagère en dessous. Et une nouvelle commode assortie aux berceaux et au rocking-chair.

— C'est le cadeau le plus judicieux que l'on m'ait jamais fait, déclara Hazel, joignant les mains dans un geste de reconnaissance.

— Ce n'est pas grand-chose, se défendit Marcus en s'avançant vers le berceau où William commençait à s'agiter. Vous êtes tellement dévouée pour ces bébés. Je voulais juste vous faciliter la vie.

Puis, sous le regard médusé de Liberty, il prit William dans ses bras — de la bonne façon, cette fois — et le berça tendrement.

— Bonjour, toi. As-tu grandi ? Oh ! oui, tu as bien profité depuis la dernière fois. Est-ce que tu aimes ta nouvelle balancelle ?

Un nœud se forma au creux du ventre de Liberty — un besoin qu'elle ne parvenait pas à nommer —, tandis qu'elle contemplait, bouleversée, l'homme et l'enfant. William cilla et fixa son regard sur Marcus. Sa bouche minuscule s'ouvrit, et il poussa un soupir de satisfaction.

Un flot d'images envahit son esprit — des images qu'elle savait irréalistes, mais auxquelles elle se raccrochait : celles d'un bébé, leur bébé. Marcus serait toujours présent. Il ne les abandonnerait pas. Le matin, ils mettraient le bébé dans sa poussette et ils courraient tous les trois. Puis quand il serait plus grand, ils passeraient les samedis au parc, joueraient au football ou au base-ball, iraient à la plage, visiteraient les musées.

Son souhait le plus cher était de fonder une famille avec Marcus, William et leurs propres enfants. Une famille où il ne serait pas question de dealers, de souteneurs ni même de parents dominateurs. Une famille vivant en harmonie dans une maison confortable, dont les membres mangeraient à leur faim et affronteraient l'avenir sans trop de crainte.

Elle en avait toujours rêvé depuis qu'elle s'était rendu compte que la plupart des gens menaient cette vie-là.

Et maintenant, en voyant Marcus bercer William, son désir de fonder une famille avec eux deux était si fort qu'elle peinait à respirer.

— Ces messieurs ont même lavé les biberons, racontait Hazel. Ils ont débarrassé les vieux meubles, installé les nouveaux et garni les tiroirs.

Marcus se tourna vers elle en souriant.

— Ai-je oublié quelque chose ? Je me suis fié aux conseils du vendeur, faute de connaître les besoins d'un bébé.

Hazel essuya une larme de joie.

— Grands dieux, non ! C'est tellement plus que ce que j'aurais pu donner à ces chérubins !

Elle se tourna vers Liberty.

— L'avez-vous aidé à choisir les vêtements ? C'est tellement judicieux d'en avoir pris pour les garçons et les filles.

Trop émue, Liberty secoua la tête et s'efforça de rassembler ses pensées.

Marcus, qui venait de dépenser une petite fortune afin de lui procurer une garde-robe pour le week-end, en avait dépensé une autre à un certain moment pour l'aménagement complet d'une chambre d'enfant. Et tout cela à l'intention d'un bébé abandonné dont il n'avait aucune raison de s'occuper !

— Non, articula-t-elle finalement. Il s'est chargé de tout.

Par chance, Hazel reporta son attention sur Marcus.

— Vous êtes l'ange gardien de ces chérubins.

A cet instant, William se mit à vagir.

— Il a faim, constata Hazel. Je vais chercher son biberon, et vous le lui donnerez.

Dès que Hazel fut hors de portée de voix, elle se tourna vers Marcus.

— Quand et comment as-tu fait tout cela ?

Alors qu'elle nageait en pleine confusion, il avait le culot d'afficher un air satisfait tandis qu'il s'asseyait dans le rocking-chair tout en berçant William.

— Je voulais que ce soit une surprise. Avant de venir te rejoindre au bureau samedi dernier, j'ai passé quelques coups de fil.

— Pourquoi as-tu fait cela, Marcus ?

Il la contempla longuement.

— As-tu vraiment besoin de me le demander ?

— Me voici, déclara Hazel. Oh ! regardez-les tous les deux ! ajouta-t-elle en désignant William et Marcus. Ne vont-ils pas merveilleusement ensemble ?

— Si, tout à fait, convint Liberty.

Soudain, la panique l'envahit et lui coupa la respiration. Coucher avec Marcus et prétendre qu'ils pouvaient vivre dans une bulle, c'était une chose.

Mais le réaménagement de la maison de Hazel ? L'achat d'une garde-robe pour qu'elle s'intègre dans son monde ou, plus exactement, dans un microcosme incluant une ex-petite amie tricheuse et des parents dominateurs, voire abusifs ?

Non. Cela ne fonctionnerait pas. Pis, ce serait un échec cuisant. Marcus se figurait que les gens jaseraient au début puis qu'ils passeraient à autre chose, mais elle savait que ce ne serait pas le cas. Dans ce genre de situation, les gens ne tournaient jamais la page.

Elle avait parcouru un tel chemin depuis son enfance. Elle était arrivée là par la seule force de sa volonté et aussi à cause d'une promesse faite à grand-mère Devlin, des années plus tôt — celle de s'en sortir par elle-même. Parce que personne d'autre n'avait été en mesure de l'aider. Ni sa mère, ni son père inexistant. Même grand-mère Devlin n'avait pas pu lui éviter les foyers d'accueil.

Mais elle était allée trop loin. Elle était tombée amoureuse d'un milliardaire — un homme très au-dessus de sa condition sociale, dont elle n'aurait jamais dû croiser la route. Et quand la vérité éclaterait, l'existence qu'elle avait soigneusement bâtie s'effondrerait, tel un château de cartes.

Pendant longtemps, sa hantise avait été que quelqu'un apprenne la vérité à son sujet et qu'elle se retrouve sans emploi, jetée à la rue, obligée de tout recommencer de zéro. Mais aujourd'hui, ce serait pire. Elle perdrait aussi Marcus. Il serait blessé et furieux qu'elle ait trahi sa confiance.

Il leva un regard interrogateur vers elle.

— Liberty ?

— Désolée, bredouilla-t-elle.

— Je demandais si vous aviez discuté tous les deux de la possibilité d'adopter William, intervint Hazel en souriant. Il serait si heureux d'avoir des parents aimants comme vous. Quelle belle famille vous formeriez !

Marcus la contemplait comme s'il attendait qu'elle fournisse une réponse raisonnable, mais elle ne trouvait rien à dire. Aussi précisa-t-il finalement :

— Nous réfléchissons à la question.

Oh ! bon sang, il y réfléchissait vraiment ! Elle s'en rendait compte à la manière dont il contemplait la petite frimousse de William qui tétait béatement son biberon.

Et de la même façon qu'elle avait vu dans la glace du salon d'essayage une autre version de sa mère — et le chemin qu'elle n'avait pas pris —, Marcus contemplait une autre version de lui-même. Il imaginait une autre existence à laquelle William et elle s'intégreraient pour former la famille idéale.

Il pensait pouvoir réaliser son rêve, comme il avait réussi à transformer la chambre d'enfant, parce qu'il était riche et puissant et qu'il était persuadé d'avoir le contrôle de son existence.

Comme il la détesterait quand elle lui ôterait cette illusion !

Son cœur se serra quand il leva les yeux vers elle, un sourire radieux aux lèvres, avant de se pencher pour déposer un baiser tendre sur le crâne de William.

Elle aimerait tellement transformer son rêve en réalité !

Je ne veux pas me réveiller. Cela est un rêve.

Elle était amoureuse de son patron, un des hommes les plus riches et les plus puissants de Chicago.

Non, ce n'était plus vrai.

Elle était amoureuse de Marcus, amoureuse d'un homme qui se souciait d'un bébé qui n'était pas le sien et qui avait failli partir en Allemagne pour être libre ; d'un homme qui se servait de son pouvoir et de son influence pour la hisser jusqu'à lui au lieu de la traiter de haut.

Si seulement il n'y avait pas ce mariage ni cette émission de téléréalité. Si seulement ils pouvaient continuer d'ignorer le reste du monde.

Mais c'était impossible. Elle devait mettre fin à cette mascarade avant qu'elle ne les détruise. Elle ne pouvait pas l'accompagner à ce mariage.

— Je suis sûr que Liberty a très envie de te dorloter, déclara Marcus à William.

S'efforçant de se ressaisir, elle prit le nourrisson dans ses bras et s'assit dans le rocking-chair. Très confortable !

Elle contempla William. Son William. Sa deuxième chance de racheter la plus grande erreur de sa mère. Elle n'avait pas été en mesure de sauver son petit frère, faute d'influence, d'argent ou de savoir-faire. Il n'avait jamais été qu'un fantôme qui la hantait. Mais ce bébé, qui avait démarré dans la vie aussi seul et perdu que son frère William, avait trouvé un ange gardien en la personne de Marcus.

Qu'adviendrait-il de lui quand ils se sépareraient ? Marcus continuerait-il de s'intéresser à lui ? Elle refusait de croire qu'il soit capable de la punir en punissant William. L'enfant était innocent.

Mais elle ne pouvait pas risquer de perdre cet autre William alors qu'elle était en mesure de le sauver.

Elle leva les yeux vers Marcus. Il discutait avec Hazel de berceaux, de couches et de bébés.

Elle n'avait pas voulu changer quoi que ce soit à sa vie de peur de mettre en péril l'équilibre et le confort qu'elle avait chèrement acquis. Et s'ils n'avaient pas trouvé ce nourrisson, ils auraient sûrement continué comme avant, Marcus la taquinant durant leur jogging matinal, elle-même travaillant chaque samedi, et leurs deux mondes ne se croisant qu'en terrain sûr.

Mais tout avait changé.

Et il n'y avait pas de retour en arrière possible.

- 13 -

Une main sur la rampe, Liberty s'arrêta en haut de l'escalier menant à la plage privée de l'île de Santa Catalina. Elle demeura immobile un moment, le regard perdu sur l'océan.

— C'est superbe, murmura-t-elle en adressant un sourire émerveillé à Marcus.

— Oui, acquiesça-t-il, glissant un bras autour de sa taille pour la serrer contre lui.

Ils devaient y aller, maintenant. Ils avaient retardé autant que possible leur arrivée à la réception de Beach Blanket Bingo. Et s'ils traînaient trop, ils risquaient de se faire encore plus remarquer.

Et en même temps, il ne voulait pas gâcher cet instant magique. Liberty était comme auréolée par le bleu lumineux du ciel et le bleu profond de l'océan. La brise salée jouait avec ses cheveux. Il brûlait d'envie d'enfouir le visage dans son cou et de laisser sa chevelure lui caresser la peau.

Non, il ne pouvait pas la blâmer de ne pas se ruer sur la plage.

Il reporta son regard sur la réception qui battait son plein. Bien qu'il ne soit que 15 heures, les torches tiki brûlaient allègrement et le feu de camp était déjà allumé. Une bonne centaine d'invités étaient présents, les uns allant chercher des boissons aux deux bars situés de part et d'autre de la plage, les autres discutant debout ou assis autour du feu. De loin, l'ambiance semblait festive. Mais il savait à quoi s'en tenir.

Serrant les dents, il se tourna vers Liberty.

— Es-tu prête ?

Son sourire se crispa, et il remarqua la lueur de peur qui s'alluma dans ses yeux.

— Nous ne pouvons pas faire demi-tour ?

— Non. Nous limiterons les civilités au strict minimum, puis nous irons nous baigner, d'accord ?

Il désigna une cabine de plage installée en bordure de mer.

— Tu vois toutes ces planches ? Je te prendrai une planche à bras et nous surferons sur les vagues dans une quinzaine de minutes. La plupart des invités resteront sur la plage. Il n'y aura que nous.

— Je te prends au mot, dit-elle, serrant sa robe de plage autour de ses hanches avant de descendre les marches.

— Tu es superbe, assura-t-il.

Il lui répétait cela depuis qu'ils avaient embarqué à bord de son jet, ce matin à l'aube, car elle était très nerveuse. Elle essayait de faire bonne figure, mais son langage corporel la trahissait.

Durant tout le trajet, elle s'était agrippée aux accoudoirs. Elle n'avait pas dit grand-chose lors de l'escale de ravitaillement à Los Angeles et elle n'avait pas desserré les dents quand ils avaient redécollé pour l'île de Santa Catalina où la famille Wrigley possédait une propriété avec une plage privée. Son teint avait même viré au vert quand ils avaient atterri sur la minuscule piste creusée au sommet le plus élevé de l'île, quatre heures auparavant. Il n'avait jamais vu personne boire autant de *ginger ale*.

— Tu dis ça parce que je suis terrifiée, répliqua-t-elle, ayant presque retrouvé son ton de plaisanterie habituel.

— Pas du tout. Tu es superbe, terrifiée ou non.

Ils descendirent l'escalier.

— Quinze minutes, lui rappela-t-elle, entrelaçant ses doigts aux siens.

— Tu t'intégreras très bien, promit-il.

Mais à mesure qu'ils se rapprochaient du feu de camp où un cochon rôtissait sur une broche, l'appréhension de Liberty commença à le gagner.

Elle s'accrut quand Lillibeth les aperçut et leur fit signe de la main. Tout compte fait, il aurait dû écouter Liberty. Il n'aurait pas dû venir. Qu'avait-il besoin de faire bonne figure et de montrer au monde entier que Lillibeth n'avait pas piétiné son cœur et, par extension, le nom des Warren ?

Il avait cru avoir conclu un compromis acceptable avec ses parents en acceptant de venir à ce mariage. Mais en voyant la femme qui l'avait trompé et humilié publiquement s'avancer vers eux seulement vêtue d'un minuscule string blanc et d'une tonne de bijoux en or, il se rendit compte de son erreur.

En venant ici, il ne sauvait pas la face. Il se confrontait à ses échecs.

— Marcus chéri, roucoula-t-elle. Où étais-tu passé ? Tu es magnifique !

— Lillibeth, articula-t-il tandis qu'elle l'embrassait sur les joues.

Il jeta un regard impuissant à Liberty qui leva les yeux au ciel.

— Cette réception est… originale.

Elle lui glissa un bras autour de la taille et appuya sa tête contre son épaule, comme si Liberty n'était pas là.

— N'est-ce pas ? Je voulais organiser quelque chose de privé et d'intime, expliqua-t-elle en effleurant les boutons de sa chemise hawaïenne. Dans un endroit où nous pourrions nous détendre et… voir ce qui peut arriver.

Un signal d'alarme se déclencha dans sa tête. Flirtait-elle avec lui ? Etait-ce possible ? La future mariée flirtant la veille de son mariage avec l'homme qu'elle avait trahi ?

Mais c'était Lillibeth tout craché. N'étant pas digne de confiance, elle était tout à fait capable de flirter avec lui. Il se demanda si son fiancé le savait ou même s'il s'en souciait.

Paniqué, il tourna la tête vers Liberty : elle fusillait Lillibeth du regard. Bon. Au moins, ils étaient sur la même longueur d'ondes.

— Je suis si heureuse que tu sois venu, poursuivit Lillibeth, levant vers lui ses prunelles d'un bleu limpide. Si tu savais comme je regrette la façon dont tout s'est terminé entre nous. J'espère que nous pourrons…

Elle se dressa sur la pointe des pieds pour lui murmurer :

— Arranger les choses ?

— Non. Ce n'est pas possible.

Il se libéra de son étreinte et se posta à côté de Liberty, visiblement sur le point d'exploser de rage. Il lui prit la main et la pressa dans un geste complice.

— Lillibeth, voici mon invitée, Liberty Reese.

Lillibeth cilla, confuse. Puis la lumière se fit dans son esprit.

— Tu as dit « Reese » ?

Elle porta un regard devenu dur sur Liberty.

— Tu as amené ta secrétaire à mon mariage ?

— Je suis ravie de vous revoir, déclara Liberty d'une voix glaciale. Et pour votre gouverne, je suis son assistante.

— Vraiment, Marcus, tu exagères ! s'exclama Lillibeth, les narines dilatées par la colère.

Il sentit que Liberty se raidissait sous l'insulte, mais alors que la situation menaçait de dégénérer, une voix haut perchée s'exclama :

— Marcus !

Marisa Warren, drapée d'un caftan de plage d'un vert criard tirant sur le jaune, se dirigeait vers eux, une cigarette dans une main et un verre dans l'autre.

— Te voilà enfin, vilain garçon !

— Maman, dit-il, lui présentant sa joue pour qu'elle l'embrasse.

Tout se passait comme prévu. Ils allaient en finir avec cette corvée, puis Liberty et lui iraient surfer.

— Où est papa ?

Marisa agita la main tenant sa cigarette.

— Quelque part par là.

Traduction : il batifolait, comme à son habitude. Seigneur, ce qui se passait sur une plage privée restait-il privé ? Il était écœuré.

Le regard de Marisa survola Liberty, la cataloguant avant de l'ignorer.

— Mon chéri, murmura-t-elle avec un air de conspiratrice — qui n'empêchait pas Liberty d'entendre chaque mot qu'elle prononçait. J'espérais que tu viendrais avec Emma Green. Elle est tellement adorable.

— Oh ! j'aime beaucoup Emma, intervint Lillibeth, souriant à Marisa. Elle serait parfaite pour Marcus, n'est-ce pas ?

Les deux femmes échangèrent un regard complice.

Liberty lui serra si fort la main qu'il retint une grimace de douleur.

— Non, riposta Marcus. Je suis venu avec Liberty.

— Oui, je sais, ta secrétaire, précisa Lillibeth avec un sourire perfide.

Marisa sursauta et darda un regard scandalisé sur Liberty.

— Ta quoi ?

Il lâcha les doigts de Liberty et lui passa le bras autour de la taille.

— Maman, tu connais Liberty.

— Qu'est-ce qui te prend, Marcus ? siffla Marisa.

Elle jeta sa cigarette d'un geste rageur et lui enfonça ses doigts dans l'avant-bras.

— Nous avions convenu que tu viendrais à ce mariage avec une cavalière convenable.

— Liberty est tout à fait convenable, riposta-t-il.

Lillibeth eut un ricanement méprisant.

— Elle est mon invitée, ajouta-t-il, se libérant de l'étreinte de sa mère. Je suis majeur, maman. Je suis libre de fréquenter qui je veux.

Changeant de tactique, sa mère arbora de nouveau son masque affable.

— Mais chéri, qu'as-tu à gagner en te comportant ainsi ?

Elle regardait Liberty comme si celle-ci était un objet. Un argument de négociation.

— Mon bonheur. Ce n'est pas suffisant ?

Le visage de Marisa se tordit de rage.

— Tu vas jeter l'opprobre sur le nom des Warren ! prophétisa-t-elle, comme s'il avait encore dix-huit ans.

Mais cette époque était révolue. Il n'avait plus peur de sa mère, et il était déterminé à lui tenir tête.

— Tu t'en charges déjà, riposta-t-il en fixant son verre d'alcool avec insistance.

Marisa prit un air outragé.

— Tout ce que je cherche, c'est à te protéger, mon chéri.

Le protéger ! Il se revit soudain à l'âge de six ans. Il tenait la main de sa nounou et pleurait en racontant à ses parents qu'une grosse voiture noire s'était arrêtée à leur hauteur alors qu'ils revenaient du parc. Des hommes masqués armés de fusils avaient menacé de les enlever la prochaine fois. Sa nounou avait crié et les avait fait fuir.

Marcus avait alors demandé si ses parents allaient appeler la police pour qu'elle arrête les méchants.

Ses parents avaient échangé un regard avant de répondre : « Mon chéri, nous ne pouvons pas mettre en péril le nom des Warren. Nous te protégerons. »

Et deux jours plus tard, Mlle Judy — sa nounou depuis sa naissance ou presque — était partie, et Marcus s'était senti terriblement seul et malheureux.

Tout cela pour protéger le nom des Warren.

Ulcéré, il ôta son bras de la taille de Liberty et fit un pas vers sa mère. Celle-ci recula, visiblement alarmée.

— Me protéger ? C'est ce que tu te dis pour apaiser ta conscience ? Tu ne te soucies pas de moi. Tu ne t'en es jamais soucié.

— C'est faux ! haleta Marisa.

— Vraiment ? Tu as renvoyé ma nounou quand j'avais six ans. Papa a fait annuler les offres de recrutement des équipes allemandes quand j'avais dix-huit ans. Et tu appelles ces manigances me protéger ?

— Des équipes de football allemandes ? s'étonna Lillibeth.

Marisa lui décocha un regard noir, et Lillibeth battit prudemment en retraite. Mais lui ne se laissait plus impressionner par sa mère.

— Nous sommes en public, l'avertit-elle, jetant un regard alentour.

— C'est tout ce qui compte pour toi, n'est-ce pas ? L'opinion d'autrui. Quel idiot j'ai été ! Dire que, durant toutes ces années, j'ai cru que les choses s'arrangeraient si je faisais ce que vous vouliez, papa et toi. Si j'allais dans une école choisie par vous. Si je créais la société voulue par vous. Si je couchais avec les femmes choisies par vous.

— Marcus ! s'exclama sa mère, choquée.

— Mais ça ne comptait pas, n'est-ce pas ? J'avais beau m'efforcer d'être un Warren parfait, ce n'était jamais assez. Eh bien, maintenant, c'est moi qui en ai assez de vous. Nous ne formerons jamais une famille heureuse. Tu voulais que j'épouse cette femme ? demanda-t-il en désignant Lillibeth du menton. Pourquoi ? Pour que nous passions le reste de nos vies à être aussi malheureux que papa et toi ?

— Non, se défendit Marisa, une note de désespoir dans la voix. Marcus, sois raisonnable.

— Raisonnable ? s'esclaffa-t-il.

Des têtes se tournèrent dans leur direction, mais il n'en avait cure.

— Tu veux plutôt que j'obéisse docilement à tes ordres !

— Non. Je t'en prie, Marcus. Les gens vont jaser.

— De la même façon que Lillibeth a causé à la presse ? Elle m'a blessé et humilié et, pourtant, tu as insisté pour que je passe l'éponge et que je renoue avec elle. Et comme j'ai refusé, tu as insisté pour que je vienne à ce mariage et que je fasse bonne figure, pour protéger le nom des Warren. Laisse donc parler les gens. Ils ne peuvent pas me faire plus de mal qu'elle ou toi.

— Ça va pas, non ! protesta Lillibeth, derrière lui.

— Taisez-vous, intervint Liberty. Vous avez vendu votre histoire à la presse. Vous avez trahi Marcus.

— Qui êtes-vous pour oser me juger ? répliqua Lillibeth avec dédain. Une moins-que-rien. Une petite secrétaire qui couche avec son patron pour réussir.

— Je suis son assistante. Et il compte plus pour moi qu'il n'a jamais compté pour vous.

Il ressentit de la fierté et de la reconnaissance envers Liberty. Elle ne se laissait pas intimider et, surtout, elle prenait sa défense. Dieu qu'il aimait cette femme !

— Marcus, tout ce que nous avons fait, c'était pour te protéger, intervint sa mère d'un ton suppliant. Tu ne comprends donc pas ? Nous voulions que tu sois en sécurité.

— Non, vous vouliez me contrôler. Me manipuler comme un pion sur votre échiquier personnel. Mais je ne suis pas venu ici pour elle, ajouta-t-il, désignant Lillibeth du pouce. Ni pour toi ni pour papa. Encore moins pour le nom des Warren. Je suis ici avec Liberty. Alors, restez en dehors de ma vie.

Il se tourna vers Liberty.

— Tu avais raison. Partons.

— Marcus, tu dois rester, ordonna sa mère. Maintenant que tu es venu jusqu'ici, un départ aussi soudain ferait scandale.

Il s'arrêta et interrogea Liberty du regard.

— Que veux-tu faire ? murmura-t-elle.

Franchement ? Il n'avait aucune envie de rester, mais il devait admettre que sa mère venait de marquer un point.

— Entendu.

Il se tourna vers Lillibeth.

— Alors : félicitations pour ton mariage.

Puis, sans un regard en arrière, Liberty et lui se dirigèrent vers le bord de l'eau.

Liberty eut à peine le temps d'enlever ses chaussures et sa robe de plage que Marcus l'entraînait déjà dans l'eau. Ils avancèrent dans les vagues, main dans la main, et ne s'arrêtèrent que quand elle eut de l'eau jusqu'à la poitrine et qu'elle commença à paniquer.

— Je ne sais pas nager, lui rappela-t-elle tandis qu'une vague déferlait et la frappait au menton.

— Je vais arranger ça, répliqua-t-il en la prenant dans ses bras.

Elle noua les siens autour de son cou, posa la tête sur son épaule, et il se mit à marcher dans l'eau en suivant le rivage.

Ils demeurèrent silencieux jusqu'à ce que Marcus s'arrête. Ils avaient dépassé d'une centaine de mètres la plage privée et la dernière cabine. Comme promis, ils se retrouvaient complètement seuls au bord de l'océan, les autres baigneurs n'étant plus que des silhouettes indistinctes.

Elle inclina la tête pour contempler Marcus. Ses traits étaient crispés, mais elle n'aurait su dire si c'était de chagrin ou de colère. Sans doute des deux.

Il avait parlé d'une nounou, et sa mère en avait été bouleversée. Liberty n'aurait jamais cru qu'elle puisse éprouver de la compassion pour Marisa Warren, mais à cet instant, avec ses traits hagards, elle avait paru son âge et donné l'impression de se préoccuper sincèrement de son fils.

Une chose était sûre, Liberty n'était pas la seule à avoir des secrets.

— Tout s'est bien passé, lâcha-t-il finalement d'une voix tendue, le regard perdu sur l'horizon.

— Oui, acquiesça-t-elle. Sauf que tu m'avais promis une planche à bras et que la cabine est loin.

Il reporta son regard sur elle.

— Tout à l'heure. Je te remercie de m'avoir défendu.

— Je suis intervenue parce que ton flanc était exposé.

Puis elle songea au regard méprisant et victorieux que lui avait décoché Lillibeth en la qualifiant de « moins-que-rien ». Mais cette femme n'avait pas tort, elle n'était rien. Elle n'avait ni nom ni famille. Et pour ces invités triés sur le volet et prêts à tout pour protéger leurs sacro-saints noms de famille, le fait d'être issue de parents anonymes était un péché capital. Ils ne le pardonneraient jamais à Liberty, quelles que soient ses qualités par ailleurs.

Et maintenant que Marcus avait défié sa mère devant tous ces gens, elle était encore plus désespérée à l'idée qu'il apprenne un jour la vérité à son sujet.

Elle n'aurait jamais dû laisser les choses aller aussi loin. Mais il lui avait dit que le passé appartenait au passé, et elle s'était lâchement contentée de cette déclaration.

— Je suis heureux que tu aies accepté de m'accompagner, Liberty. Parce que je pressentais que ça se passerait ainsi.

Il poussa un profond soupir, et son regard se perdit de nouveau sur l'océan.

— Ça se passe toujours ainsi, mais je veux que ça change.

— Hello ? lança une voix venant de leur gauche.

Quelle poisse ! Juste au moment où il s'apprêtait à lui faire des confidences. Furieuse, elle se tourna dans ses bras et reconnut Erik Jenner sur une planche de surf.

Il agita la main, visiblement heureux de les voir.

— Vous vous cachez ici ?

Elle lui décocha un regard noir. Pourquoi fallait-il qu'ils tombent sur Jenner — qui savait qu'elle était l'assistante de Marcus ? Elle brûlait d'envie de lui dire de s'éloigner. Mais c'était un ami de Marcus.

— Salut, Jenner. Les vagues sont bonnes ?

— Pas terribles. Cette plage est décevante, maugréa-t-il, son regard curieux passant de l'un à l'autre.

Elle était toujours dans les bras de Marcus, et il n'était pas pressé de la poser à terre.

— J'aurais préféré qu'elle se marie à Hawaï. Les vagues y sont plus intéressantes, plaisanta-t-il.

Comme Marcus ne répondait pas, il se pencha en avant et s'adressa à elle.

— Je suis Erik Jenner. Nous nous sommes déjà rencontrés, n'est-ce pas ?

— Oui. Liberty Reese, répondit-elle en lui serrant la main.

Il écarquilla les yeux de surprise.

— Je ne vous reconnaissais pas dans cette tenue.

Il adressa un sourire entendu à Marcus.

— Ceci explique cela.

Marcus le défia du regard.

— Tu as des commentaires ?

— Aucun, s'empressa de répondre Jenner. Je ne te juge pas. Mais ta mère…

— Ne me parle pas d'elle, l'interrompit Marcus. Elle doit être dans tous ses états à l'heure qu'il est. C'est pour cela nous nous sommes réfugiés ici.

— Je comprends.

Elle flottait dans les bras de Marcus, sans savoir ce qu'elle était censée dire. Elle pouvait se défendre contre Lillibeth et ses remarques au vitriol, mais Jenner était un ami de Marcus, et elle n'était pas experte en amitié masculine.

Ce fut Marcus qui rompit le silence.

— Ecoute, Jenner, as-tu toujours besoin d'une assistante ?

— Peut-être, répondit-il d'une voix hésitante. Pourquoi ?

Elle tressaillit de surprise.

— Oui, pourquoi ?

Marcus la contempla avec tendresse.

— Les choses ont changé.

— Marcus, murmura-t-elle, que fais-tu ?

— Je veux m'assurer que ton patron ne profite pas de toi.

— Tu m'avais pourtant dit qu'elle t'était indispensable, argua Jenner d'un ton prudent.

Marcus adressa un grand sourire à Liberty.

— C'est vrai.

Et soudain, elle comprit ce qu'il faisait, et elle ne l'en aima que davantage.

Un autre homme aurait essayé de la garder tout à lui — au bureau et dans son lit. Ou il lui aurait proposé de quitter son emploi et de rester à la maison, promettant de prendre en charge toutes les dépenses. Bien sûr, ce serait tentant. Etre sienne ? Ne plus avoir à se soucier d'argent ni de sécurité ?

Mais elle deviendrait alors une femme entretenue — aussi longtemps qu'il voudrait d'elle. Elle renoncerait à tout ce pour quoi elle avait lutté.

Elle ne vaudrait pas mieux que sa mère, au fond, laquelle comptait sur un prince charmant pour la sortir de la misère.

Mais Liberty n'était pas comme ça. Et Dieu soit loué, même si Marcus ignorait tout de sa mère et des mensonges que Liberty avait dû raconter pour survivre, il savait qu'elle aurait toujours besoin d'un emploi et de la sécurité qu'il lui procurait. Parce qu'il la comprenait.

— J'ai un poste vacant, convint Jenner. Ce ne sera pas celui d'assistante. Il est déjà pourvu. Mais j'ai besoin d'un chef de service qui s'implique à fond dans mes diverses activités.

— Je connais quelqu'un, déclara Marcus, toujours souriant. Une personne très compétente, ayant un relationnel aisé, un grand sens de l'organisation et qui apprend très vite.

Elle se sentit rougir sous le compliment.

— Et elle a d'excellentes références. Elle a travaillé pour les meilleurs.

— Mince, tu es vraiment mordu !

Soudain, un coup de gong retentit au loin. Ils regardèrent vers la plage.

— Quelle barbe ! marmonna Jenner. Je suppose que nous devons retourner là-bas pour manger ce fameux cochon.

Elle l'observa avec surprise. Ici, en maillot de bain, à califourchon sur sa planche, il ne ressemblait pas au nabab de l'immobilier qui avait tenté de la débaucher. Il avait l'air d'un homme normal et même séduisant, et visiblement lui aussi s'était rendu à contrecœur à ce mariage.

— Hélas, oui, acquiesça Marcus. Au fait, peux-tu nous prêter ta planche ? J'ai promis un tour sur cet engin à Liberty.

— Je ne sais pas nager, expliqua-t-elle devant l'air étonné de Jenner. J'espère que ce n'est pas une condition exigée pour le poste que vous proposez.

Les deux hommes se mirent à rire, dissipant un peu la mélancolie ambiante.

— Bien sûr, déclara Jenner en se laissant glisser dans l'eau. Mais après la corvée du repas, je reviens surfer et n'hésitez pas à me rejoindre.

— Tu ne vas pas nous jouer un mauvais tour, n'est-ce pas ? demanda Marcus en aidant Liberty à se hisser sur la planche.

Jenner leva les mains en signe de reddition, faisant tanguer la planche sous Liberty.

— Non, rassure-toi. Je ne suis pas ta mère. C'est ton droit de mener ta vie comme tu l'entends.

— Merci, déclara Marcus avant de regarder Liberty. Prête ?

Prête pour quoi ? Pour affronter une foule hostile qui ne verrait en elle qu'une secrétaire essayant de mettre le grappin sur son patron ?

Ou pour se tenir aux côtés de Marcus et protéger son flanc pendant qu'il défendait son droit à vivre comme il l'entendait ? Etait-elle prête à faire ce qu'il fallait pour le protéger — pour les protéger ? Même si cela impliquait d'accepter un emploi dans l'entreprise de Jenner ?

— Oui, répondit-elle, s'efforçant de ramer avec les bras sans tomber à l'eau. Je suis prête.

- 14 -

Quand ils retournèrent sur la plage, Lillibeth resta à bonne distance, ce qui convenait très bien à Marcus. Liberty et lui mangèrent assez de porc rôti pour être polis, puis ils choisirent des planches et se dirigèrent dans l'océan. Les vagues étaient petites, mais il demeura à proximité de Liberty pour l'aider à remonter sur sa planche en cas de besoin. Cela étant, elle ne perdit l'équilibre que deux fois.

Quand le crépuscule tomba, ils s'assirent sur leurs planches, se tenant par la main tandis que les rayons du soleil poudraient la surface de l'eau d'une lumière dorée.

— Et moi qui croyais que le coucher de soleil sur le lac Michigan était le must, murmura-t-elle.

— Il est magnifique ici, acquiesça-t-il, caressant ses jointures avec son pouce. Je suis content d'être venu et de partager cette beauté avec toi.

Elle lui sourit, mais sa belle humeur se dissipa quand les rayons du soleil jetèrent leurs derniers feux.

— Il est temps de rentrer, remarqua-t-elle.

— Pourquoi ne pas rester dans l'eau ?

Il n'avait pas envie de rejoindre le groupe. Ici, flottant sur l'océan avec Liberty, il oubliait la morgue de Lillibeth et la colère mêlée de culpabilité de sa mère.

Mais il savait que, tôt ou tard, ils devraient affronter la réalité qui les attendait sur la plage.

— Marcus, dit-elle sur le ton de la plaisanterie, je te rappelle pour la énième fois que je ne sais pas nager. J'ai réussi à ne pas me noyer durant la journée, mais je ne voudrais pas que ma chance tourne quand il fera nuit noire. Par ailleurs, je commence à avoir froid.

Machinalement, le regard de Marcus se posa sur ses seins. Dans l'obscurité, il distingua ses tétons durcis à travers le tissu humide de son haut de bikini.

— Entendu. Mais nous ne nous attarderons pas. De toute façon, ils seront bientôt ivres. Du moins, ceux qui ne le sont pas déjà.

— J'ai hâte de me retrouver dans notre bungalow, dit-elle, avec un sourire mutin.

Il se mit à rire. En fait de bungalow, c'était une simple cabane au toit de chaume avec trois murs, un lit, une petite salle de bains et une vue superbe sur le Pacifique. Il n'y avait même pas de douche — il faudrait se rendre dans la grande maison où se déroulait le plus gros des festivités et où logeaient les invités les moins intrépides, notamment ses parents.

Outre le panorama, ces cabanes disséminées çà et là avaient l'avantage de garantir une certaine intimité. La leur était située au bout d'un sentier pentu et rocailleux à environ trois cents mètres du reste de la propriété.

Ils rejoignirent le rivage sans problème et abandonnèrent leurs planches. Il ne fallut pas longtemps à Marcus pour comprendre qu'il avait vu juste — les serveurs continuaient de remplir les verres des invités, et le DJ chauffait l'ambiance avec une musique de discothèque trépidante.

Il regarda alentour. Des financiers, des entrepreneurs, des débutantes et des célébrités de moindre importance s'amusaient ensemble dans une brume d'alcool autour du feu de camp. Il faisait partie de cette communauté. C'étaient ses amis.

Mais l'étaient-ils vraiment ? Avait-il été heureux avec eux ? Ou avait-il simplement participé à un jeu de surenchère en matière de boisson et de sexe ?

Ils récupérèrent leurs affaires et se dirigèrent vers leur cabane à la lueur des torches tiki qui balisaient le sentier.

Soudain, une voix résonna derrière eux.

— Marcus ?

Sa mère !

Il fit la sourde oreille, mais Liberty s'arrêta, et comme il lui tenait la main il n'eut d'autre choix que de s'arrêter aussi.

Sa mère était toujours vêtue de son caftan de plage. A la lueur des torches, son visage lui parut vieilli. Il avait l'étrange impression de voir le fantôme d'une femme qu'il aurait connue dans une vie antérieure.

— Oui ?

Elle attendit d'être arrivée à sa hauteur pour parler.

— Marcus, j'ai quelque chose à te dire.

— Je n'en doute pas. Mais je n'ai pas envie de t'écouter. Viens, Liberty.

Il se détournait quand sa mère l'agrippa par le bras.

— Ne me tourne pas le dos. Je suis encore ta mère. Et… et je te dois des excuses.

Il tressaillit sous le coup de la surprise.

— Tu me dois quoi ?

Marisa posa une paume sur son visage dans un geste presque tendre. Pourtant elle n'avait pas une once de fibre maternelle.

— Tu ne comprends pas que ton père et moi avons toujours agi dans le seul but de te protéger.

Il se raidit, n'ayant aucune envie d'affronter la culpabilité de sa mère.

— C'est notre faute, poursuivit-elle. Peut-être avons-nous péché par excès de zèle.

— Bien sûr. Vous méritez qu'on vous décerne la médaille des meilleurs parents de l'année.

— Je ne pensais pas que tu te souvenais de cette nounou, insista-t-elle, le retenant de force. J'espérais que tu l'avais oubliée.

Il la contempla, médusé.

— Oublier Mlle Judy ? J'ai failli être kidnappé, et c'est elle qui m'a sauvé — pas toi ni papa. Et qu'avez-vous fait ? Vous avez refusé d'appeler la police et vous n'avez jamais su qui avait organisé cet enlèvement. Puis vous avez renvoyé Mlle Judy et vous m'avez laissé tout seul.

A côté de lui, Liberty haleta, visiblement choquée.

— Non, mon chéri, protesta sa mère. Les choses ne se sont pas passées ainsi.

Elle poussa un profond soupir, comme si la vérité lui pesait. Mais il n'était pas dupe. Elle cherchait à le manipuler une fois de plus.

— C'est elle qui a organisé ce faux kidnapping.

Il sursauta, incrédule. Mlle Judy ? Celle qui lui donnait son bain, l'emmenait au parc et lui lisait des histoires pour l'aider à s'endormir ? Celle qui préparait un saladier de pop-corn les soirs où l'on diffusait The Brady Bunch ? Celle qui l'aimait ?

— Qu'est-ce que tu racontes ?

— Pourquoi crois-tu que nous l'avons renvoyée ? C'est elle qui a monté ce scénario de toutes pièces.

— Comment… ?

Il était tellement abasourdi qu'il ne trouvait plus ses mots. Il revoyait la femme aux cheveux grisonnants et au sourire chaleureux.

— Elle n'aurait jamais fait une chose pareille ! Elle m'aimait !

— Peut-être. Mais le désespoir pousse les gens à commettre d'étranges choses. Nous avons fait appel à un détective privé pour élucider cette affaire. Pourquoi les cris d'une femme auraient-ils fait fuir les kidnappeurs ? Cela n'avait pas de sens.

Il tendit la main vers Liberty, restée en arrière. Quand elle entrelaça ses doigts aux siens, la panique qui montait en lui et le paralysait reflua assez pour lui permettre de réfléchir.

— Pourquoi te croirais-je ? Tu m'as si souvent menti. En quoi serait-ce différent, cette fois-ci ?

Sa mère soutint son regard.

— Parce que je dis la vérité. Je n'ai rien à gagner en te racontant tout cela. Au contraire, tu vas m'en vouloir. C'est simplement que… je ne me suis jamais rendu compte que tu nous détestais à cause du renvoi de Mlle Judy. Je croyais que tu avais compris que nous agissions au mieux de tes intérêts.

— Oui, vous avez été très clairs sur ce point. Mais vos paroles rassurantes n'ont pas fait cesser mes cauchemars pour autant.

Une expression coupable se peignit sur les traits de sa mère.

— Elle avait des soucis d'argent. Le lendemain de la tentative de kidnapping, nous avons reçu une demande de rançon. Nous devions verser un million de dollars, sinon, la prochaine fois, nous ne serions pas aussi chanceux. Elle a monté une escroquerie. Non seulement elle récupérait l'argent mais elle passait pour une héroïne. Je regrette qu'elle ait jugé bon de se servir de toi pour parvenir à ses fins.

La confusion et la colère le submergeaient. Dire que, toute sa vie, il avait redouté l'arrivée d'une grosse berline noire — pour rien !

— Pourquoi as-tu attendu aujourd'hui pour me raconter cette histoire ? Pourquoi ne l'avez-vous pas fait arrêter ? Pourquoi m'avez-vous laissé croire toutes ces années qu'il y avait des gens dehors qui me voulaient du mal ?

Sa mère recula devant son déchaînement de rage.

— Tu n'étais qu'un enfant, plaida-t-elle. Qu'étais-je censée te dire ? Que la nounou que tu aimais t'avait mis en danger ? Qu'elle avait demandé à son beau-frère et à ses amis de porter des masques et d'utiliser de vrais fusils pour effrayer ton père et l'obliger à verser une rançon ?

— Oui, répondit-il, les dents serrées. Tu aurais dû être honnête avec moi.

— Mais tu n'aurais pas compris ! protesta Marisa. Nous voulions éviter de te faire subir un interrogatoire de police, un procès — et oui, nous voulions éviter la publicité. Tu avais six ans, Marcus. Tu aurais été à jamais l'enfant que sa nounou avait essayé d'enlever. Les gens ne t'auraient pas traité comme un Warren, non, ils t'auraient pris en pitié. Nous avons agi pour le mieux, conclut-elle avec fermeté.

— Tout ce qui importait, c'était le nom des Warren !

Il avait la confirmation de ce qu'il pensait depuis des années. Ce n'était pas lui que ses parents aimaient, mais l'héritier chargé de perpétuer le nom des Warren et d'accroître leur pouvoir.

Sa mère le contempla, incrédule.

— Bien sûr que c'était important ! A l'époque, ton père était engagé dans des discussions au très haut niveau avec des Saoudiens pour acheter du pétrole, et nous redoutions que la négociation tourne court si nous faisions preuve de faiblesse.

— Vous avez laissé ces voyous s'en tirer à bon compte pour faire aboutir une transaction commerciale ?

Cette fois, il la croyait. C'était exactement la manière dont procédait son père.

Le visage de Marisa s'assombrit.

— Nous les avons détruits pour les punir du mal qu'ils t'avaient fait. Ils n'en étaient pas à leur premier délit. Nous avons enquêté sur chacun de leurs méfaits. Ils ont fini en prison pour d'autres raisons que la tentative de rapt, mais je peux t'assurer qu'ils savaient que nous étions responsables de leur arrestation. Personne ne s'attaque impunément aux Warren.

Une partie de lui voulait croire que ses parents s'étaient suffisamment souciés de son bien-être pour punir ces voyous d'une façon ou d'une autre. Il fut un temps où il aurait gobé toute l'histoire.

Mais il n'était plus cet enfant naïf. Et sa mère ne détenait plus aucun pouvoir sur sa vie.

Se redressant de toute sa hauteur, il la toisa avec colère.

— Et je suis censé te croire ? Et quand papa a fait disparaître toutes ces bourses d'étude, c'était parce que ma vie était menacée, une fois de plus ?

Sa mère écarta les questions d'un geste impatient.

— Tu voulais t'enfuir pour devenir footballeur. Sais-tu à quel point ton père était gêné ?

— Oui, je me rends très bien compte que je vous ai déçus toute ma vie. Et je vais continuer de vous décevoir car, cette fois, j'en ai bel et bien fini avec vous. Jusqu'à présent, j'ai toujours fait ce que vous vouliez — les études, les filles, ma société de capital-risque. Mais dorénavant, je ferai ce que j'ai envie de faire. Et ne vous avisez pas de m'en empêcher.

— Oh ! Marcus, cesse d'être aussi mélodramatique ! s'exclama-t-elle, les traits durcis par la colère. Ne vois-tu pas ce que nous avons fait pour toi ? Tu es l'un des hommes les plus puissants de Chicago. Tu pourrais te lancer en politique. Briguer les plus hautes fonctions. Et ce, grâce à nous.

— Me lancer en politique ? s'étrangla-t-il.

Sa mère poursuivit comme si de rien n'était.

— Il est regrettable que tu aies décidé d'étaler au grand jour cette malencontreuse liaison, mais au moins nous sommes sur une île privée. L'information restera entre nous. Personne n'a besoin de savoir que tu couches avec ton assistante.

Elle lui redressa son col de chemise d'un geste prévenant.

— Le nom des Warren sera préservé.

Et voilà. Sa mère montrait sa vraie nature. Elle avait beau prétendre qu'elle n'avait aucune arrière-pensée en lui racontant sa version de la tentative d'enlèvement, il voyait clair dans son jeu. Elle essayait de regagner sa confiance.

— Emma ferait une épouse parfaite, enchaîna-t-elle, comme si Liberty était transparente. Elle vient d'une excellente famille. Et si Emma ne te convient pas, il y a d'autres options.

— Je suis avec Liberty.

— Inutile de le claironner sur les toits, s'impatienta sa mère. C'est…

— Non, insista-t-il, élevant le ton. Non, maman, tu n'as pas à choisir pour moi. L'époque où tu dirigeais ma vie est révolue. Je ne voulais pas de Lillibeth, et je ne veux pas d'Emma. Je ne voulais même pas venir à ce mariage et faire bonne figure pour préserver le sacro-saint nom des Warren.

Sa mère ouvrit la bouche, mais il ne la laissa pas parler.

— Je suis avec Liberty et je ne renoncerai pas à elle sous prétexte que je peux trouver une femme plus digne du nom des Warren.

Sa mère le fusilla du regard.

— Tu deviens pénible, Marcus ! Crois-tu vraiment qu'elle…

— Elle est la seule personne, durant ma vie d'adulte, qui se soit souciée de moi de façon désintéressée, sans attendre quoi que ce soit en retour. Je veux une femme qui se montre honnête avec moi, qui ne me mente pas et ne me trahisse pas. Je veux la seule chose que l'argent n'achète pas. Je veux être aimé d'elle. Et si cela implique que je fasse fi du nom des Warren, alors, tant pis.

Les yeux de sa mère se rétrécirent jusqu'à n'être plus que deux fentes. Elle ressemblait à un serpent sur le point de mordre. Non, elle ne renoncerait pas sans lutter.

— C'est précisément pour cette raison que nous ne t'avons rien dit à propos de ta stupide nounou. Tu as toujours été tellement idéaliste et naïf…

Il se libéra sans ménagement de son emprise.

— Quoi que tu dises, je ferai exactement ce que je veux.

Elle lui jeta un regard chargé de haine, qui en aurait fait trembler plus d'un. Mais il tint bon.

— Vraiment ?

Ce n'était pas une question mais une menace.

— Oui. Et si tu essaies de te mettre en travers de mon chemin, je ferai tout ce qui est en mon pouvoir pour traîner le nom des Warren dans la boue. Tu pensais que nous avions perdu la face quand Lillibeth avait vendu son histoire à la presse ? Ce ne sera rien à côté du mal que je serai capable de vous infliger.

Une expression d'horreur se peignit sur les traits de sa mère qui recula d'un pas.

— Tu n'oserais pas !

— Essaie et tu verras.

Ils se défièrent du regard et ce fut sa mère qui rompit le silence.

— Tu me déçois, siffla-t-elle de sa voix affectée.

— Tu m'as déçue aussi, riposta-t-il. Si un jour j'ai des enfants, je ne les traiterai pas comme des pions dans un jeu truqué dès le départ.

Il se détourna, tenant toujours la main de Liberty.

— Au revoir, maman. Inutile de me chercher au mariage, demain. Je n'y assisterai pas.

— Marcus ? l'appela Marisa. Marcus, c'est intolérable !

Mais il ne s'arrêta pas. Et il n'essaya pas de comprendre la curieuse définition que ses parents avaient attribuée au mot « amour » durant ces trente dernières années. Peut-être ne connaissaient-ils pas d'autre moyen de lui montrer qu'ils l'aimaient.

Non, il se montrait trop indulgent à leur égard. Ce n'était pas de l'amour mais du contrôle. Et il en avait assez d'être leur marionnette.

Tout avait changé.

Et maintenant il était libre.

Il se mit à courir.

- 15 -

Elle devait lui dire la vérité. Et elle le ferait dès qu'il s'arrêterait de courir comme s'il avait le diable à ses trousses. A côté de lui, Liberty trébuchait dans ses tongs. Mais elle réussit à garder l'équilibre. Du moins, physiquement.

Car sur le plan émotionnel, elle venait de subir une véritable commotion. Comment était-elle censée comprendre ce qu'elle venait d'entendre ? Certes, ce que Marisa Warren pensait d'elle ne l'avait pas surprise. Pas plus que d'apprendre que son problème n'était pas tant que Marcus couche avec elle, mais qu'il ait rendu leur liaison publique.

En revanche... il avait failli être kidnappé, étant enfant ? Par sa nourrice ? Et ses parents qui auraient dû l'aimer et l'entourer d'attentions avaient fait mettre les auteurs derrière les barreaux sans l'en informer ? Ils l'avaient tenu à l'écart comme si c'était sa faute ?

Sa propre mère avait eu une conduite indigne. Elle s'était désintéressée de Liberty au profit de la drogue et des hommes.

Cependant, aussi horrible qu'ait été son enfance, Liberty avait toujours pu se raccrocher à l'espoir. Grand-mère Devlin lui avait appris à lire. Ses parents d'accueil l'avaient nourrie correctement et envoyée à l'école. Elle avait toujours eu l'espoir qu'en travaillant d'arrache-pied elle s'en sortirait.

En revanche, malgré tout son argent et son pouvoir, Marcus n'avait jamais eu cet espoir. Elle brûlait de le prendre dans ses bras et de lui dire que tout irait bien.

Mais après ce qu'elle venait d'entendre, elle ne pouvait plus le laisser dans l'ignorance de son passé. Il avait besoin de savoir la vérité. Il était prêt à se battre pour elle. A risquer sa réputation et sa fortune pour elle. Il lui en avait fait la promesse, et il allait la tenir.

Ce soir, elle lui avouerait les mensonges qu'elle avait dû raconter pour survivre. Il comprendrait. Après tout, il comprenait et partageait sa sollicitude pour William, un enfant aussi perdu qu'elle l'avait été jadis.

Ils finirent de grimper le sentier menant à leur cabane. Marcus ne ralentit pas pour monter l'unique marche de l'entrée et ne s'arrêta que devant le lit plate-forme.

Se tenant par la main, ils demeurèrent immobiles, essoufflés par leur course. Il baissait la tête, et elle savait qu'il souffrait. Et il souffrirait davantage quand elle lui dirait qu'elle n'était pas la femme qu'il croyait.

Mais si elle continuait de se taire, elle ne vaudrait pas mieux que Marisa Warren.

— Marcus, commença-t-elle, s'efforçant de trouver les mots justes.

Je suis noire, mais je me suis fait passer pour une Blanche toute ma vie. Ma mère était toxicomane et prostituée. Et je suis amoureuse de toi.

— Ne dis rien, l'interrompit-il d'un ton brusque en la prenant dans ses bras.

Sans lui laisser le temps de réagir, il captura sa bouche.

Ce n'était pas un baiser tendre, surtout quand il prit sa lèvre inférieure entre ses dents. Mais elle ne le repoussa pas. Au contraire, elle inclina la tête en arrière. Elle sentait son désespoir et sa confusion sur ses lèvres.

— Marcus, insista-t-elle s'écartant légèrement, il faut que je…

— Je n'ai pas envie de parler.

Il dégrafa le haut de son bikini et le lui enleva sans ménagement. L'air froid frappa sa poitrine encore humide, la faisant frissonner. Puis la bouche de Marcus se posa sur ses seins dénudés, aspirant son téton durci.

— Laisse-moi prendre soin de toi.

— Marcus…

Il ne s'agissait pas d'elle mais de lui. Elle devait le protéger. Pourtant il promenait sa bouche sur son corps, lui ôtait le bas de son bikini, glissait les mains entre ses jambes, et… une langue de feu la parcourut tout entière.

Cependant, à travers la brume de son désir, elle était consciente qu'elle devait au moins lui dire qu'elle serait là pour lui chaque fois qu'il aurait besoin d'elle.

— Tout va bien se passer, murmura-t-elle, abaissant son short.

C'était ce qu'il avait besoin d'entendre.

Car c'était ce qu'elle-même avait eu besoin d'entendre quand elle était ballottée d'un foyer à l'autre.

— Tais-toi, ordonna-t-il, la plaquant sur le lit et récupérant un préservatif.

Sans même attendre qu'elle lui ait ôté complètement son short, il lui écarta les jambes et la pénétra avec une sauvagerie inattendue. Elle haleta quand il plongea dans son corps qui frémissait pour l'accueillir.

Il marqua une pause, la tête basse et le souffle court.

— Tout va bien, murmura-t-elle, passant tendrement les doigts dans ses cheveux et essayant de lui relever la tête pour voir son expression.

Ils étaient amants depuis une semaine seulement, et elle avait encore besoin de s'habituer à la sensation de leurs deux corps unis.

— Tout va bien, mon amour, ajouta-t-elle, ne sachant pas trop qui de lui ou d'elle-même elle cherchait à rassurer.

Contre toute attente, il lui saisit les poignets et les emprisonna au-dessus de sa tête. Puis il plaqua sa bouche sur la sienne et l'embrassa avec fureur tout en la chevauchant.

Pour la première fois, elle était à sa merci. Durant la semaine écoulée, il s'était montré délicat. Mais à cet instant, il faisait fi de toute douceur tandis que ses assauts devenaient de plus en plus fougueux.

Avec un autre homme, elle aurait pris peur. Mais il s'agissait d'elle et de Marcus. Elle avait toujours été sienne.

Et désormais il était sien. Cet accouplement sauvage, cette passion déchaînée ? C'était ainsi qu'il avait besoin d'elle. Alors, au lieu de le rassurer, au lieu d'essayer de détacher ses mains pour le toucher, elle s'abandonna totalement à lui.

Il libéra une main, enserrant ses poignets de l'autre, et pinça son téton suffisamment fort pour la faire haleter avant de couvrir sa bouche avec la sienne.

Puis il lui glissa sa main libre sous la cuisse gauche et la souleva pour qu'il puisse s'enfouir plus profondément en elle. L'air entre eux se chargea d'électricité, picotant sa peau tandis qu'elle sentait monter en elle les prémices du plaisir.

— Oui ! haleta-t-elle. Oh ! oui, Marcus !

— Ma chérie, grogna-t-il, ses dents mordillant la peau sensible à la base de son cou.

Il se retira, le temps de glisser les doigts au cœur de son intimité moite et palpitante.

Il la caressa puis la pénétra de nouveau, et elle ne maîtrisa plus rien. La jouissance s'empara d'elle, l'emportant vers des sommets jamais atteints. Marcus la chevaucha encore un instant avant de se figer. Puis il poussa un grognement guttural et s'affala sur elle.

Elle libéra ses poignets et le serra dans ses bras, sans rien dire. C'était inutile. Elle devait simplement être là pour lui.

Ils restèrent allongés pendant plusieurs minutes, soudés l'un à l'autre, le souffle saccadé, avant que Marcus prenne appui sur ses coudes, un sourire contrit aux lèvres.

— Ça va ?

— Merveilleusement bien, acquiesça-t-elle.

Sauf qu'elle devait lui dire la vérité. Mais Marcus ne lui en laissa pas l'occasion.

— Avant que tu sois à moi, je ne savais pas que j'étais capable de rendre coup pour coup. Mais je vais me battre pour toi — pour nous. Et aussi pour William.

La mention du bébé lui fit oublier son petit discours sur sa mère, la prison et les foyers d'accueil.

Marcus roula sur le côté et la prit dans ses bras.

— Je pense que nous devrions faire une demande pour obtenir sa garde. Toi et moi, ensemble.

Elle se redressa, abasourdie.

— Comment ?

Cette fois, son sourire était plus confiant — le sourire d'un homme qui sait ce qu'il veut et qui est habitué à l'obtenir. Après tout, il était Marcus Warren, et très peu de personnes lui disaient « non ».

— Je sais que mes parents n'en ont sans doute pas fini avec moi. Mais peu importe ce qu'ils pensent, et les autres aussi, d'ailleurs. Je n'ai pas l'intention de te cacher ni de te laisser partir. Je vais me battre pour toi, Liberty.

Il lui caressa le visage, ses doigts s'attardant sur ses joues.

— Je peux te donner tout ce que tu veux. Et tu veux William.

— Mais… je travaille ! J'ai besoin de travailler. Et Jenner ?

— Je sais que ça te déplairait d'avoir une liaison avec ton patron. Et moi aussi, ça me dérange. Mon père est tristement connu pour coucher avec ses secrétaires, or je tiens à me conduire mieux que lui. Je veux que nous soyons sur un pied d'égalité.

— Mais le bébé ?

— Nous engagerons une nourrice, ou tu prendras un congé maternité, voire une année sabbatique.

Elle le contempla, médusée.

— Mais…

— Il n'y a pas de « mais » qui tienne, Liberty. C'est toi que je veux. Inconsciemment, je le sais depuis longtemps. J'ai envie de me réveiller le matin avec toi dans mes bras et de t'avoir dans mon lit toutes les nuits. Tu es la seule personne en qui j'ai confiance et je n'imagine plus la vie sans toi. Viens vivre avec moi, je t'en prie.

Il se redressa et posa son front contre le sien.

— Fondons une famille. Toi, moi et William.

— Marcus…

Je suis noire. Ma mère a fait de la prison.

— Il faut que tu saches…

— Non, je ne veux rien savoir. Sincèrement, Liberty, cela n'a aucune importance. Je ne peux pas plus changer ton passé que je ne peux changer le mien. Qu'importe que ma nounou soit ou non l'instigatrice de mon faux enlèvement ? C'est de l'histoire ancienne, et je veux tourner la page. Je sais déjà tout ce que j'ai besoin de savoir sur toi : je t'aime et je te désire, murmura-t-il en lui caressant la joue.

Et avant qu'elle ait le temps de réagir, il ajouta :

— Formons une famille, Liberty. C'est mon vœu le plus cher. Sois toute à moi.

Comment était-elle censée repousser cette déclaration d'amour ? Si ses antécédents familiaux ne comptaient pas pour lui, ils ne comptaient pas pour elle non plus. Jackie Reese était morte et enterrée, et sa petite fille aussi. Seule importait la femme qu'elle était devenue. Celle que Marcus aimait.

— C'est aussi mon vœu le plus cher, lâcha-t-elle.

Il se mit à rire, d'un rire heureux et inextinguible.

Et elle rit avec lui.

Parce que son rêve était devenu réalité.

- 16 -

— Encore une fois, qu'avons-nous besoin de faire cette émission ? demanda Liberty devant le bâtiment ordinaire abritant les bureaux des producteurs de Feeding Frenzy.

Ils avaient quitté l'île de Santa Catalina à l'aube le samedi matin, bien avant le mariage de Lillibeth, et depuis deux jours ils étaient installés dans une suite du Beverly Hills Hotel, se faisant servir par le room-service pour mieux profiter de leur intimité.

Marcus ignorait comment s'était déroulé le mariage et quel prétexte avait inventé sa mère pour justifier leur absence, et il s'en moquait royalement.

— Nous avons rendez-vous. Ce serait malpoli de leur faire faux bond au dernier moment.

Liberty poussa un soupir agacé.

— Avant que nous soyons ensemble, je pensais déjà que ce rendez-vous était une mauvaise idée, mais maintenant je considère que c'est une très mauvaise idée.

— Je ne participerai pas à l'émission, promit-il, lui prenant la main tandis qu'ils pénétraient dans le bâtiment.

Qu'elle conteste sa décision le fit sourire. Elle était la seule avec qui il pouvait avoir ce genre de discussion.

— Dans ce cas, pourquoi maintenir ce rendez-vous ?

— Ecoute, dit-il, s'arrêtant et se tournant vers elle. Mes parents sont cinglés…

— Sur ce point, je suis entièrement d'accord.

— Mais ils ont raison sur un point.

Voyant qu'elle levait les yeux au ciel, il se hâta d'ajouter :

— J'ai une image d'homme d'affaires à entretenir. Ce n'est pas la même chose que de bâtir un nom. L'objectif de ce rendez-vous est de laisser la porte ouverte aux options d'investissement. J'écouterai leurs arguments, je leur dirai poliment que je ne suis pas le bon candidat pour leur émission, et qui sait ? Il se peut que, dans deux ou trois ans, l'un des producteurs se souvienne de ce rendez-vous et me propose de produire un film ou une émission. Ce sera l'occasion d'élargir mon champ d'action.

— Tu peux faire tout ce que tu veux. Tu es Marcus Warren, lui rappela-t-elle, un tendre sourire aux lèvres.

— A ce propos, murmura-t-il, l'attirant contre lui. Qu'aimerais-tu faire après ce rendez-vous ? Nous pourrions visiter la ville ou…

Il pressa un baiser sous son oreille et fut récompensé en la sentant frissonner.

Une fois ce rendez-vous expédié, ils prendraient un ou deux jours pour faire ce que Liberty déciderait. Puis ils retourneraient à Chicago, et il commencerait à réunir tous les documents nécessaires pour obtenir la garde de William.

Bien sûr, Liberty emménagerait chez lui. Et si son appartement ne lui convenait pas, ils en trouveraient un autre où ils se sentiraient chez eux. Et il achèterait une alliance.

— Ou bien nous pourrions nous envoler pour Las Vegas et nous marier.

Liberty sursauta.

— Marcus, commençons par assister à ce rendez-vous.

Il la contempla, surpris. Etait-ce de la réticence qu'il percevait dans sa voix ? Mais il fut rassuré en voyant qu'elle arborait un grand sourire.

— Prends le temps de la réflexion, ajouta-t-il. Mais surtout, qu'il ne soit pas question de Beach Blanket Bingo !

Elle éclata de rire, et il l'imita. Elle avait raison. Ils étaient libres de mener leurs vies à leur convenance.

Ils furent introduits dans la salle de conférences. Liberty s'assit à côté de lui et sortit sa tablette. Il ne put s'empêcher de sourire en la voyant réendosser son rôle d'assistante. La seule différence, c'était le tailleur qu'il lui avait acheté pour la circonstance.

L'équipe de l'émission les rejoignit. Rick Chabot, le producteur principal, se présenta, puis présenta les coproducteurs, assistants producteurs et autres assistants. Avaient-ils besoin d'être aussi nombreux ?

Finalement, tout le monde s'installa, Marcus et Liberty à un bout de la table, Chabot et son équipe à l'autre bout.

— Et maintenant, commença Chabot, les yeux fixés sur sa tablette, venons-en au fait. Etes-vous en couple, Mlle Reese et vous ?

— Oui, acquiesça Marcus d'une voix qu'il espérait décontractée.

Il venait de présenter Liberty comme son assistante. Alors, d'où cet homme tenait-il cette information ?

— Cela va poser un problème pour Feeding Frenzy, poursuivit Chabot sans même les regarder en face.

Un membre de son équipe toucha le bras de Marcus et tourna un écran dans sa direction.

Chabot hocha la tête et reprit :

— Pour vous parler franchement, Warren, ce qui vous rend séduisant, c'est votre disponibilité sentimentale. Vous êtes sexy, vous êtes riche… et vous devez être célibataire pour participer à cette émission. Qui plus est, avec ses antécédents, votre… assistante n'enverra pas les bons signaux à nos téléspectateurs-cibles, surtout aux femmes.

— Pardon ? Quels antécédents ?

Il tourna la tête vers Liberty et fut surpris de voir qu'elle avait blêmi.

Chabot consulta sa tablette avant de jeter un coup d'œil réprobateur à Liberty.

— Votre mère a bien été condamnée pour avoir passé de la drogue et s'être prostituée ? Elle est morte d'une overdose, c'est cela ?

Un autre membre de l'équipe désigna l'écran.

— Voici une photo de Liberty avec sa mère. Mais elle est…

Le producteur orienta sa tablette pour que Marcus découvre la photo d'une fillette, sans le moindre doute Liberty, debout devant un HLM en compagnie d'une Afro-Américaine à la peau claire et aux traits tirés.

Un silence de plomb s'établit autour d'eux. Marcus savait qu'il devait dire quelque chose — ils n'avaient pas le droit de dénigrer ainsi Liberty. C'était de la pure calomnie.

Sauf que…

Sauf que Liberty ne démentait pas ces allégations. Elle paraissait pétrifiée. Si les propos de Chabot n'étaient que mensonges, Liberty aurait protesté avec véhémence. Au lieu de quoi, elle restait assise comme si elle venait d'être mortellement touchée.

Parce que ce n'étaient pas des mensonges.

— Où avez-vous obtenu vos informations ? demanda-t-elle d'une voix étranglée.

— Nous avons reçu un mail, répondit Chabot. Nous vérifions soigneusement les antécédents de nos candidats avant de donner suite.

Pour la première fois, il regarda Liberty dans les yeux.

— Il n'y a rien de personnel, vous comprenez.

— Non, bien sûr que non, marmonna-t-elle.

— Vous avez aussi eu un enfant que vous avez abandonné pour qu'il soit adopté, est-ce exact ?

A cela, Liberty réagit aussitôt.

— Non ! C'est faux !

Chabot fit défiler des images.

— Un garçon prénommé William ? Est-ce exact ?

Marcus la contempla, frappé de stupeur. Elle n'avait pas… ?

— Je n'ai jamais eu d'enfant ! s'insurgea-t-elle. Vos sources sont erronées.

— Voyez-vous, Warren, enchaîna Chabot, avec cette émission, nous vendons aux téléspectateurs une image spécifique — celle d'un homme riche et puissant. Bien sûr, si vous étiez déjà mariés, ce serait différent. Mais si vous envisagez de passer à l'étape suivante…

Il ajouta quelque chose à propos d'image et de vente, mais Marcus ne l'écoutait plus. Il dévisageait Liberty, aussi sonné que si elle l'avait mis KO. Mais elle fuyait son regard.

Sa mère était afro-américaine ? Toxicomane ? Et prostituée ? Pourquoi ne lui avait-elle rien dit ? Elle ne pensait quand même pas qu'il y aurait attaché de l'importance au point de la repousser ? Ou avait-elle passé ces informations sous silence pour une autre raison ?

Passer sous silence ? Non. Elle lui avait menti. Pourquoi avait-elle fait cela ? Elle le connaissait assez pour savoir que son origine ethnique n'était pas un problème pour lui. Qu'avait-elle à gagner en se faisant passer pour ce qu'elle n'était pas ?

Je ne suis pas à ma place dans ton monde. Elle n'avait cessé de le lui répéter.

Etait-ce cela qu'elle avait essayé de lui dire ?

— … parts de marché, disait Chabot. Et vous pouvez vous mettre sur les rangs en tant que producteur, bien sûr.

Plutôt s'arracher les yeux !

— Bien, déclara Marcus, se levant tel un automate.

Le comportement de Liberty lui était totalement incompréhensible. Il avait cru… Mais il s'était trompé.

Du moins, il était sûr d'une chose : il ne passerait pas à « l'étape suivante ». D'ailleurs, qu'est-ce que cela signifiait au juste ? Qu'il deviendrait un objet publicitaire, avec sa photo sur des boîtes de sandwichs ? Quelle horreur !

— Nous restons en contact, mentit-il.

Puis il tourna les talons et sortit de la salle.

Il ne savait pas si Liberty le suivait et il s'en moquait. Il n'avait aucune envie d'entendre ses excuses. Il avait eu sa dose d'excuses — de la part de sa mère, de Lillibeth. De tous ceux qui voulaient une part de la fortune des Warren, mais qui se désintéressaient de lui en tant qu'être humain.

Ils lui disaient tous ce qu'il avait, selon eux, envie d'entendre. Pour le « protéger ». Nul doute que Liberty prétendrait la même chose. Elle avait essayé de le protéger de la vérité. Et pour quel résultat ? Pour qu'elle soit utilisée contre lui. A moins qu'elle n'ait une autre raison. Un secret encore plus inavouable.

Un idiot ! Voilà ce qu'il était. Un idiot de première classe. Parce que les gens attendaient toujours quelque chose de lui. Son argent, son pouvoir, son corps — mais pas lui. Jamais lui. Il avait cru que Liberty était différente. Mais l'était-elle ? Elle l'avait dissuadé d'aller à ce mariage et à ce rendez-vous en laissant entendre qu'elle se faisait du souci pour lui.

Mais à présent, il voyait clair dans son jeu. Elle cherchait à se protéger et à protéger ses secrets. Combien en avait-elle encore ? Ce qu'il venait d'apprendre n'était peut-être que la partie émergée de l'iceberg.

Il y avait un coût pour tout, car tout n'était que transaction. Or si on ne gagnait pas quelque chose, on perdait.

Et il en avait assez d'être le perdant. Le problème, c'était que cette fois il ne pouvait s'en prendre qu'à lui-même.

Soudain, il se rendit compte qu'il était déjà dehors.

— Marcus ! l'appela Liberty d'une voix effrayée.

Il percevait maintenant ses pas précipités derrière lui, ce qui ne l'empêcha pas pour autant de continuer à marcher. Une voiture avec chauffeur était censée les attendre. Elle ne devait pas être très loin.

— Marcus, attends, je t'en prie.

Si elle espérait une seconde chance, elle faisait fausse route ! Tout était sa faute à lui — parce qu'il avait eu la faiblesse de lui faire confiance et de lui ouvrir son cœur.

— Pourquoi ? demanda-t-il rudement, faisant volte-face.

Elle s'arrêta net, les traits ravagés, et la partie stupide de son cerveau — celle qui n'avait pas encore compris qu'elle était indigne de confiance, comme toutes les autres femmes — lui ordonna de la prendre dans ses bras et de lui dire que tout irait bien.

Mais il s'abstint, sagement.

— Je…

Elle déglutit avec peine, serrant sa tablette contre sa poitrine. Elle avait dû courir après lui, mais il s'en fichait.

— J'ai appelé le chauffeur. Il arrive, balbutia-t-elle d'une voix tremblante.

— C'est tout ce que tu as à me dire ?

— Je ne voulais pas… Pouvons-nous au moins attendre l'arrivée de la voiture ? Si je dois être humiliée une deuxième fois en moins d'une heure, je préférerais que ce soit en privé.

— Oh ! oui, bien sûr, ricana-t-il. Nous ne voulons plus d'humiliation publique, pas vrai ?

L'espace d'un instant, il crut qu'elle allait s'effondrer. Son menton trembla, ses épaules s'affaissèrent. Elle paraissait si frêle et si vulnérable.

Bon. Il n'allait pas se laisser attendrir. C'était de la comédie. Elle essayait de jouer avec ses sentiments. Mais son cœur était sec. Comment avait-il pu être assez stupide pour s'autoriser à nourrir des sentiments pour elle ? La trahison de Lillibeth ne lui avait donc pas servi de leçon ?

Soudain, Liberty parut se ressaisir. Elle se redressa et lui lança un regard noir.

— Pouvons-nous attendre la voiture, s'il te plaît ? Ou cela te soulagera-t-il de me remettre à ma place devant tout le monde ?

Certes, il y avait des gens autour d'eux, mais ils ne leur prêtaient guère d'attention.

— Ça ne me soulagera pas, mais je te remercie de faire semblant de te soucier de moi, ironisa-t-il.

— Je ne fais pas semblant ! Je me soucie vraiment de toi, riposta-t-elle, un éclair de colère traversant son regard.

La rage monta dans sa poitrine, tourbillonnant telle une tornade redoublant de puissance. Oui, dans l'état où il était, il était capable de tout détruire sur son passage et de contempler le monde qui brûlait avec une joie mauvaise.

— Quel toupet ! Quand avais-tu l'intention de me révéler la vérité ? Attendais-tu que nous ayons adopté William ? Ou que nous ayons nos propres enfants ?

— William n'est pas mon fils.

Elle marqua une pause, comme si elle s'efforçait de rassembler ses esprits. Ou de trouver le moyen d'enjoliver son histoire.

— Il ne peut pas l'être. Tu as été mon premier amant.

— Tu étais vierge ? rugit-il, incrédule.

Elle tressaillit, comme s'il l'avait giflée. Cette fois, des têtes se tournèrent vers eux.

— Marcus… La voiture…

Mais il était incapable de maîtriser le sentiment de rage qui bouillonnait en lui.

— Et il ne t'est pas venu à l'esprit de me le dire à un moment donné ?

— Si ! J'ai essayé de tout te dire à plusieurs reprises, riposta-t-elle. Mais tu ne me laissais jamais parler. Tu répétais que le passé appartenait au passé, et que mon passé n'avait pas plus d'importance que le tien.

— Parce que je pensais que tu avais eu un chagrin d'amour ou que tu avais fait des petits boulots pour payer tes études. Bref, quelque chose d'ordinaire ! Mais il ne m'est jamais venu à l'esprit que tu te faisais passer pour une Blanche et que tu dissimulais tes antécédents familiaux. Or, c'était important pour moi de le savoir. Je voulais t'épouser, fonder une famille avec toi ! Je te faisais entièrement confiance, Liberty. Je t'ai raconté des choses que je n'ai jamais dites à personne parce que je t'aimais. Alors que toi, tu m'as dissimulé ton passé parce que tu te défiais de moi.

— Marcus, supplia-t-elle, des larmes roulant sur ses joues. Je voulais tout te dire, mais…

— Non. Si tu l'avais vraiment voulu, tu l'aurais fait.

Si elle se figurait qu'il allait se laisser émouvoir par ses larmes, elle se trompait lourdement.

— Et tu sais quoi ? Je n'y aurais pas attaché d'importance.

Elle eut un hoquet de surprise et pleura de plus belle.

— Une conversation franche, Liberty, c'est tout ce que je voulais. Est-ce que tout le reste n'est que mensonge, aussi ? Est-ce que tu courais avant que je t'engage ?

Elle tressaillit, l'air coupable.

— Non, avoua-t-elle.

Tout ce qu'il pensait connaître d'elle n'était basé que sur des mensonges. Trois années de mensonges ! Dire que c'étaient leur complicité professionnelle et leur jogging matinal qui l'avaient aidé à surmonter la trahison de Lillibeth et à gérer la pression que ses parents mettaient sur lui !

Il était tellement anéanti qu'il ne pensait pas être capable de sortir indemne de cette tourmente.

— Pourquoi m'avoir servi autant de mensonges ? Pour me piéger et te faire épouser ? Pour porter le nom des Warren ?

Elle sursauta, indignée.

— Ne sois pas ridicule, Marcus ! Je déteste ce nom et ce que ta famille t'a fait subir afin de le préserver.

— Alors, pourquoi ? Cette fois, j'exige une réponse franche, Liberty.

— Sais-tu seulement ce que c'est d'être noire dans notre société ? Nous ne naissons pas tous avec une cuillère en argent dans la bouche, Marcus.

Il n'allait pas se réjouir qu'elle se défende. Certes, il avait toujours aimé la façon dont elle s'opposait à lui alors que les autres abondaient dans son sens. Mais la Liberty qu'il avait aimée n'était que mensonge.

— Oui, ma mère était noire et mon père sans doute blanc. Je n'ai jamais su qui il était. En revanche, ce que je sais, c'est que pour sortir du ruisseau et avoir une chance de réussir dans la vie, j'ai dû travailler deux fois plus que n'importe qui. Oui, j'ai réussi à m'en sortir. Oui, j'ai fait croire que j'étais une Blanche appartenant à la classe moyenne. Et je n'ai pas l'intention de m'excuser d'avoir fait ce que je devais pour survivre.

— Je ne te demande pas de t'excuser ! protesta-t-il.

— Alors, que veux-tu de moi ?

— Je voulais la vraie Liberty.

Elle regarda par-dessus son épaule.

— La voiture est là. J'accepte volontiers de te raconter comment c'était de grandir avec une mère prostituée et toxicomane et d'être ballottée de foyer d'accueil en foyer d'accueil, mais… attendons d'être dans la voiture, Marcus.

— Non. J'en ai assez entendu. C'est terminé, Liberty. Te rends-tu compte que j'ai pris tous les risques pour toi ? J'ai tenu tête à ma mère, je me suis porté garant. J'aurais fait n'importe quoi.

Sa voix se brisa, mais dans un suprême effort, il ajouta :

— J'étais prêt à me battre pour toi.

Elle le contempla avec une telle pitié qu'il en eut la nausée. Toute sa fureur avait disparu, et il se sentait très las.

Il avait voulu que les choses changent, et elles avaient changé. Pourquoi diable n'avait-il jamais envisagé que le changement puisse conduire au pire ?

Comme si ce n'était pas suffisant, elle s'avança et lui posa une paume sur la joue. Et fou qu'il était, il la laissa faire au lieu de la repousser et de lui montrer que personne ne se moquait impunément d'un Warren.

— Je ne voulais pas que tu te battes pour moi, murmura-t-elle. Je voulais que tu te battes pour toi.

Ses mots lui firent l'effet d'un coup de poing dans le ventre. De quoi parlait-elle ? Bien sûr qu'il se battait pour lui. Il était Marcus Warren, bon sang !

Mais avant qu'il puisse riposter, elle fit demi-tour et s'éloigna, la tête haute.

— Que fais-tu ? cria-t-il.

— Prends la voiture. Je rentrerai par mes propres moyens.

— Et c'est tout ?

Curieusement, il était vexé de la voir partir. Il voulait avoir le dernier mot. C'était à lui de claquer la porte, en quelque sorte.

Elle s'arrêta et se retourna. Et il fut horrifié de voir qu'elle pleurait de nouveau.

— Oui, rien n'est possible entre nous. Tu le sais aussi bien que moi. Peut-être l'avons-nous toujours su.

— Monsieur ?

Il sursauta. Le chauffeur se tenait près de lui, très embarrassé.

— Monsieur, voulez-vous que je rattrape la dame ?

Rien n'est possible entre nous.

— Pouvez-vous faire venir une autre voiture d'ici une dizaine de minutes ?

— Oui, monsieur.

— Dans ce cas, conduisez la dame où elle veut.

C'était tout.

Et elle avait raison. Ils le savaient tous les deux.

- 17 -

Si Liberty savait où sa mère était enterrée, elle irait sur sa tombe. Elle avait tellement de questions à poser et, peut-être pour la première fois de sa vie, elle pensait que sa mère aurait eu quelques réponses à lui fournir.

Ou du moins, une réponse. Etait-ce cette affreuse détresse qu'elle avait ressentie quand son prince de pacotille avait renoncé à la sauver ?

Non que Liberty ait souhaité que Marcus la sauve. Mais pendant près de deux semaines, il avait été son prince charmant, prêt à tout pour la défendre de la cruauté du monde.

Elle ignorait où sa mère était enterrée. Tout comme elle ignorait où l'était grand-mère Devlin. Elle n'avait plus aucun lien avec son enfance. Elle ne voyait plus les habitants de son ancienne cité HLM. Elle n'avait pas d'amie de longue date qui aurait pu la tenir au courant des faits et gestes de ses anciennes connaissances. D'ailleurs, sa cité n'existait même plus. La plupart des tours de Cabrini-Green avaient été rasées et remplacées par des bâtiments coquets aux loyers plus élevés, que ses anciens voisins n'avaient pas les moyens de s'offrir. Peut-être était-ce là l'objectif de la rénovation de ce quartier.

Son ancienne vie était si éloignée de l'existence qu'elle s'était forgée à la force du poignet qu'il ne pouvait pas y avoir deux versions de Liberty Reese.

Elle avait donc cessé d'être la fille de Jackie et clos définitivement ce chapitre pour écrire une nouvelle histoire, complètement différente.

Sauf que le passé n'appartenait pas au passé et que Liberty ne se libérerait jamais de Jackie.

Elle n'avait pas menti à Marcus. Elle avait éludé la vérité. Mais ce n'était pas le vrai problème.

Elle s'était menti à elle-même. Elle s'était convaincue que la fille de Jackie Reese n'existait plus et qu'elle n'avait donc pas d'importance. D'ailleurs la petite Liberty s'était toujours perçue comme une quantité négligeable.

Mais la femme qu'elle était devenue, cette Liberty-ci était importante. Elle avait travaillé plus dur que quiconque pour se faire une place dans la société. Elle s'en était sortie par ses propres moyens, sans l'aide d'un prince charmant.

Et quand elle avait cru en rencontrer un, il l'avait laissée tomber. Désormais, elle n'avait plus personne.

Enfin, pas tout à fait, se dit-elle en frappant à la porte de Hazel, deux jours après sa rupture avec Marcus Warren. Elle aurait dû la prévenir, mais elle avait craint de se voir opposer une fin de non-recevoir. Bien sûr, Hazel pouvait quand même refuser de la laisser entrer, mais Liberty était désespérée. Et William constituait son seul lien avec un passé qu'elle s'était appliquée à effacer.

— Oui ? Oh ! madame Reese, quelle surprise ! Je ne vous attendais pas aujourd'hui. Pas plus que M. Warren.

Elle chercha Marcus des yeux.

— Il n'est pas venu, expliqua Liberty, faisant un gros effort pour s'exprimer d'une voix égale.

Hazel lui jeta un regard inquisiteur, mais Liberty fit mine de rien.

— Puis-je voir William ?

— Bien sûr. Entrez et refermez bien la porte derrière vous.

Liberty grimpa les marches derrière Hazel. Demain, elle se rendrait au bureau après les heures de travail, quand elle serait sûre que Marcus n'y serait plus, pour récupérer ses affaires. Puis elle se lancerait dans la recherche d'un emploi. Elle ne se donnerait pas la peine de contacter Erik Jenner. Il était trop proche de Marcus.

Elle était au chômage et recommençait de zéro. Ce qui l'amenait à une conclusion inévitable — ce serait sa dernière visite à William. Elle ne pouvait pas se permettre de s'attacher davantage à cet enfant, car même si elle décrochait un emploi, elle ignorait où elle serait affectée. Or tant qu'à faire, elle préférerait que ce ne soit pas à Chicago. Il y avait trop de réminiscences douloureuses de son passé dans cette ville.

— Madame Reese ?

La voix de Hazel la tira de ses pensées. Elle contemplait Liberty d'un air préoccupé.

— Pardon ?

— Je vous demandais si tout allait bien… entre vous et M. Warren.

— Oh ! je ne…

Mais elle laissa sa phrase en suspens en apercevant William dans la balancelle que Marcus lui avait achetée, et son cœur se serra. Le moindre objet de cette pièce lui rappelait à quel point Marcus s'était soucié de William, pour lui faire plaisir.

Oui, elle allait souffrir encore plus qu'elle ne pensait.

Elle comprenait qu'il se soit senti trahi. Mais ce qui lui faisait le plus de mal, c'était qu'il ne se soit pas battu pour elle, comme il le lui avait promis. Peu lui importait qu'elle ait été une assistante précieuse et qu'elle l'ait aimé de toute son âme. Tout ce qu'il retenait, c'était qu'elle ne lui avait pas dévoilé les parties les plus douloureuses de son existence.

— M. Warren et moi ne serons pas en mesure d'adopter William, expliqua-t-elle en sortant le bébé de la balancelle.

William émit un petit gazouillis quand elle le serra contre sa poitrine. Son corps minuscule était si doux, si fragile.

— Oh ! quelle déception ! Vous deux… J'avais espéré…

Oui, ils avaient tous espéré. Elle s'assit et contempla la frimousse de William, tâchant d'en graver chaque détail dans sa mémoire. Dire qu'elle avait été tout près de garder cet enfant, de retrouver cette part de Liberty Reese qu'elle s'était acharnée à faire disparaître. Mais elle s'était trop approchée du soleil et elle s'était brûlé les ailes.

— Je suis venue vous dire au revoir, lâcha-t-elle, s'adressant plus au bébé qu'à Hazel.

William cilla, et sa minuscule bouche s'étira, comme dans un sourire. Elle avait tellement envie de croire qu'il la reconnaissait maintenant, que le son de sa voix et l'odeur de sa peau lui étaient devenus familiers. Qu'il se souviendrait qu'un jour une femme l'avait tellement aimé qu'elle avait mis en danger son existence confortable pour lui.

Et Marcus qui disait qu'elle ne prenait jamais de risque !

— Auriez-vous la gentillesse de nous prendre en photo ? demanda-t-elle à Hazel, cherchant son téléphone d'une main.

Le téléphone de la société. Elle devrait le rendre et s'en acheter un. De même, elle rendrait à Marcus les vêtements qu'il lui avait offerts. Un instant, elle avait envisagé de les garder et de les vendre. Cet argent serait le bienvenu jusqu'à ce qu'elle retrouve un emploi.

Mais ce serait une autre forme de malhonnêteté. Marcus en conclurait qu'elle n'avait été avec lui que pour l'argent.

Elle avait beau être inquiète à propos de son avenir financier, elle refusait de descendre encore plus bas dans son estime.

Hazel s'éclaircit la gorge et s'empara du téléphone. Non sans mal, elle réussit à prendre quelques photos.

— Vous alliez si bien ensemble, dit-elle en lui rendant l'appareil.

— Je sais.

Puis elle se demanda à qui Hazel faisait référence — Elle et William ? Ou elle et Marcus ?

— Mon petit, intervint Hazel d'un ton prudent, ce serait mieux pour le bébé… si vous continuiez à venir le voir aussi longtemps que vous pourrez.

— Vraiment ?

Oh ! comme elle avait envie de croire Hazel. Mais la vieille dame lui disait-elle cela pour la consoler ?

— Oui. Il vous reconnaît, vous savez. Et il prend encore ses marques après ce difficile départ dans la vie.

Hazel la contempla, pleine d'espoir.

— Je sais qu'il ne restera pas toujours avec moi. Quand on est une maman d'accueil, le changement est permanent. Les bébés arrivent et repartent et, tout ce que je peux faire, c'est essayer de leur donner le meilleur départ possible dans l'existence. Il a déjà perdu sa mère. On ne l'a pas retrouvée, vous savez. Et je ne pense pas que ce soit une bonne chose pour ce petit ange de vous perdre si tôt.

La gorge de Liberty se serra.

— Je…

Très émue, elle dut s'arrêter pour reprendre son souffle.

— Je vais devoir chercher un nouvel emploi. Il se peut que je quitte Chicago.

— Je comprends. Mais même pour quelques semaines…

Elle contempla William en souriant.

— Ils savent quand ils sont aimés. Croyez-moi, cela fait une grande différence par la suite.

N'était-ce pas précisément l'amour que lui avait porté grand-mère Devlin qui l'avait sauvée ? Elle n'avait pas été en mesure de prendre Liberty chez elle, mais savoir que la vieille dame se trouvait au bout du couloir avec un gâteau, une histoire ou un bisou avait empêché Liberty de désespérer et de mal tourner.

— Bon, si vous le dites, acquiesça Liberty, s'efforçant de retenir ses larmes, sans grand succès.

Hazel eut un sourire satisfait, puis elle sortit pour préparer le biberon de William. Quand Liberty et le bébé furent seuls, elle se pencha et murmura :

— Je t'aime, William. Je t'aimerai toujours.

Il soupira contre sa joue. Et elle se mit à pleurer.

Le lendemain et le surlendemain de leur rupture, Marcus attendit Liberty au bureau, mais elle ne se présenta pas. Il en conclut qu'elle ne reviendrait plus travailler. Bon. Il allait devoir engager une nouvelle assistante. L'idée ne l'enchantait pas, mais il résoudrait facilement ce problème.

Cela ne l'avait pas empêché de demander aux vigiles de l'appeler dès qu'elle se présenterait. Après tout, elle avait laissé ses affaires. Et quand elle viendrait les récupérer…

Il le saurait.

Il n'avait pas envie de lui parler. Pourtant, quand son téléphone sonna à 21 h 15 et que Lester, le vigile en poste, l'informa que Liberty venait de pénétrer dans le bâtiment, il prit aussitôt la direction du bureau.

Tout en conduisant, il se demandait pourquoi il faisait cela. Il n'avait pas besoin de l'affronter de nouveau. Il lui avait dit tout ce qu'il avait sur le cœur. Il voulait juste s'assurer… qu'elle ne partait pas en emportant les fournitures de bureau ou en changeant tous les mots de passe par pure malveillance. Voilà tout.

Mais elle n'était plus là.

— Vous venez juste de la manquer, expliqua Lester, évitant de croiser son regard.

— Vraiment ?

— Oui, monsieur, se contenta-t-il de répondre.

Marcus prit néanmoins l'ascenseur jusqu'à son bureau pour en avoir le cœur net. Les affaires de douche de Liberty avaient disparu de la salle de bains. Son bureau était bien rangé, comme toujours, mais les tiroirs étaient vides.

Elle était partie. A croire qu'elle n'avait jamais existé.

Puis il aperçut le téléphone de la société sur un coin du bureau et en dessous, une petite enveloppe blanche portant l'inscription « Marcus » tracée de l'écriture bien nette de Liberty.

Il ne voulait pas la lire.

Pourtant, ce fut précisément ce qu'il fit.

Marcus,

Jamais je ne me pardonnerai le chagrin que je t'ai causé. Ce n'était pas intentionnel de ma part. Je ne voulais pas que les choses changent car je pensais avoir tout ce dont j'avais besoin. Mais je me suis trompée aussi sur ce point.

Il est préférable que je démissionne. Je ne prendrai pas le poste proposé par Jenner. Ainsi, tu n'auras pas d'explication à lui fournir.

Je t'en prie, ne tiens pas rigueur de notre rupture à William. Il n'y est pour rien. Je voulais simplement qu'il connaisse un meilleur sort que celui qui m'a été réservé durant mon enfance et mon adolescence.

J'espère que tu sais désormais ce que tu veux et que tu te battras pour l'obtenir. Pas pour moi ni pour tes parents, mais pour toi, Marcus. Si la vie m'a enseigné une chose, c'est que tu dois t'en sortir par toi-même et ne pas compter sur l'aide des autres.

Je te remercie pour tout. Ces trois dernières années ont été un cadeau que je ne méritais pas.

Je t'aime,

Liberty

Il s'empara du téléphone qu'elle avait laissé. Se souvenant de son mot de passe, il l'entra.

Le téléphone ne s'ouvrit pas sur l'écran d'accueil habituel, mais sur la dernière application qui avait été utilisée, et il eut un choc en voyant ce qui s'affichait.

Liberty, les traits tirés, tenant William dans ses bras.

La vue de ces deux êtres lui déchira le cœur. Car au cours des deux semaines précédentes, il s'était autorisé à imaginer une vie différente de sa vie actuelle, une vie où il courait tous les matins avec Liberty en poussant le landau, assistait aux matchs de football les samedis, regardait des films à la maison, chantait des comptines, emmenait Liberty au lit le soir et se réveillait le matin à ses côtés.

Décidément, il était trop stupide ! Il avait tout ce qu'il voulait. Il n'avait pas besoin de Liberty. Il n'avait pas besoin d'enfants ni d'une grande famille heureuse.

Et de quoi parlait-elle ? Bien sûr qu'il savait ce qu'il voulait. Il était Marcus Warren, et cela signifiait quelque chose. C'était ce que sa mère lui répétait et elle avait raison. Elle était…

Marcus se figea, le cœur battant à tout rompre. *Sa mère !*

Son père et elle avaient engagé un détective privé pour réunir assez de preuves à l'encontre de sa vieille nounou pour la faire condamner avec sa famille.

Sa mère avait été ulcérée par l'attitude de Marcus sur la plage.

Et, coïncidence étrange, le passé de Liberty avait resurgi de nulle part.

Il sortit son téléphone de sa poche et, sans plus réfléchir, composa le numéro de sa mère.

— Marcus chéri, roucoula-t-elle. Comment vas-tu ? Je me suis fait un sang d'encre pour toi.

Il n'eut même pas à poser la question — sa mère venait d'y répondre. Personne ne savait que Liberty était partie. Mais elle, si. Bien sûr. Elle et son père étaient derrière cette rupture.

Restaient cependant quelques points à éclaircir.

— Depuis combien de temps le sais-tu ?

Il y eut une longue pause avant que Marisa Warren ne s'éclaircisse la gorge et ne demande :

— De quoi parles-tu, chéri ?

— De Liberty. De son passé.

— Vraiment, Marcus, tu dois te montrer plus judicieux dans tes choix. Quand tu auras trouvé la femme qu'il te faut…

— Réponds à ma question ! Depuis combien de temps étais-tu au courant du passé de Liberty ?

— Mais depuis que tu l'as engagée, mon chéri. Tu ne croyais tout de même pas que j'allais laisser une moins-que-rien, sortie de nulle part, s'installer dans ta vie sans me renseigner sur son compte !

Pourquoi était-il surpris ? Il n'aurait pas dû l'être. Et il ne donnerait pas à sa mère la satisfaction de penser qu'elle avait marqué un point.

— En somme, tu as rassemblé toutes les informations nauséabondes que tu as pu ou cru trouver sur mon assistante et tu t'es assise dessus pendant trois ans ?

Sa mère ne répondit pas. Il dut faire un suprême effort pour garder son calme.

— Pendant tout ce temps, tu as attendu l'occasion d'utiliser son passé contre elle, c'est ça ? Ou plutôt contre moi. Tu t'es assise sur ces informations pendant trois ans, car tu savais que tu pourrais t'en servir pour me faire rentrer dans le rang au cas où je m'aviserais de m'intéresser un peu trop à elle, je me trompe ? Est-ce que je me trompe ?

Cette fois, son calme avait volé en éclats. Mais qu'importait ? Il n'y avait personne alentour pour l'entendre. Il était complètement seul car il était tombé dans un piège sans même comprendre qu'il avait été tendu pour lui.

Il avait fait exactement ce que sa mère attendait de lui. Il avait rejeté Liberty.

— Tu es ridicule, Marcus. Cette femme aurait ruiné ta réputation. Ta carrière. Ta vie. Et ce bébé ? Qu'est-ce… ?

Il raccrocha. Elle le rappela aussitôt, mais il éteignit son téléphone.

Tout avait un prix. Soit vous gagniez, soit vous perdiez. C'était le jeu qu'on lui avait appris depuis sa plus tendre enfance. Vous engrangiez des faveurs et vous les mettiez à profit quand vous en aviez besoin. Se comporter différemment signifiait que vous perdiez au jeu — que vous perdiez la face, votre entreprise, votre nom. Le monde était constitué de gagnants et de perdants, et les Warren étaient toujours gagnants. Toujours.

Sauf que ce jeu était truqué. Marcus n'était pas un joueur, mais un pion. Il n'était jamais censé gagner quoi que ce soit. Il n'était rien d'autre qu'une faveur qu'on encaissait ou qu'on versait. Tout le monde attendait quelque chose de lui.

Sauf Liberty. Elle ne lui avait rien demandé. Pas même une recommandation. Et elle avait tout risqué pour ce bébé. Y compris son emploi et son cœur.

« Si la vie m'a enseigné une chose, c'est que tu dois t'en sortir par toi-même et ne pas compter sur l'aide des autres. »

Il se souvint tout à coup de cette phrase écrite par Liberty.

Il n'avait jamais pensé avoir besoin de se battre pour lui-même. Il n'était pas un nouveau-né sans défense. Il avait les moyens de réaliser ce qui lui passait par la tête.

Mais était-ce vraiment le cas ? Ou avait-il réussi grâce à la fortune et aux relations de ses parents ? Il comprenait maintenant ce que Liberty voulait dire — ce qu'elle avait toujours tenté de lui faire comprendre en lui déconseillant d'aller au mariage de Lillibeth et au rendez-vous des producteurs.

Durant tout ce temps, elle lui avait répété qu'il devait se battre pour obtenir ce qu'il voulait.

Il récupéra le téléphone qu'elle avait laissé et contempla la photo qui la montrait avec William. Il l'aimait. Il les aimait tous les deux. Ce qu'il voulait, c'était une famille. Liberty, William et d'autres bébés — une grande famille heureuse. Sa famille pour l'éternité.

Maintenant qu'il savait ce qu'il voulait, il allait se battre pour l'obtenir.

Et cette fois, il ne laisserait personne se mettre en travers de son chemin.

- 18 -

— Madame Reese ? fit une voix féminine à l'autre bout du fil. Je suis Trish Longmire de l'association caritative One Child.

— Bonjour, répondit Liberty, s'arrêtant au milieu du trottoir, en plein soleil.

Elle était à deux pâtés de maisons du bungalow de Hazel. C'était la troisième fois cette semaine qu'elle venait donner son biberon à William et le dorloter.

Elle s'efforçait de réfléchir — avait-elle postulé auprès de cet organisme ? Elle avait envoyé de nombreux CV, mais ce nom ne lui disait rien.

— En quoi puis-je vous aider ?

— Voyez-vous, One Child procure des fournitures scolaires classiques à des enfants vivant à la limite ou au-dessous du seuil de pauvreté. Elle délivre aussi des subventions à des écoles en difficulté, notamment à des écoles implantées dans des réserves, pour leur permettre de moderniser leurs classes de technologie.

— Une noble cause, acquiesça Liberty. Mais en quoi puis-je vous être utile ?

— La Longmire Foundation vient de nous octroyer une dotation considérable et un mandat pour distribuer des ordinateurs dans les écoles.

La Longmire Foundation ? Elle connaissait ce nom — Nate Longmire était un sémillant milliardaire de la

Silicon Valley qui avait fait la une des médias en épousant une jeune femme dont personne n'avait entendu parler.

Oh ! Seigneur !

— Avez-vous dit Trish Longmire ?

La jeune femme se mit à rire.

— Oui. Nous intensifions nos efforts, et j'aimerais vous proposer le poste de coordinatrice des actions éducatives en milieu urbain. Vous m'avez été chaudement recommandée.

— Mais par qui ? Je n'ai pas candidaté pour ce poste !

Cette offre était tellement inattendue ! Ne rêvait-elle pas ?

— Marcus Warren, répondit Trish.

Elle aurait dû s'en douter. Qui d'autre l'aurait recommandée ?

— Nous avons besoin de quelqu'un qui soit à la fois à l'aise dans les milieux défavorisés et qui sache organiser des collectes de fonds. J'ai cru comprendre que vous pouviez témoigner personnellement de l'utilité d'une bonne instruction pour améliorer ses conditions de vie, et je sais aussi que vous avez passé les trois dernières années à gérer seule Warren Capital. Ce qui fait de vous une personne hautement qualifiée.

— Je… Vraiment ?

Liberty s'éclaircit la gorge. Elle devait faire bonne impression pour ce poste inespéré. Mais elle avait passé des années à dissimuler son enfance misérable. Et cette femme lui disait que c'était un atout ?

— Oui, bien sûr, je pense être qualifiée pour ce poste, se reprit-elle. Excusez-moi, c'est tellement inattendu !

— Je comprends. Si vous êtes intéressée, je vous propose de venir à San Francisco la semaine prochaine pour que nous en discutions plus longuement.

— Volontiers. Ce serait donc un poste à San Francisco. Parfait !

Elles échangèrent leurs adresses électroniques avant de raccrocher. Liberty s'adossa contre un parcmètre et contempla l'écran de son nouveau téléphone, incrédule. Marcus avait-il vraiment contacté l'épouse d'un autre milliardaire pour la recommander, elle ?

Elle ne l'avait pas vu depuis leur dispute, une semaine et demie auparavant. Elle ne l'avait pas eu non plus au téléphone. Bien sûr, elle ne lui avait pas communiqué son nouveau numéro, mais…

Tout était fini entre eux. Elle lui avait dissimulé la vérité, et il n'avait pas tenu sa promesse de se battre pour elle. Il n'y avait rien à ajouter.

Les jambes flageolantes, elle fit le reste du trajet jusqu'au bungalow de Hazel. Là, elle reçut un nouveau choc en reconnaissant l'Aston Martin de Marcus garée devant la porte d'entrée.

Marcus était ici ! Et elle n'était pas à son avantage. Elle transpirait à grosses gouttes et ses cheveux frisaient. Et Marcus était ici avec William !

Elle s'apprêtait à faire demi-tour quand la porte s'ouvrit et Hazel apparut sur le seuil, un sourire jusqu'aux oreilles.

— Ah, madame Reese ! M. Warren vous attend.

— Mais comment savait-il que je venais aujourd'hui ?

— Il m'a appelé peu après votre dernière visite, expliqua Hazel, l'entraînant à l'intérieur. William est si heureux de le revoir !

Liberty fixait des yeux le dos de Hazel tandis que la vieille femme montait les marches d'un pas étonnamment alerte. Peut-être était-elle tombée du bus la tête la première et avait-elle des hallucinations. Une offre d'emploi sortie de nulle part, Marcus dorlotant William…

Oscillant entre panique et incrédulité, elle pénétra dans la chambre d'enfant.

Son cœur s'emballa à la vue de Marcus jouant avec le bébé. Marcus Warren, un des hommes les plus puissants de Chicago, voire du pays, était assis sur le parquet, faisant des moulinets avec les petites jambes de William et s'exclamant « Youp là ! » entre deux éclats de rire tandis que le bébé arborait une expression de joie pure et agitait les jambes quand Marcus faisait une pause.

— La voici ! s'exclama Hazel d'un ton triomphal.

Marcus s'immobilisa et leva les yeux vers elle.

— Eh, William, dit-il, soulevant délicatement l'enfant et le tournant vers elle. Regarde qui vient d'arriver.

Le bébé sourit. Hazel avait raison. William la reconnaissait, constata-t-elle, bouleversée.

— Marcus ? bredouilla-t-elle. Que fais-tu ici ?

Ce grand sourire — c'était celui qu'il arborait pour signifier qu'il n'acceptait pas de refus — s'adressait à elle. Voyant qu'elle demeurait figée, il serra William contre sa poitrine et se releva.

— Hazel, dit-il, pourriez-vous nous laisser un moment ?

— Bien sûr ! s'exclama celle-ci, applaudissant — oui, applaudissant — avant de s'esquiver.

— Marcus, que fais-tu ici ? répéta Liberty, tâchant de prendre un air sévère.

Son sourire vacilla un peu.

— Je suis venu rendre visite à William et demander à Hazel quelles étaient les démarches pour obtenir la garde du bébé.

Elle le contempla, médusée.

— Tu veux avoir la garde du bébé ? Pourquoi ?

— Parce que c'est ce que je veux, répondit-il simplement.

— Et… l'association caritative ? Je viens de recevoir une offre d'emploi à San Francisco. Qu'est-ce que ça signifie ?

Il haussa les épaules.

— Tu as besoin de travailler. Tu ne serais pas heureuse si tu n'avais pas quelque chose à gérer.

— Mais… Pourquoi as-tu fait cela pour moi ? Mon passé… Tu m'as dit que tout était terminé entre nous.

— A ce propos, répliqua-t-il, déposant un baiser léger sur le crâne duveteux de William, j'ai réfléchi à ce qui s'était passé et je te dois des excuses.

Elle écarquilla les yeux, stupéfaite.

— Mais…

— Il n'y a pas de « mais ». Ecoute-moi. T'es-tu demandé comment ces producteurs savaient autant de choses sur toi ? Te souviens-tu que Chabot a dit à un moment donné avoir reçu un mail ?

— Oui.

Tellement de choses s'étaient produites ce jour-là. Mais maintenant que Marcus en parlait, elle trouvait cela étrange.

— Sais-tu qui le lui a envoyé ? demanda-t-elle.

— Oui. Ma mère a demandé à un privé d'enquêter sur toi quand je t'ai engagée et elle a « conservé » ces informations jusqu'à ce qu'elle puisse en tirer le meilleur parti.

Choquée par ces révélations, Liberty porta une main à sa poitrine. Cette immixtion dans sa vie privée s'apparentait à un viol.

— Je n'en reviens pas !

Marisa avait eu de nombreuses occasions d'utiliser ces informations. Elle aurait pu menacer Liberty de dévoiler ses secrets si elle ne faisait pas tout ce qu'elle lui demandait. Mais elle avait caché son jeu et attendu trois ans !

Marcus hocha la tête.

— Elle a eu un comportement inadmissible. Tu ne méritais pas d'être prise en embuscade de cette façon. Et comme elle ne daignera pas s'excuser, je le fais pour elle. Je suis désolé, Liberty.

— Tu t'excuses pour elle ?

William émit un vagissement plaintif, et Marcus ajusta sa prise sur le bébé.

— Ce week-end a été un vrai désastre et je… je me suis conduit comme un Warren. Mais au fond de moi, je n'en suis pas un. Je veux devenir meilleur pour toi. Je le deviendrai si tu m'offres une seconde chance.

Elle contempla le bébé, sa seconde chance à elle pour faire les choses bien.

— Il y a autre chose que tu dois savoir, Marcus. La dernière fois que ma mère a été en prison — elle y a fait trois séjours —, elle a eu un bébé. Il est né dépendant aux opioïdes. Il n'a vécu que trois semaines. Je ne l'ai jamais vu. Je doute qu'il ait eu un prénom, mais je l'ai prénommé William dans mon cœur. C'est pourquoi j'ai donné ce prénom à ce bébé.

— Est-ce tout, Liberty ? Parce que si nous voulons que notre couple fonctionne, j'ai besoin d'être sûr que tu es totalement honnête avec moi.

Allaient-ils se remettre ensemble et former un vrai couple ? Etait-ce pour cette raison qu'il était ici ? Pour la première fois, elle se prit à espérer que ce n'était pas un rêve.

— Je n'aime pas courir. Mais je me suis volontiers pliée à cette discipline parce que je cours avec toi. Lors de mon entretien d'embauche, je t'ai dit que je courais parce que je voulais décrocher ce poste. Je voulais devenir une collaboratrice précieuse, quelqu'un d'important. Et quand je suis devenue cette personne, je n'ai pas su comment me dépêtrer de tous mes mensonges. A plusieurs reprises, j'ai failli tout te dire, mais j'ai renoncé de peur que tu ne voies en moi que la fille de Jackie Reese, or je ne voulais plus redevenir cette personne-là. Crois-moi, je n'ai jamais dissimulé la vérité pour te blesser. Je n'ai jamais eu l'intention de te duper. C'est juste que…

— Tu as agi ainsi pour survivre, compléta-t-il.

— Oui, acquiesça-t-elle d'une voix faible. Et j'espère de tout mon cœur que tu me pardonneras.

— Oh ! ma chérie !

Il s'était insensiblement rapproché d'elle. Tenant William au creux de son bras, il posa sa paume libre sur sa joue.

— Seulement si tu me pardonnes. Ce producteur m'a pris au dépourvu, mais cela n'excuse pas ma réaction outrancière. Je t'avais promis de me battre pour toi et de te protéger, mais quand ce type s'est acharné sur toi, je n'ai pas levé le petit doigt pour te défendre.

Elle l'écoutait, très émue. Tout milliardaire qu'il était, il faisait amende honorable. Quel homme bon et droit !

— Tu as beau dire que mon passé n'a pas d'importance, il en a. Il pèse lourd dans la balance.

— Non, détrompe-toi. Est-ce que tu attaches une importance au fait que ma nounou a essayé de me kidnapper ? Ou que j'ai failli m'enfuir en Allemagne ?

— Bien sûr que non. Tu n'es plus la même personne.

— Eh bien de la même façon, le passé de ta mère ne conditionne pas ton présent — ou notre avenir. Liberty, je sais que j'ai trahi ta confiance mais, je t'en supplie, accorde-moi une seconde chance.

Il posa la main sur son cou et l'attira plus près.

— Cette fois, je ne te ferai pas défaut.

Faites que ce ne soit pas un rêve ! Ou si c'en était un, elle ne voulait plus se réveiller. Jamais.

— Mais pourquoi ferais-tu cela pour moi ?

— Parce que, répondit-il, ses lèvres s'incurvant en un sourire.

Il s'inclina et, prenant soin de ne pas écraser le bébé, il posa son front contre le sien.

— Un jour, une femme merveilleuse m'a conseillé de découvrir ce que je voulais vraiment et de tout faire pour l'obtenir. Non pour satisfaire quelqu'un d'autre, mais pour me faire plaisir. Et c'est ce que je fais.

— Tu me veux… moi ? Et William ?

— Oui. Je vous veux tous les deux. Je veux fonder une grande famille heureuse.

— Mais tu viens de m'obtenir un job à San Francisco !

Il eut un large sourire.

— Non. Je t'ai recommandée pour un poste de coordinatrice en milieu urbain. L'association diversifie ses activités. Comme Nate me l'a expliqué, tous les Amérindiens ne vivent pas dans des réserves. Et nous habitons à Chicago qui est un milieu urbain. Mais si jamais tu ne peux pas rester en poste ici, nous partirons tous ensemble là où on te nommera. Je serai heureux n'importe où, du moment que je t'ai à mes côtés.

Il inclina son visage vers elle. Le cœur débordant de joie, elle devina qu'il allait l'embrasser.

— Je ne suis pas assez bien pour toi, murmura-t-elle contre ses lèvres. Je serai toujours la fille d'une délinquante. Les gens jaseront.

— Alors, sois mauvaise pour moi. Le reste ne compte pas. L'important, c'est toi et moi et ce que nous savons être la vérité. Epouse-moi, Liberty. Sois ma famille pour l'éternité. Laisse-moi te prouver que je ne cesserai jamais de me battre pour toi — pour nous.

Il contempla William qui les regardait de ses grands yeux.

— Pour nous tous. D'accord, fiston ?

William émit un gazouillis ravi.

— Oh ! Marcus…

Elle laissa sa phrase en suspens tandis qu'elle l'embrassait et qu'il lui rendait son baiser.

— Est-ce un « oui » ? demanda-t-il.

— Oui.

Elle lui prit William des bras et se lova contre Marcus qui les enlaça tous les deux.

— Oui. Je suis à toi. Je l'ai toujours été.

— Et tu le seras toujours.

CATHERINE MANN

Pour une escapade avec toi

Traduction française de
ÉDOUARD DIAZ

PASSIONS

HARLEQUIN

Titre original :
REUNITED WITH THE REBEL BILLIONAIRE

Ce roman a déjà été publié en 2017.

- 1 -

Fiona passa une main sur son front. Elle avait le cœur serré, elle sentait les larmes lui monter aux yeux. Mais ce n'était pas le moment de s'abandonner à son désarroi, elle le savait.

Ses pensées tournaient encore une fois autour d'Henri Reynaud : l'homme que le magazine *American Sports* avait nommé « athlète le plus sexy d'Amérique » deux années de suite.

Son mari.

Elle n'avait pas épousé le quarterback vedette des New Orleans Hurricanes pour son physique. En vérité, elle s'était toujours sentie plus attirée par les intellectuels que par les sportifs. Et pourtant, lorsque ce sportif-là était apparu à la galerie d'art où elle organisait une soirée de charité, elle avait été intriguée. Et, lorsque Henri avait montré son appréciation et sa parfaite compréhension des nuances de l'art contemporain, elle avait coulé à pic dans les profondeurs de ses yeux sombres, rêveurs et brillants d'intelligence. Il avait des yeux de la couleur du café. Des yeux qui avaient fait naître en elle des émotions inédites.

Néanmoins, ses expériences passées avec les hommes — et notamment deux ruptures de fiançailles — l'avaient incitée à garder une prudente retenue. Et cette résistance avait duré exactement deux semaines, durant lesquelles sa vie avait plongé dans une spirale hors de contrôle. Puis elle avait capitulé, face à la force de ses sentiments. De son désir.

Bien sûr, ils s'étaient enfuis ensemble pour se marier parce qu'ils croyaient qu'elle était enceinte. Mais elle l'aimait avec une telle intensité, une telle passion, que sa raison s'était envolée comme des pétales d'azalée dans un vent d'orage. Ils n'avaient compris que trop tard, aux premières difficultés, que leur mariage ne reposait sur aucune base solide. Et celles sur lesquelles ils avaient bâti leur relation s'étaient rapidement effritées.

Et c'était particulièrement vrai ce jour-là.

Dans deux heures à peine, elle devait accueillir l'élite de La Nouvelle-Orléans, dans le cadre de son tout dernier gala de bienfaisance. Ses prestations étaient entièrement bénévoles. Lorsqu'une fondation proposait de la rémunérer, elle reversait la totalité de cet argent à l'œuvre caritative. Elle croyait profondément aux causes qu'elle défendait, et elle remerciait la destinée de lui avoir accordé les moyens financiers et le temps pour être utile aux autres.

Mais ce n'étaient pas les pressions de cet événement très mondain qui avaient provoqué son angoisse. Sa consultation chez le médecin, plus tôt, l'avait effrayée, et elle était plus déterminée que jamais à ne pas continuer un mariage qui ne serait plus fondé sur l'amour mais sur un sentiment d'obligation.

Elle régla son téléphone sur haut-parleur et le posa sur la commode ancienne, l'un des nombreux meubles précieux de la maison qu'elle partageait avec Henri, dans l'élégant quartier historique de Garden District, à La Nouvelle-Orléans. Son regard s'attarda un instant sur une photo d'Henri et elle dans un cadre de cristal. Elle avait été prise lors de leur voyage à Paris quelques années plus tôt. A la vue de leurs sourires radieux, elle ressentit un choc.

Avait-elle réellement été aussi heureuse dans sa vie ? L'image de la femme qu'elle était alors lui paraissait aujourd'hui être celle d'une étrangère.

Elle poussa un soupir. Il valait mieux arrêter de broyer du noir, pour le moment, et se concentrer sur ce que disait Adélaïde. Car elle avait presque oublié qu'elle était au téléphone avec sa future belle-sœur, fiancée à Dempsey, le demi-frère d'Henri, dont elle avait été aussi l'assistante. Adélaïde et Dempsey, qui se connaissaient depuis l'enfance et avaient travaillé ensemble pendant de longues années, avaient enfin décidé de se marier, mais leur amour avait mis beaucoup plus longtemps à s'épanouir. Tout le contraire de la proposition de mariage impétueuse qu'Henri lui avait faite.

Faisant un effort pour se ressaisir, elle reporta à nouveau son attention sur la conversation en cours. Sur la famille Reynaud. Cette idée la fit rire silencieusement. Un rire sans joie. La famille supposait une proximité entre ses membres. Une solidarité. Au lieu de cela, elle se sentait affreusement seule. Isolée.

Or, il n'y avait aucune raison pour cela. Les Reynaud étaient une grande famille, et la majorité d'entre eux résidait ici même, à La Nouvelle-Orléans. Deux des frères de son mari vivaient dans leur grand domaine sur les rives du lac Pontchartrain. Et ils seraient tous deux présents ce soir pour la soirée de bienfaisance.

Des stars du sport, des célébrités et des élus locaux allaient se réunir et échanger des mondanités pour montrer leur soutien à sa toute dernière bonne cause. L'air serait plein du brouhaha des conversations. Et, si les événements qu'elle avait organisés par le passé étaient une bonne indication, elle récolterait les fonds nécessaires pour ouvrir un nouveau refuge pour animaux abandonnés.

Elle alla s'asseoir sur le petit canapé adossé au pied de son lit à baldaquin, et elle enfila un bas de soie tout en écoutant sa future belle-sœur lui énumérer la liste des vins, des alcools et autres boissons qui avaient été livrés pour l'événement.

Hélas, ses pensées se tournaient une fois de plus vers le passé, à l'époque où elle était tombée follement amoureuse d'Henri. Il l'avait poursuivie sans répit jusqu'à ce qu'elle commence à le croire, lorsqu'il lui déclarait qu'il adorait son esprit autant que son corps.

Son corps.

En enfilant un bas de soie, elle sentit ses mains trembler. Mais elle ne pouvait pas se permettre de penser à ces premiers jours, avant que leur mariage ne rencontre les premiers écueils. Il ne restait avec elle aujourd'hui qu'à cause de son sens de l'honneur, et elle était blessée jusqu'au plus profond d'elle-même à l'idée d'avoir perdu son amour. Cependant, elle ne voulait accepter de lui qu'un sentiment sincère et non une émotion feinte.

Ce qui signifiait qu'elle allait devoir garder son secret, décida-t-elle, achevant d'ajuster son bas tout en poursuivant sa conversation avec Adélaïde.

— Je ne vous remercierai jamais assez de m'avoir aidée pour les préparatifs de cette soirée, conclut-elle.

— J'ai été heureuse de pouvoir me montrer utile. Je regrette seulement que vous ne me le demandiez pas plus souvent.

— Lorsque Dempsey était votre patron, je ne voulais pas m'imposer, ou vous soumettre à davantage de pressions.

Elle connaissait Adélaïde depuis des années, mais son histoire d'amour avec Dempsey était récente.

— Dois-je comprendre qu'à présent que nous allons être belles-sœurs je deviens une collaboratrice légitime ?

— Je… heu… je vous demande pardon. Ce n'est pas du tout ce que je voulais dire.

— Inutile de vous excuser, l'arrêta Adélaïde avec un rire très doux. Je ne faisais que plaisanter. Je suis sincèrement heureuse de vous aider. C'est une très bonne cause. Vous faites énormément pour les œuvres de charité. Votre exemple est une source d'inspiration pour les autres.

— Il n'empêche que si vous ne m'aviez pas aidée à organiser cette soirée au domaine, aujourd'hui, j'aurais surtout été un exemple d'échec.

La grande propriété familiale au bord du lac Pontchartrain était plus vaste et plus luxueuse que le nid d'amour d'Henri et de Fiona. Ils avaient acquis cette maison pour protéger leur intimité, pour qu'elle ait son propre espace, une maison qu'elle pouvait décorer à son goût, claire et spacieuse, meublée d'antiquités soigneusement choisies, en contraste avec les résidences néoclassiques ou d'inspiration italienne qui se dressaient sur le domaine familial. A cet instant, alors qu'elle se préparait pour la soirée et qu'elle faisait de son mieux pour maîtriser sa nervosité, elle se sentait particulièrement reconnaissante de pouvoir disposer de cette retraite privée.

— Tout le monde peut avoir à gérer une urgence, répondit Adélaïde. Avez-vous résolu vos problèmes de voiture ?

Elle tressaillit. Elle n'aimait pas mentir aux gens, mais, si elle avait admis avoir consulté un médecin, aujourd'hui, elle se serait exposée à des questions auxquelles elle était encore trop bouleversée pour répondre. Après des années de traitement contre l'infertilité, elle était habituée à garder pour elle son histoire médicale, et son douloureux secret.

— Oui, tout va bien, Adélaïde. Je vous remercie.

Au moins, elle espérait que tout allait bien. Le médecin lui avait assuré qu'elle n'avait aucune inquiétude à avoir.

Plus facile à dire qu'à faire, après toutes les épreuves qu'elle avait traversées. Ces temps derniers, l'inquiétude était devenue son état naturel, un réflexe automatique.

— Je me réjouis de l'entendre. Je vous ai envoyé par mail tous les changements apportés au menu, afin de vous permettre de les vérifier avec les reçus.

— Changements ? répéta-t-elle, sentant l'anxiété revenir au galop.

En temps normal, les changements de dernière minute ne la déstabilisaient pas du tout. C'était l'occasion de se montrer encore plus créative. Tous les événements qu'elle avait organisés avaient nécessité quelques adaptations. Mais, aujourd'hui, elle avait l'esprit ailleurs, et, dans cette humeur introspective où elle se trouvait, les changements extérieurs étaient une source de stress.

— Il y a eu un petit problème de dernière minute avec la livraison des champignons frais, et j'ai dû procéder à quelques substitutions, expliqua Adélaïde. Voulez-vous que je vous communique la liste ?

— Non, bien sûr. Je fais confiance à votre goût et à votre expérience.

— Si vous avez besoin de mon aide pour autre chose, n'hésitez pas à me le dire.

Adélaïde marqua une pause, avant d'ajouter :

— Je me sens parfaitement à l'aise dans mon univers professionnel, mais mon futur rôle et mes responsabilités d'épouse dans la famille Reynaud seront un territoire entièrement nouveau pour moi.

Elle ne put s'empêcher de songer qu'elle-même ne serait bientôt plus une épouse Reynaud, même si la famille l'ignorait encore. Et, à cette idée, elle sentait son cœur se serrer.

— Vous gérez tout ceci très bien, Adélaïde, la rassura-t-elle. Vous seriez capable de rehausser le niveau de n'importe quel événement. Veillez seulement à bien choisir les responsabilités que vous acceptez d'assumer. Sinon, les hommes de cette famille vous broieront.

Ces derniers mots avaient franchi ses lèvres avant qu'elle ne puisse les retenir. Sa façade sereine commençait à se craqueler.

— Fiona, tout va bien ?

— Oui, ne vous inquiétez pas. Tout va très bien. Je vous verrai bientôt. Je dois me changer. Encore merci.

Là-dessus, elle coupa la communication et ramassa sa robe de soirée turquoise accrochée au pied du lit. Le crêpe de soie glissa sur sa peau comme une fraîche caresse. Le corsage mousseux épousait amoureusement son buste et ses hanches, et la jupe plissée, plus ample, effleurait ses chevilles. Une ceinture à sequins et des pendants d'oreilles incrustés de diamants complétaient l'ensemble.

Personne ne verrait ses cicatrices. Personne n'était au courant, hormis son médecin et son mari.

Double mastectomie.

Reconstruction.

Prophylactique. Préventive. Dans l'espoir d'échapper à la maladie qui avait emporté sa mère, sa tante et sa grand-mère.

Elle n'avait jamais développé de cancer du sein. Mais, avec une telle histoire familiale, elle ne pouvait pas se permettre de prendre le moindre risque. Pressant sa robe contre sa poitrine, elle s'efforça de ne plus penser aux paroles de son médecin. Les anomalies détectées par l'IRM plus tôt ce jour-là ne signifiaient peut-être pas grand-chose, mais, par mesure de précaution, il souhaitait pratiquer une biopsie.

Le craquement de la porte qu'on ouvrait la fit sursauter. Sa robe glissa sur son buste et elle la retint par ses bretelles brodées pour la plaquer à nouveau contre sa poitrine, même si elle savait qu'une seule personne se permettrait d'entrer sans frapper.

Son mari.

L'athlète le plus sexy d'Amérique, deux années de suite.

Et l'homme qui n'avait plus partagé son lit depuis son opération, six mois plus tôt.

Les mains d'Henri vinrent se poser sur ses épaules, et elle sentit son souffle tiède tout contre son cou.

— As-tu besoin d'aide, pour la fermeture à glissière ?

Dans son travail, Henri prenait des risques au quotidien. Bien sûr, ses équipiers faisaient tout pour lui éviter un plaquage brutal surgissant de son angle mort, mais il était conscient du danger, et il l'acceptait chaque fois qu'il entrait sur le terrain. Il pouvait à tout moment subir une blessure qui mettrait fin à sa carrière.

Ses fans le disaient intrépide. Les chroniqueurs sportifs le taxaient parfois d'inconscience. Pour la presse, il ne connaissait pas la peur.

Tous se trompaient.

Il vivait dans l'angoisse depuis que les médecins avaient déclaré que Fiona avait hérité du gène du cancer de sa famille. Il importait peu que leur mariage ait alors traversé une période difficile. Il avait été ébranlé jusqu'au tréfonds de son être par cette nouvelle. Et il l'était toujours.

Il serra plus fort les épaules de son épouse pour empêcher ses mains de trembler. Le moindre contact entre eux le mettait au supplice.

— Alors ? Pour ta fermeture à glissière ?

Il parcourut des yeux la longue ligne de son cou, sa chevelure d'un brun intense, bridée par une tresse fine autour de sa tête, qui réunissait ses longues boucles brunes en une cascade soyeuse dans son dos. Il brûlait de la toucher, de l'embrasser avec une lenteur sensuelle comme il le faisait autrefois. Mais il n'en avait plus le droit. Elle le lui avait dit très clairement lorsqu'il avait tenté de se réconcilier avec elle, après le verdict des médecins.

— Oui, s'il te plaît, répondit-elle en jetant un coup d'œil nerveux par-dessus son épaule. Merci.

Elle repoussa sa longue chevelure de côté pour l'aider. Ses boucles étaient si sombres qu'elles paraissaient presque noires, la nuit. Mais il détestait cette distance qu'il voyait dans ses yeux d'ambre.

— Je suis un peu en retard à cause d'un petit problème avec le traiteur, s'excusa-t-elle.

— Adélaïde m'a appris que tu étais en panne de voiture, alors je suis rentré tôt. Mais je viens de la voir à sa place dans le garage. Quel était le problème ?

— Rien d'important, éluda-t-elle, détournant le regard.

Cette sorte de réponse semblait être devenue la seule qu'elle ait à offrir, ces derniers temps. Rien n'était important.

Mais elle mentait. Il le devinait à sa façon de serrer les lèvres.

Poussant un profond soupir, il parcourut leur chambre du regard. Ou, plus exactement, leur *ancienne* chambre. Il avait pris l'habitude de dormir dans la chambre d'amis de leur maison récemment restaurée. Loin d'elle. Ils avaient même perdu la capacité de dormir l'un près de l'autre, la nuit. De partager cette simple intimité.

Il avait devant les yeux le premier cadeau qu'il ait jamais offert à Fiona, une jolie armoire à bijoux comportant un grand miroir en pied, une antiquité très rare, gaie et fantasque. Tout comme elle dans sa robe turquoise. Son regard alla se poser sur les courbes exquises de son épouse, réfléchies par le miroir à cadre doré. A l'idée de la distance qui les séparait aujourd'hui, il fut pris par une vague de tristesse.

Cette chambre était un mausolée de leur passé, de ce qui avait été, et n'était plus.

Il aurait tout donné pour qu'elle s'appuie sur lui. Même un petit peu. Il n'avait pas désiré tout ceci.

— Puis-je faire autre chose pour t'aider ?

— Je contrôle la situation.

— Comme toujours, non ?

Il n'avait pas eu l'intention d'employer ce ton brusque. Mais, au moins, il essayait, bon sang ! Ne le voyait-elle pas ?

Elle pivota instantanément face à lui, ses yeux d'ambre étincelants de colère, son corps tendu.

— Inutile de te montrer sarcastique.

— J'étais parfaitement sérieux, répliqua-t-il en fourrant ses mains dans les poches de son pantalon de smoking.

Il vit son regard s'adoucir. Elle prit une profonde inspiration et le dévisagea un instant. La fenêtre ouverte laissait entrer la brise et les bruits de la circulation venant de la rue, et il se souvint du temps où ils avaient acheté cette maison, du temps où ils étaient une équipe, tous les deux. Ils avaient travaillé durant des mois à restaurer cette vieille bâtisse, qui avait été autrefois un couvent, puis une école.

Et ils l'avaient fait ensemble.

Ils avaient transformé ce bâtiment de quelque cinq cents mètres carrés presque en ruine en un foyer accueillant.

— Je suis désolée, marmonna-t-elle. Je n'avais pas l'intention de commencer une dispute. Adélaïde m'a beaucoup aidée, mais la journée a été longue. Essayons simplement de faire bonne figure durant cette soirée. Il devient de plus en plus difficile de prétendre que tout va bien entre nous.

Elle n'était pas elle-même, aujourd'hui, il le voyait bien. Que s'était-il passé ? C'était terrible, pour lui, de ne pas savoir ce qui la tracassait. En tout cas, une chose était claire : elle cherchait une confrontation avec lui.

— Moi non plus, je n'ai pas envie de me disputer avec toi.

En réalité, tout ce qu'il désirait, c'était que leur vie redevienne comme autrefois.

— Tu as toujours adoré te disputer avec moi, rappela-t-elle. Avec le reste du monde, tu t'entendais parfaitement. C'est une chose que je n'ai jamais comprise.

— Il y avait du feu dans notre relation.

Leur amour était un brasier qui l'avait réchauffé jusqu'au fond de son âme. Et il savait que des braises couvaient encore sous la cendre. Il ne pouvait pas croire que tout cela était fini pour toujours.

— « Avait » est le mot juste, Henri. C'est là tout le problème. C'est le passé, et tu dois cesser de chercher des excuses pour retarder la décision finale.

— Il ne s'agit pas d'excuses. Tu avais besoin de temps pour guérir. De plus, nous avions convenu que nous ne ferions rien qui risque de perturber le début de cette saison de championnat. Et puis, si près du mariage de mon frère...

— Tout cela, ce sont des prétextes, rétorqua-t-elle en rajustant la natte de sa coiffure. Un divorce n'est tout de même pas la fin du monde.

Ces temps derniers, elle dissimulait son désarroi intérieur derrière une façade de parfaite sérénité, et durant des mois il avait respecté cette attitude. Elle avait le droit de prendre ses propres décisions, concernant sa santé, il le comprenait très bien. Mais pourquoi refusait-elle son aide ?

Au lieu de cela, le sujet du divorce revenait à présent en boucle dans leurs conversations.

— Notre famille vit sous les projecteurs des médias, rappela-t-il, bien décidé à retarder ce moment le plus possible. Une rupture entre nous accaparerait l'attention de la presse, au détriment de tout ce qui est positif pour l'équipe.

Elle se tourna à nouveau face au miroir pour lisser un pli imaginaire sur sa robe, avant de répondre :

— Personne ne te reprochera de m'avoir quittée. Je préciserai clairement que c'est moi qui ai souhaité divorcer.

Son sang ne fit qu'un tour.

— Je me fiche pas mal de savoir ce que les gens pensent de moi !

— Mais tu aimes ton équipe. Je comprends.

Le sens de ses paroles était clair. Elle suggérait qu'il ne l'aimait pas, *elle*. Et c'était totalement faux. Elle essayait encore de provoquer une dispute. D'élargir le fossé entre eux.

— Nous allons être en retard, murmura-t-il, s'efforçant de la calmer, d'éviter une polémique inutile.

Oui, quelque chose la tracassait. Et ce devait être grave.

Mais, malgré toute sa bonne volonté, il ne parvenait pas à la comprendre. La soirée était sur le point de commencer, et il n'avait pas le temps d'explorer les nuances subtiles de ses paroles. Il ne désirait plus qu'une chose : retrouver leur ancienne vie. Sortir de cette cohabitation silencieuse, de ce besoin de se cacher des autres derrière une façade. Il avait intensément besoin qu'elle le regarde comme elle le regardait autrefois, avec ce sourire qui disait qu'aussi brillante que soit la fête elle préférait les moments où elle était seule avec lui. Il aurait tout donné pour que leur relation redevienne aussi simple qu'elle l'avait été autrefois, lorsqu'ils parcouraient le pays durant la saison, et le monde entier hors saison. Ils aimaient tous deux l'histoire et l'art, les longues randonnées pour visiter Stonehenge ou la Grande Muraille de Chine.

Posant sa main sur le dos de sa robe, il rencontra son regard dans le miroir et le soutint longtemps. Il vit alors ses pupilles devenir immenses. Elle le désirait, et elle ne pouvait pas le cacher. Il en ressentit une joie qui l'électrifia. Il reposa ses mains sur ses épaules, et murmura, son souffle tout contre son cou :

— Et si je te déshabillais, plutôt ?

Il la vit battre des cils une seconde, et son visage prit une expression très douce. Et, dans ce bref instant, il crut avoir trouvé la meilleure façon de la reconquérir.

Puis elle se dégagea de son étreinte.

— Non, merci. J'ai un gala de bienfaisance à gérer. Et ne t'y trompe pas. Nous devons fixer une date avec notre avocat pour lancer la procédure de divorce.

- 2 -

Fiona jouait distraitement avec les sequins de sa ceinture alors que leur Maserati franchissait les grilles pour se diriger vers l'immense demeure de style néoclassique qui s'élevait au sommet de la colline. Elle avait vécu dans une maison voisine. Henri et elle occupaient l'une des ailes, et Jean-Pierre, son jeune frère, la seconde, toutes deux suffisamment spacieuses pour protéger l'intimité de chacun. Et chacune suffisamment vaste pour contenir quatre fois la maison où elle-même avait grandi. Pourtant, son père dirigeait un cabinet de comptabilité réputé, et sa famille avait été suffisamment riche pour faire des envieux.

Elle repensa aux premiers temps de leur mariage. Elle avait cru être enceinte, mais c'était une fausse alerte. Seulement, voilà, comme ils voulaient un bébé tout de suite, ils s'étaient mis fiévreusement à essayer de concevoir un enfant. Cette gigantesque demeure était alors devenue chaque jour davantage une prison. Ensuite, les traitements contre l'infertilité s'étaient succédé, suivis de fausses couches et d'autres soucis de santé.

Après une seconde fausse couche, survenue à son second trimestre de grossesse, Henri leur avait acheté une maison dans le Garden District afin qu'ils puissent retrouver un peu d'intimité et prendre du recul avec le style de vie des Reynaud. Leurs émotions, dans le registre positif ou négatif, débordaient beaucoup trop souvent. Vivre ici, sur le domaine de Reynaud, dans la banlieue très huppée de Metairie, sur les rives du lac Pontchartrain, était devenu tout simplement impossible.

De part et d'autre de l'allée privée conduisant à la maison principale, la mousse espagnole pendait aux branches des grands chênes comme de grands voiles de mariée. De longs pontons de bois disparaissaient dans la brume qui se formait souvent sur les eaux du lac. Les roseaux de la rive, se balançant dans la brise, servaient d'abri à toute une faune locale. Les jardins étaient couverts d'une végétation luxuriante. Sur cette terre fertile, les jardiniers du domaine devaient faire des heures supplémentaires pour tenir en échec la nature exubérante de la Louisiane, qui reprendrait le dessus sur le travail des hommes à la moindre défaillance.

Elle tourna son regard vers son mari. Il était si beau, si séduisant, au volant de leur bolide. Ils approchaient de la maison qui avait été le berceau de la famille Reynaud, celle où Henri et ses frères avaient grandi. Gervais, l'aîné de leur fratrie, y vivait aujourd'hui avec sa fiancée, et le couple avait accepté que Fiona organise sa soirée dans leur propriété.

Le smoking sur mesure d'Henri, issu des ateliers d'un grand couturier, soulignait sa carrure athlétique. Son beau visage viril aurait été tout à fait à sa place sur la couverture d'un magazine de mode. L'attirance qu'elle ressentait pour lui n'avait en rien diminué, mais, au cours de ces trois dernières années, depuis qu'ils s'étaient enfuis ensemble pour se marier sans en aviser qui que ce soit, leurs rapports étaient devenus beaucoup plus compliqués. Même si l'idée d'avoir manqué un somptueux mariage ne la dérangeait pas du tout, elle ne pouvait s'empêcher de se demander si leur vie aurait été différente s'ils avaient attendu un peu, s'ils avaient pris le temps de mieux se connaître avant que les tensions ne commencent à s'accumuler.

Et maintenant elle ne le saurait jamais.

Henri dépassa le voiturier sans ralentir, et choisit de mettre lui-même la Maserati à l'abri dans le vaste garage de la maison familiale. La porte d'acier coulissa sans bruit, révélant un Range Rover noir et une Ferrari garés face à l'entrée, ainsi que plusieurs motos et un quad. Les bateaux et les Jet-Skis étaient rangés dans un hangar au bord du lac. Les Reynaud adoraient leurs jouets. Ils vivaient intensément, et aimaient sans aucune limite.

Perdre Henri avait laissé un trou béant dans sa vie. Et perdre cette famille serait un autre crève-cœur.

Henri recula dans un espace libre et coupa le contact, et la porte du garage se referma automatiquement. Elle allait ouvrir la portière quand la voix d'Henri l'arrêta.

— Fiona ? dit-il d'un ton hésitant. Je te remercie de bien vouloir jouer la comédie du couple heureux en public. Je sais que les choses n'ont pas été faciles entre nous.

— Ce gala de bienfaisance est très important pour moi.

— Je le sais, répondit-il, les lèvres serrées.

Comment pouvaient-ils être aussi certains que leur mariage avait sombré, et avoir gardé le pouvoir de se faire souffrir l'un l'autre avec un simple mot malheureux ?

— Tes relations ont rendu cet événement possible, et je t'en remercie, murmura-t-elle.

— Tu sais organiser des soirées brillantes, et te faire apprécier d'un milieu que l'on n'impressionne pas facilement.

— J'ai une dette envers Adélaïde pour l'aide qu'elle m'a apportée aujourd'hui.

— Après que ta voiture est tombée en panne.

Pouvait-elle lui dire la vérité ? Non, sa décision était prise. Elle ne voulait pas qu'il reste avec elle uniquement à cause de son problème de santé. Elle acquiesça alors d'un hochement de tête, presque honteuse d'avoir eu à mentir.

— Tu es très belle, ce soir, murmura-t-il d'une voix douce, enroulant une longue boucle de ses cheveux sombres autour de son doigt. Absolument éblouissante.

— Merci.

— Y a-t-il la moindre chance que tu puisses avoir envie de faire l'amour avec moi, même durant une période limitée ?

Le rouge lui monta aux joues et elle sentit son cœur s'affoler. C'était une offre merveilleusement tentante. Contemplant les larges épaules de son mari, elle frissonna de plaisir sous la caresse de sa main. Mais elle n'y céderait pas.

— Nous devrions entrer dans la maison, éluda-t-elle.

Les yeux d'Henri, de la couleur d'un riche moka, s'attardèrent un instant sur sa bouche, provoquant une sensation aussi intense qu'un baiser, allumant un incendie au creux de son ventre.

— Oui, bien sûr, répondit-il enfin. Souviens-toi seulement que mon offre tient toujours.

Il lui adressa un clin d'œil coquin avant de se glisser hors de la voiture et d'en faire le tour pour lui ouvrir la portière, avec la rapidité et la grâce qui avaient fait sa réputation sur le terrain de football. Elle sentait encore sa peau picoter à l'idée de faire à nouveau l'amour avec lui. Une incroyable alchimie existait entre eux : au lit, ils avaient toujours eu une entente fabuleuse.

La chirurgie qu'elle avait subie avait-elle changé tout cela ? C'était un risque qu'elle n'avait jamais osé prendre.

Cette seule pensée fit revenir sa nervosité au galop. Mais, l'instant suivant, ses escarpins Jimmy Choo cliquetaient jusqu'à la porte latérale du garage, puis sur un sol de marbre. Elle était prête à affronter la soirée, malgré le trouble qu'elle ressentait. Une foule compacte se pressait dans la grande pièce, et la musique d'un piano résonnait sur les hauts plafonds, se mêlant au brouhaha des conversations. La fête battait déjà son plein.

A une autre époque de sa vie, elle n'avait vécu que pour ces soirées. Mais, à cet instant précis, elle n'avait qu'une envie : courir se réfugier sur le palier du premier étage, où elle savait pouvoir trouver un petit sofa dans un recoin à l'écart de la foule, destiné aux invités désirant bavarder tranquillement sans avoir à crier pour se faire entendre.

Marchant au bras d'Henri, elle se glissa automatiquement dans son personnage mondain, souriant aux invités et répondant à leurs salutations. Henri et elle avaient souvent joué à ce jeu, et ils le faisaient de façon très convaincante. Elle devait reconnaître que le regard de son mari ne déviait jamais, même lorsque les femmes le lorgnaient sans honte. Il était un homme d'honneur. Les infidélités constantes de son père avaient laissé leur marque sur lui. Henri lui avait déclaré qu'il ne la tromperait jamais, et elle le croyait, même si l'amour avait déserté leur mariage.

Non, décida-t-elle. Elle ne pouvait pas se permettre de s'aventurer sur ce terrain-là. De penser à la fin de leur amour. A la fin de leur couple. Tout du moins, pas en public. Trop de gens comptaient sur elle. Bien sûr, l'organisation de cette soirée lui avait servi de distraction, l'avait aidée à ne plus penser constamment au fossé toujours plus profond qui les séparait, Henri et elle. Mais l'événement devait tout de même être géré avec sérieux.

Il était temps de vérifier si son travail d'organisation avait été à la hauteur. Elle s'excusa et entreprit d'arpenter la salle, s'assurant que les longues tables où les associations de défense des animaux exposaient leurs objets à vendre, principalement des bijoux de créateurs, inspirés du monde animal, étaient correctement disposées. Une foule d'invités était attroupée devant le buffet, garnissant leurs assiettes de beignets au crabe et de brochettes de poulet.

Bien, tout était en ordre. Satisfaite, elle s'aventura plus loin, dans un espace plus informel et plus familial doté d'un bar, avec de grandes fenêtres vénitiennes ouvertes sur la piscine et sur les jardins.

L'équipe du traiteur qu'elle avait engagé était extrêmement efficace, et, sous la supervision d'Adélaïde, n'avait négligé aucun détail. Esquissant un sourire, elle jeta un coup d'œil à l'extérieur, où une somptueuse niche à chien, réplique en miniature de la demeure des Reynaud, avait été décorée de guirlandes lumineuses qui clignotaient dans la pénombre près du bord de la grande piscine. Après ce soir, elle serait offerte au refuge pour animaux, mais, pour le moment, elle illuminait joyeusement les jardins, et quatre des chiens pensionnaires du refuge, qui déambulaient au bord de la piscine, ravis de toute l'attention qu'ils recevaient de la part des invités.

Une partie de la foule s'était dispersée dans les jardins, et elle entendait des rires et des bribes de conversation portés par la brise. Un petit Jack Russell était confortablement installé sur les genoux d'une dame, et un chien blanc à longs poils dormait profondément sous la chaise d'une jeune fille charmante. Les pensionnaires du refuge se faisaient des amis au portefeuille bien garni.

Apparemment, tout allait bien. Mais, bien sûr, elle était bien placée pour connaître la différence entre les apparences et la réalité.

A cette idée, elle se sentit envahie d'un sentiment de tristesse. Elle se procura un verre d'eau fraîche au petit bar extérieur, et poursuivit son chemin, tandis qu'Henri était allé rejoindre ses frères.

Rester en mouvement lui faisait du bien. C'était une nécessité. Plus elle resterait occupée, et moins elle sentirait la brûlure de son amour meurtri.

Et on aurait dit que le monde entier savait qu'elle avait besoin d'une distraction. Sur le bord du grand solarium de bois de la piscine, elle venait d'apercevoir deux de ses joueurs favoris de l'équipe des Hurricanes : le receveur éloigné, Wade, alias « Joker », et Freddy, que ses exploits sur le terrain avaient fait surnommer « Locomotive ». Non seulement ces deux hommes contribuaient très généreusement aux causes qu'elle défendait, mais, mieux encore, ils la faisaient toujours rire.

Ce soir ne ferait pas exception. Locomotive portait un complet noir, mais sa cravate était décorée de dalmatiens vus de dos, et la boucle d'argent de sa ceinture avait la forme d'une empreinte de patte de chien.

Joker et lui posaient à cet instant pour des photos avec deux chiens pensionnaires du refuge. Leur énergie était contagieuse.

La branche texane du clan Reynaud au grand complet se tenait juste devant eux. Dès qu'on avait besoin d'eux pour un gala de bienfaisance ou pour une urgence quelconque, ils oubliaient aussitôt leurs relations compliquées, et quelquefois conflictuelles, et accouraient pour apporter leur aide. Deux des cousins du Texas bavardaient à cet instant même avec un sénateur de Louisiane, un verre de vin à la main.

Tous étaient d'ardents supporters de leur cousin, le quarterback des Hurricanes, et ils étaient venus en nombre pour marquer leur soutien à la nouvelle cause qu'elle défendait. Ce sentiment d'appartenir à une famille allait terriblement lui manquer.

De discrets éclairages dans les jardins illuminaient les massifs et les statues, créant une atmosphère féerique. Poursuivant sa tournée d'inspection, elle entra dans la cuisine, et c'est là qu'elle trouva les frères Reynaud, confortablement installés devant les flammes de la cheminée.

L'une des choses qu'elle trouvait les plus cocasses, chez eux, c'étaient les postures qu'ils se croyaient obligés d'adopter, lorsqu'ils étaient ensemble. Ils s'adoraient, elle n'en doutait pas une seconde, mais ces frères étaient des hommes très motivés, et la compétition était dans leurs gènes.

Ils étaient tous très grands, avec une carrure athlétique, des yeux sombres et des cheveux plus sombres encore, épais et très fournis. Mais, si Gervais, Henri et Jean-Pierre étaient des fils légitimes, Dempsey, lui, était né d'une aventure extraconjugale de leur père. La fratrie avait hérité la couleur de cheveux de leur mère, mais ils tenaient leur carrure et leur force de leur père.

Assis en demi-cercle, le clan Reynaud formait un groupe très élégant. Gervais, le plus raffiné d'entre eux, était très à l'aise dans son rôle d'aîné, de chef de la bande. Erika, sa fiancée, princesse d'un pays d'Europe du Nord, l'écoutait attentivement parler, sa main posée sur son avant-bras. Les flammes de la cheminée faisaient scintiller ses boucles d'oreilles d'argent et le somptueux diamant coussin qui ornait sa bague de fiançailles. En la voyant si douce, personne n'aurait pu soupçonner qu'elle avait été officier dans les forces armées de son pays, mais son maintien indiquait clairement ses nobles origines.

Dempsey, arborant son éternel insigne des Hurricanes au revers de son smoking, se tenait juste à la gauche de Gervais avec l'adorable Adélaïde.

A les voir tous ensemble, elle ressentit un pincement au cœur. Dire que, bientôt, elle ne ferait plus partie de cette famille… Mais elle devait regarder vers l'avenir avec confiance : elle s'en sortirait.

Jusqu'ici, elle avait eu beaucoup de chance, malgré tout. Elle n'était pas obligée de travailler et pouvait avoir un impact positif dans le monde avec ses œuvres de bienfaisance. De plus, être libre de son temps lui avait permis aussi de beaucoup voyager avec son mari. Durant les déplacements de l'équipe, elle organisait des sorties pour les autres membres de la famille qui accompagnaient les Hurricanes. Lorsque les joueurs et leur famille étaient heureux, l'équipe restait concentrée.

Elle jeta un regard circulaire à la foule compacte qui se pressait dans la maison, et décida que la soirée était un franc succès. Aux yeux du monde entier, elle devait avoir l'air de vivre une vie heureuse et bien remplie.

Sauf qu'elle n'osait plus faire l'amour avec son mari. La mastectomie qu'elle avait subie était une sage décision, elle le savait. Elle s'était fait conseiller avant et après l'opération. Et son mari lui avait manifesté un soutien sans faille.

Et pourtant la distance qui les séparait n'avait cessé de grandir au cours de ces derniers mois, soulignant le fait qu'ils se connaissaient vraiment très peu. Ils s'étaient mariés très vite, grisés par leur désir, parce qu'ils s'entendaient merveilleusement bien au lit, parce qu'ils partageaient un amour commun des arts. Et parce que la perspective de sa grossesse avait fait hâter la date du mariage.

Aujourd'hui, cette griserie des premiers jours s'était évaporée, et ils ne pouvaient même plus compter sur le sexe pour les aider à traverser cette passe difficile. La passion commune pour l'art n'était pas une base suffisante pour une relation. Leur mariage battait de l'aile, et elle devait se rappeler combien il serait dangereux de baisser sa garde en présence d'un homme qui avait tant fait pour continuer à veiller sur elle malgré sa décision.

Et aujourd'hui, alors que la menace d'un cancer planait au-dessus de sa tête, elle ne supportait pas l'idée qu'il ne reste avec elle que par pure générosité.

Henri n'était pas vraiment d'humeur à faire la fête, malgré toutes les tentatives de ses frères, qui le chahutaient et qui se moquaient de sa dernière passe manquée. Et ses cousins du Texas n'étaient pas en reste.

Au lieu de répondre à leurs quolibets, il pensait au divorce que son épouse exigeait avec tant d'insistance.

Il sentait bien que l'amour avait déserté leur mariage, mais il avait souvent entendu dire que les mariages avaient tous des hauts et des bas. Il n'était pas homme à baisser les bras. Et, surtout, il brûlait encore de désir pour elle.

Il tourna les yeux vers un groupe d'invités rassemblés autour de la piscine, et il finit par reconnaître son épouse parmi eux. Les longues boucles de sa chevelure, sa silhouette mince et souple attiraient irrésistiblement son regard, et il se rappela la sensation de son dos sous ses doigts lorsqu'il avait remonté la fermeture à glissière de sa robe. Il la vit sourire à son interlocuteur, un homme qui tournait le dos au reste de la foule, qui la salua d'un hochement de tête lorsqu'elle s'éloigna. Lorsque l'individu se retourna, Henri cessa de respirer. Il connaissait très bien cet homme. Le Dr Carlson était un associé du cabinet médical où Fiona avait passé ses premières consultations, avant d'être orientée vers un chirurgien pour son opération.

Une vague d'angoisse déferla sur lui, et, abandonnant précipitamment ses frères et ses cousins, il se hâta à la rencontre de son épouse.

— Henri…

— Un moment, coupa-t-il en la prenant par le bras pour l'entraîner vers la rive du lac Pontchartrain. Eloignons-nous un peu pour éviter les oreilles indiscrètes.

Dans la distance, on apercevait les lumières de quelques yachts. Le long de la rive, des couples se promenaient main dans la main. Il ouvrit la porte du hangar à bateaux et l'entraîna à l'intérieur. Le clair de lune entrait à flots par les fenêtres, éclairant le visage de Fiona, partagé entre confusion et frustration. Il prit une profonde inspiration, et une fragrance de cannelle flotta jusqu'à ses narines. La peau de Fiona… Il avait acheté ce parfum pour elle lors d'un voyage en France, avant que toutes leurs difficultés ne soient devenues insurmontables.

— Cela suffit, Henri, le tança-t-elle. Vas-tu enfin me dire ce que nous faisons là, s'il te plaît ?

— Tout va bien ?

— Que veux-tu dire ?

— Je t'ai vue en train de parler avec le Dr Carlson, dit-il, plongeant son regard tout au fond de ses yeux d'ambre, s'efforçant de lire en elle.

Il surprit une lueur étrange dans ses yeux. Quelque chose qui ressemblait fort à de la peur. Mais, presque aussitôt, elle détourna la tête, ses longs cils lui dissimulant leur expression.

Elle fixa le sol un instant, avant de répondre :

— Nous discutions d'un gala de bienfaisance destiné à récolter des fonds pour la nouvelle aile d'oncologie pédiatrique de l'hôpital. Ils ont besoin de quelqu'un pour l'organiser.

C'était une explication plausible, bien sûr. Mais pourquoi détournait-elle les yeux ?

— Es-tu certaine que cela soit tout ?

— Oui.

Elle avait hésité une seconde trop longtemps, et son inquiétude se transforma en une vague de terreur.

— Est-ce un problème… physique ? s'enquit-il d'une voix tendue. Tu sais que je suis toujours là pour toi. S'il s'est passé quelque chose, tu peux m'en parler.

Elle serra très fort les paupières, secouant la tête, et il vit une grosse larme rouler sur sa joue.

— Oh ! mon Dieu, Fiona ! murmura-t-il, tendant une main tremblante pour l'essuyer. Est-ce… ? As-tu… ?

— Inutile de t'inquiéter pour moi, coupa-t-elle, posant doucement ses doigts sur ses lèvres. Je vais bien. Je te remercie, mais tu n'as pas besoin de te sentir obligé de…

— Obligé ? Tu es ma femme !

— Je t'en prie, Henri. Tu es un homme bien. Je n'en ai jamais douté. Nous vivons des jours chargés d'émotion, tous les deux. Ne rendons pas la situation pire encore en nous disputant, s'il te plaît. Retournons rejoindre les invités, d'accord ?

— D'abord, dis-moi ce que tu me caches, insista-t-il.

— Comme je te l'ai déjà dit, le Dr Carlson m'a… invitée à boire un verre. Pour… heu… discuter du gala de bienfaisance.

— Il t'a invitée à boire un verre avec lui ? répéta-t-il, soudain furieux. Il t'a proposé un rendez-vous ?

— Le prétexte était sa campagne de collecte de fonds pour l'hôpital, répondit-elle en rougissant. Mais, oui, il avait visiblement en tête une soirée à deux.

Il fit un effort surhumain pour rester calme. Il devait absolument arriver au bout de cette conversation.

— Et que lui as-tu répondu ?

— Je lui ai rappelé que j'étais encore mariée, bien sûr, assura-t-elle, ses yeux lançant des éclairs.

— Tu portes encore mon alliance, mais, à l'évidence, cela ne représentait pas un obstacle à ses yeux.

— Non, reconnut-elle. Cela ne le gênait pas du tout.

Il pivota sur les talons, prêt à retourner dans la salle, retrouver ce type et le jeter au fond de la piscine, mais elle plaça une main sur son bras.

— Arrête, Henri. Il avait entendu dire que nous nous séparions. Il a cru que j'étais libre.

— Comment aurait-il pu entendre raconter une chose pareille ? s'enquit-il, sentant revenir son inquiétude. T'es-tu rendue au cabinet médical où il est associé ?

— Tu sembles oublier que son frère est notre avocat, observa-t-elle, la gorge serrée.

— Plus maintenant.

— A vrai dire, je pensais exactement la même chose, remarqua-t-elle en évitant son regard. Chacun de nous devrait engager son propre avocat.

Il fronça les sourcils. Cette conversation ne se déroulait pas du tout comme il l'avait espéré. Il n'avait qu'une envie, et c'était de la serrer dans ses bras. Ici. Tout de suite. Qu'importaient le passé et l'avenir ? Au diable la jalousie, les discussions inutiles. Il la désirait, et rien d'autre ne comptait.

— Ce n'est ni l'heure ni l'endroit pour parler d'avocats, dit-il en prenant son visage entre ses mains, se rapprochant de son corps souple et tiède. Profite plutôt de cette soirée et de ton succès. Tu as collecté suffisamment d'argent, ce soir, pour commencer la construction du refuge pour animaux. Allons célébrer ta réussite.

Il la sentit s'abandonner, se laisser aller contre lui un instant, comme s'ils étaient tous deux prisonniers du même désir fou, et, lorsque leurs regards se rencontrèrent, il fut certain d'y lire une passion aussi brûlante que la sienne. Le lien entre eux était toujours là. Ses lèvres entrouvertes paraissaient appeler ses baisers.

Puis elle s'écarta brusquement de lui et saisit la poignée de la porte.

— Célébrer ? répéta-t-elle en secouant tristement la tête. Je ne crois pas que ce soit possible. Il y a trop d'incertitudes dans ma vie pour penser à autre chose qu'à la remettre en ordre.

Et, laissant derrière elle un troublant sillage de parfum, elle sortit du hangar à bateaux et s'éloigna presque en courant le long du ponton de bois pour rejoindre les autres invités. La force de sa réaction l'abasourdit. Quelle partie de son discours avait-il manquée ? Hélas, son brusque départ venait de fermer la porte à toute explication.

Elle ne pouvait pas retourner rejoindre ses invités. Pas avec ses émotions dans un tel tumulte. Elle ne s'était pas attendue à ce que sa brève conversation avec Tom Carlson mène à une confrontation avec son mari. Mais, c'était vrai, Tom l'avait croisée au cabinet médical, plus tôt ce jour-là… et il l'avait invitée à prendre un verre avec lui. Elle l'avait sèchement remis à sa place. Même si elle n'avait pas été mariée, elle n'était pas du tout dans un état d'esprit à envisager une relation.

Sa vie devenait trop compliquée. Elle aurait tout donné pour revenir à des jours plus simples.

La sérénité.

La famille.

Alors, elle fila tout droit jusqu'au buffet, garnit une assiette avec les quelques mets que les invités n'avaient pas encore dévorés, et, la posant sur un plateau avec deux grands verres de thé à la menthe glacé, elle monta au premier étage, où se trouvait la suite de grand-père Léon. Sa maladie d'Alzheimer avait progressé au point qu'il avait désormais besoin d'une infirmière jour et nuit pour le surveiller. Son infirmière de nuit, une petite femme brune d'une trentaine d'années à l'expression bienveillante, était assise dans le salon attenant à la chambre du vieil homme, et elle leva les yeux de son smartphone en l'entendant entrer.

— Bonsoir, madame Reynaud. Monsieur Léon est sur le balcon. Il contemple les étoiles au-dessus du lac.

Le balcon avait été transformé en véranda vitrée afin de pouvoir y contrôler la température toute l'année, et de permettre au grand-père de sortir en toute sécurité, sans risquer qu'il fasse une chute. Ou qu'il essaie d'enjamber la balustrade pour descendre dans le jardin comme il l'avait fait un certain soir.

— Merci, répondit-elle. N'hésitez pas à descendre vous mêler aux invités et profiter de la soirée pendant que je tiens compagnie à grand-père, si cela vous tente.

— C'est une merveilleuse idée, merci. Je crois que je vais aller grignoter un petit en-cas. Je serai de retour dans une demi-heure, si vous le permettez.

— Absolument. Prenez tout votre temps.

Elle adorait grand-père Léon, et elle était heureuse de pouvoir passer un peu de temps avec lui. Sa maladie s'aggravait de jour en jour, et elle, elle aurait bientôt quitté cette maison, pour toujours. Le cœur serré, elle sortit sur le balcon vitré.

— Grand-père Léon ? l'appela-t-elle, posant son plateau sur la table de fer forgé. Je vous ai apporté un bon petit snack.

Le vieil homme se retourna. Sa crinière de cheveux gris devenait chaque jour plus blanche, comme si chaque souvenir effacé lui volait un peu plus de sa jeunesse, en même temps que la couleur de ses cheveux, autrefois si noirs.

— Ils n'aiment plus que j'assiste à leurs soirées. Je crois qu'ils ont peur de ce que je pourrais raconter.

— Tout le monde adore votre compagnie. Je suis désolée que vous imaginiez une chose pareille.

Elle s'abstint de lui expliquer que la famille désirait surtout lui éviter le ridicule.

— Ce n'est pas votre faute si ma mémoire me trahit.

Il piqua une langoustine frite au bout de sa fourchette, avant de relever les yeux vers elle, et d'ajouter d'un ton ravi :

— Voilà de l'excellente nourriture pour une soirée de gala. Une nourriture solide. Pas comme ces prétentieux petits canapés qu'on sert habituellement.

— Il y en avait aussi. Mais je connais très bien vos préférences.

— Et j'apprécie beaucoup cette attention. Mes goûts sont le seul domaine où je ne perds pas la mémoire. Mais j'imagine que vous le saviez déjà. Vous avez toujours été une jeune femme très perceptive. Vous allez me manquer.

Elle se figea. Que savait-il ? Il était impossible qu'il ait deviné qu'ils allaient divorcer.

— Grand-père Léon, je ne suis pas sûr de vous comprendre.

— Lorsque ma maladie prend le dessus, malgré le brouillard qui envahit mon esprit, j'éprouve ce sentiment de perte, répondit-il en se tapotant la tempe. Je le sens, là. Des personnes qui devraient faire partie de ma vie. Mais je ne me souviens jamais de qui j'ai perdu.

Incapable de trouver une réponse appropriée, elle posa sa main sur celle du vieil homme et la serra doucement.

— Moi, je vous aime beaucoup. Et je ne vous oublierai jamais.

— Et moi non plus, ma chère sœur.

Elle refoula une larme. Le fait qu'il la confonde quelquefois avec quelqu'un d'autre n'aurait pas dû la surprendre. Et cependant…

Elle se leva et se dirigea vers la porte, se retournant une dernière fois sur le seuil pour contempler l'homme qui ne serait bientôt plus son grand-père.

— Voulez-vous que je vous rapporte autre chose ? proposa-t-elle.

— Autre chose ? répéta-t-il en fixant son assiette vide, une expression de confusion dans ses yeux bruns. Qu'est-ce que le chef nous avait préparé pour dîner ? Je ne m'en souviens plus.

— Le menu de ce soir incluait votre plat favori.

— Oui, bien sûr. J'en voudrais encore. Et aussi un bon dessert. De la tarte avec de la crème glacée.

— Je vous l'apporte tout de suite.

Se souviendrait-il seulement de ce qu'il lui avait demandé lorsqu'elle reviendrait ? Quoi qu'il en soit, elle allait lui rapporter tout ce qu'il souhaitait, et savourer les derniers moments où elle ferait encore partie de cette merveilleuse famille.

Serait-elle encore autorisée à lui rendre visite dans cette maison lorsque les Reynaud apprendraient la nouvelle de leur divorce ? Serait-elle encore capable de revenir ici sans perdre la raison ? La douleur serait… immense. Surtout au début.

Et plus tard ? Il était au-dessus de ses forces de réfléchir à l'avenir. Elle avait trop peur pour penser en termes d'années. Il n'y avait peut-être aucun futur pour elle.

- 3 -

Henri avait toujours faim — c'était le sort de tous les athlètes. Il était 3 heures du matin lorsqu'il ouvrit son réfrigérateur géant, mais il n'était pas question d'attendre le lever du jour. Le buffet, au gala, était succulent, mais léger, et son système réclamait du carburant. Durant la saison, il soumettait son corps à la torture, et les enjeux étaient énormes. Il sortit un carton d'œufs, qu'il posa sur l'îlot central de granit noir, et s'arrêta un instant, se remémorant la soirée de gala.

Pour un observateur extérieur, l'événement avait été un succès total. Les fonds récoltés étaient plus que suffisants pour lancer le projet du refuge pour animaux. Les objectifs de Fiona avaient été largement atteints, et il était immensément fier d'elle. Leurs relations étaient certes difficiles en ce moment, n'empêche, il admirait son esprit indomptable. Il avait presque dû la traîner de force hors de la salle où avait eu lieu le gala alors que les équipes de nettoyage commençaient à arriver. Elle avait tenu à s'assurer que tout était parfait, et que le personnel d'entretien n'aurait pas trop de travail.

Mais, bien sûr, sitôt qu'ils étaient rentrés à la maison, elle avait fui sa compagnie pour monter se réfugier dans sa chambre. C'était devenu la norme, depuis quelque temps.

Il cassa deux œufs dans une poêle, et les fit frire pour faire le plein de protéines. Il aimait beaucoup faire la cuisine, et il adorait préparer des repas sains et savoureux pour Fiona et pour lui-même. C'était la raison pour laquelle ils avaient investi tant de temps et d'argent dans la construction de cette magnifique cuisine. C'était un espace où ils s'étaient sentis bien ensemble.

Poussant un soupir, il transféra les œufs frits sur une assiette, et, ouvrant un tiroir pour en sortir une fourchette, il emporta le tout jusqu'à la longue table de la salle à manger. Ils avaient acheté ce nid d'amour ensemble, mais, s'ils se séparaient, il se retrouverait à la rue, et devrait retourner s'installer dans l'une des maisons du domaine familial. Il adorait sa famille, mais, aujourd'hui, c'était ici, en plein cœur de La Nouvelle-Orléans, qu'il se sentait chez lui.

L'idée de devoir partir lui serrait le cœur. Tout à coup, il lui était trop pénible de rester assis à cette table. *Leur table*. Repoussant l'assiette qu'il avait à peine touchée, il se leva et alla se planter devant la grande fenêtre. La Nouvelle-Orléans était une ville de contrastes frappants, de bâtiments historiques voisinant avec des buildings ultramodernes, un creuset où se mélangeaient les mondes et les cultures. Dans le ciel de cette fin de nuit, la lune était à peine visible entre les gros nuages qui cachaient les étoiles. Il avait toujours adoré le côté mélancolique de cette ville, si différente du Texas où il avait grandi. Elle était en harmonie avec sa personnalité, son tempérament. Et, lorsqu'il avait rencontré Fiona, il avait cru que sa vie avait enfin atteint la plénitude. Une épouse parfaite. Une carrière de rêve. De la musique de jazz capable de réveiller les morts, et de toucher l'âme d'un homme.

Ses frères se moquaient de lui lorsqu'il tenait de pareils discours, et ils l'accusaient de sensiblerie, mais Fiona avait compris cette facette de son caractère, son amour de l'art et de la musique. Elle l'avait profondément blessé en lui déclarant qu'ils ne se connaissaient pas du tout, que leur relation ne reposait sur aucune base solide.

Elle minimisait ce qu'ils avaient construit ensemble, et cette idée le mettait au supplice. Et la façon dont les hommes lui tournaient autour, à la soirée de gala, n'avait rien arrangé. Comme s'ils sentaient déjà qu'un divorce se profilait à l'horizon, alors qu'ils n'en avaient soufflé mot à personne.

Il était habitué à ce que les hommes fassent la cour à son épouse. Elle était incroyablement belle, élégante, d'un chic intemporel qui attirerait l'attention sur elle toute sa vie. Seulement, cette soirée avait été différente. Il passait énormément de temps sur la route, et, généralement, elle l'accompagnait. Mais, même lorsqu'ils n'étaient pas ensemble, ils avaient toujours eu confiance l'un dans l'autre. L'idée qu'elle puisse refaire sa vie avec quelqu'un d'autre lui déchirait le cœur. Il ne se considérait pas comme un type jaloux, mais il n'était pas du tout prêt à baisser les bras et à la regarder tranquillement filer le parfait amour avec un autre homme. Un homme autre que lui.

Sans qu'il s'en rende compte, ses pieds s'étaient mis en marche, l'éloignant de la fenêtre, lui faisant traverser le salon. Et, soudain, il se retrouva au premier étage. Devant la chambre de Fiona.

A sa grande stupéfaction, il vit que sa porte était grande ouverte. Il s'était habitué à la voir toujours fermée lorsqu'il passait devant sa chambre, la nuit. Fiona l'avait banni.

Pourquoi cette porte était-elle restée ouverte, cette nuit ?

En tout cas, il n'allait pas manquer cette opportunité de se rapprocher d'elle. La chambre baignait dans une lumière douce qui éclairait le couloir d'une lueur dorée. Incapable de se retenir, il jeta un coup d'œil à l'intérieur.

Elle était couchée en chien de fusil sur le petit canapé au pied du lit, et portait toujours sa robe de soirée. Même avec ses longues boucles tout en désordre, elle était belle à couper le souffle. Il crut tout d'abord qu'elle était endormie, puis il se rendit compte de son erreur.

Fiona pleurait.

Son instinct protecteur se réveilla d'un seul coup. Elle s'était montrée tellement posée, tellement froide, ces jours derniers, que ce débordement d'émotion le bouleversa. Il ne voulait pas la voir ainsi. *Jamais*. Que pouvait-il faire face à son chagrin ? Il se sentait désarmé, et c'était un sentiment qu'il n'avait jamais très bien supporté.

Cette scène lui en rappelait une autre. Un jour, lorsqu'il était beaucoup plus jeune, il était entré dans la chambre de sa mère et l'avait trouvée en train de sangloter. Les larmes qui ruisselaient sur son visage toujours si soigné avaient fait couler son mascara. Il ne l'avait compris que des années plus tard : elle pleurait la fin de sa carrière de modèle. Et à cause des infidélités de son père. Elle était effondrée, et il n'avait rien pu faire, sauf la regarder de loin.

Bien sûr, elle n'avait jamais été une mère très aimante, ni très impliquée dans la vie de ses enfants. Mais elle était sa maman, et il aurait tout fait pour pouvoir la consoler.

Et, à cet instant précis, il ressentait la même impuissance face au chagrin de Fiona.

— Fiona ? murmura-t-il en faisant quelques pas prudents à l'intérieur.

Il la vit sursauter, et elle se redressa brusquement, essuyant ses larmes d'un revers de poignet qui étala son mascara sur sa joue.

— Henri, je n'ai pas besoin que tu m'aides à remonter ma fermeture à glissière.

— Je me dirigeais vers ma chambre lorsque je t'ai entendue. Tout va bien ?

— Non, tout ne va pas bien, répondit-elle d'une voix tremblante, reposant ses pieds nus sur le tapis persan qu'ils avaient choisi ensemble, à une vente aux enchères.

Il y avait quelque chose de différent chez elle, aujourd'hui. Une vulnérabilité, comme si elle avait laissé tomber ses défenses, qu'il ne lui avait pas vue depuis presque une année. Et cela signifiait peut-être qu'il était encore possible de sauver quelque chose, entre eux.

Pour la première fois depuis très longtemps, ils se parlaient, et il n'entendait pas manquer cette occasion en essayant de comprendre ce qui pouvait l'avoir motivée. Il ignorait vers quel avenir se dirigeait leur couple, mais il n'était pas question de renoncer à ce qu'ils avaient sans se battre.

— Il est de plus en plus difficile de nous montrer ensemble devant les gens et de faire semblant. Je le comprends parfaitement. C'est pour cela que tu pleures, n'est-ce pas ?

— Bien sûr.

Quelque chose clochait. Elle avait répondu un peu trop vite.

— Pourquoi ai-je du mal à te croire ? Autrefois, nous nous faisions confiance.

— Il était facile de nous faire mutuellement confiance lorsque nous ne nous connaissions pas très bien, lorsque nous menions une existence superficielle.

Comment pouvait-elle dire des choses pareilles ? Ces mots coulaient de sa bouche comme une réplique de théâtre, un texte appris par cœur.

Il alla s'adosser au manteau de marbre de la cheminée et croisa les bras. Sa patience avait des limites.

— Tu vas devoir m'expliquer cela, parce que j'ignore encore totalement à quel instant nous nous sommes fourvoyés.

— Nous avons oublié de parler des choses importantes, répondit-elle en soupirant. Si nous avions pu avoir des enfants, tout aurait été différent. Maintenant, il n'y a plus rien qui nous reste. Même pas le sexe.

— Le sexe n'était-il pour toi que le moyen de concevoir des enfants ? Est-ce pour cette raison que tu t'es détournée de moi après ta mastectomie et ton hystérectomie ?

Suite aux tests génétiques qu'elle avait subis, le médecin avait recommandé l'une et l'autre. Quand il avait appris qu'ils n'auraient jamais d'enfants, il en avait ressenti une peine infinie et il n'avait pas pu dissimuler sa tristesse. Mais la seule priorité, pour lui, avait été que sa femme reste en vie. L'ignorait-elle encore ?

— Tu sais que je serai toujours là pour toi, quoi qu'il advienne, poursuivit-il d'une voix douce. Je n'ai pas l'intention de t'abandonner au moment où tu as le plus besoin de moi.

— Nous avons déjà débattu de ce sujet. Sans enfants, nous n'avons rien qui nous retienne ensemble.

Rien ? Et la passion qu'ils avaient l'un pour l'autre, leurs goûts communs ? La vie qu'ils partageaient ? Comment pouvait-elle balayer tout cela d'un revers de main ?

Il inspira profondément.

— Et tu refuses toujours l'idée d'une adoption ?

Il ne comprenait pas ce blocage, d'autant moins que le père de Fiona avait été lui-même adopté. Mais elle avait refusé catégoriquement lorsqu'il avait fait cette suggestion.

— Ce que je refuse, c'est qu'un homme reste avec moi uniquement pour les enfants, ou par simple charité, parce qu'il pense que je vais mourir, rétorqua-t-elle en se levant d'un bond, une expression glacée sur son visage. Pourrions-nous mettre un terme à cette conversation, s'il te plaît ?

Etait-ce ce qu'elle croyait ? Qu'il restait avec elle uniquement parce qu'elle était génétiquement prédisposée au cancer ? Avant cela, ils avaient déjà évoqué l'idée d'un divorce, mais seulement en passant. Ce n'était qu'après ses opérations qu'elle avait défendu bec et ongles l'idée qu'ils devaient se séparer.

Naturellement, il n'aurait jamais abandonné une femme confrontée à la possibilité d'une maladie mortelle, mais leur relation était bien plus que cela. Quittant l'appui de la cheminée, il s'approcha pour se planter juste devant elle.

— Tu te plaignais que nous ne parlions pas suffisamment, toi et moi, dit-il en posant ses mains sur ses épaules. Alors, allons-y. Dis-moi tout.

Il avait besoin qu'elle lui parle, pour l'aider à comprendre leur situation.

Et parce que, même à cet instant, avec son mascara qui avait coulé et ses cheveux décoiffés, elle était incroyablement belle. La chaleur de sa peau sous ses mains était une sensation à la fois familière et enivrante.

Il la désirait toujours. Cancer ou pas. Cicatrices ou pas. Avec ou sans enfants. Ses mains restaient sagement sur ses épaules, mais il brûlait de les laisser explorer tout son corps. De la porter sur le lit.

Leur lit, avant qu'elle ne décide de l'exclure de leur chambre, après son opération, prétextant qu'elle souffrait encore trop pour prendre le risque d'être heurtée pendant son sommeil. Puis, le temps avait passé et, sans qu'il sache vraiment comment c'était arrivé, cet arrangement était devenu définitif. Il ignorait combien de temps s'était écoulé ainsi, mais, jour après jour, il s'était installé dans la crainte de dire ou de faire ce qu'il ne fallait pas à un moment où elle était si fragile. Il avait accepté son besoin d'espace, jusqu'à ce qu'un beau jour leur avocat commence à préparer les documents de leur divorce.

Il n'avait que trop attendu. Il était un homme d'action.

Mais, après un instant d'hésitation, elle recula.

— Le fait de discuter maintenant ne changera rien à la nécessité de notre divorce, tu dois le comprendre.

— Alors, parlons, l'encouragea-t-il. De cette façon, peut-être pourrons-nous au moins nous séparer bons amis.

Il n'avait aucune intention de se séparer d'elle, bien sûr. Mais, tant qu'il pourrait continuer à la faire parler, ils seraient toujours ensemble. Elle ne lui fermerait pas la porte au nez. Elle sembla y réfléchir un instant, avant de répondre :

— Toi d'abord.

Il se laissa tomber sur le petit canapé au pied du lit et lui tendit sa main. Elle résista un instant, puis elle capitula et s'approcha pour s'asseoir à côté de lui. Mais, à la dernière seconde, il changea vivement de position, et elle atterrit sur ses genoux.

— Tu triches !

— Alors, qu'attends-tu pour bouger ?

Il lut l'indécision sur son visage, puis une lueur qu'il connaissait bien brilla dans ses yeux. Une hardiesse qui n'appartenait qu'à elle. Elle ondula brièvement des hanches contre lui, déclenchant une réaction immédiate dans son entrejambe.

— Maintenant, c'est *toi* qui triches.

— Je croyais que tu désirais que nous parlions.

— C'est vrai. Mais, à présent, j'ai toutes les peines du monde à me concentrer. Tu pourrais commencer par m'expliquer ce qui t'a réellement fait pleurer.

— J'ai eu une longue conversation avec ton grand-père, ce soir, dit-elle en posant sa joue contre son torse. Le voir décliner ainsi m'a rendue triste. Grand-père Léon et moi avons toujours été très proches.

— Je comprends parfaitement ce sentiment, murmura-t-il en l'attirant plus près. Moi aussi, j'ai de la peine en le voyant s'enfoncer dans sa maladie. Il me manque déjà.

A cette remarque, elle noua ses bras autour de son cou, et il leva une main pour caresser ses longues boucles brunes, avant de dénouer la petite tresse qui retenait sa coiffure. C'était *cela* qui lui avait manqué. Cette proximité. Sentir son corps tout contre le sien.

— Es-tu réellement prête à quitter cette famille ? s'enquit-il d'une voix douce. Mon grand-père, mes frères, Erika, Adélaïde ? Nous tous ?

Elle demeura blottie tout contre lui. Ses doigts délicats caressaient doucement sa nuque, faisant jaillir des éclairs d'énergie électrique tout le long de son dos. En retenant son souffle, il osa laisser glisser lentement sa main sur le tissu soyeux de sa robe. La fragrance subtile de son parfum l'enivrait comme un philtre magique, et il désirait déjà davantage.

Ni l'un ni l'autre ne parlaient plus. Dans le silence de la chambre, on n'entendait plus que le lent cliquetis des pales du ventilateur de plafond.

— Peut-être continueront-ils à m'aimer, après, dit-elle dans un souffle.

— Bien sûr, ils t'aimeront. Comment ne pas t'aimer ?

— Mais je sais que, si je restais, ma présence pourrait s'avérer embarrassante pour tout le monde, surtout pour toi, lorsque tu auras refait ta vie.

Ces paroles lui déchirèrent à nouveau le cœur. Il n'avait jamais désiré une autre femme depuis qu'il l'avait rencontrée.

Il était fou amoureux de Fiona depuis le premier instant où il avait posé les yeux sur elle.

— Tu me vois donc déjà dans une relation avec quelqu'un d'autre ? dit-il d'une voix amère.

— J'imagine que tu vas être assailli de propositions dès que le bruit courra que tu es libre.

Le visage de Fiona était à présent tout proche du sien. Sa bouche, à quelques centimètres de la sienne. Son souffle tiède caressait ses lèvres à chacun de ses mots.

— Mais je ne désire que toi.

Et il se pencha pour poser sa bouche sur la sienne et l'embrasser.

Ce fut un baiser lent, fiévreux. Retrouver le goût de ses lèvres, de sa bouche éveilla un profond besoin en lui. Chacun d'eux connaissait le corps de l'autre, et aussi ses besoins. Il savait exactement où la caresser pour qu'elle ronronne comme une chatte.

Elle lui rendit passionnément son baiser, blottie tout contre lui, ses bras noués autour de son cou. Ses doigts caressaient sa nuque, ses ongles laissaient un sillage de feu jusqu'à son épaule.

Il laissa courir ses mains sur son dos, et, lorsque ses doigts rencontrèrent la fermeture à glissière de sa robe, il se souvint de l'instant où il l'avait remontée, tout à l'heure, centimètre par centimètre. Chaque fois qu'il la touchait, il avait l'impression de prendre feu. La soie de sa robe était presque aussi douce que sa peau.

Et il s'était autrefois donné pour mission de conquérir chaque centimètre carré de sa peau merveilleuse, d'en découvrir tous les secrets.

Ses doigts avaient trouvé le chemin de ses hanches, et il la serra plus fort contre lui. A présent, l'arrondi de ses fesses fermes pressait contre son érection. Il mordilla la peau délicate derrière son oreille, puis il y posa le bout de sa langue. Elle rejeta sa tête en arrière, et ses lèvres s'entrouvrirent dans un soupir. Il traça alors un chemin de baisers sur son cou, sur le doux arrondi de son épaule. Sa main glissa sur la soie de son bustier…

Puis, aussi soudainement que tout avait commencé, elle s'écarta de lui et se leva précipitamment, lissant sa robe avec des mains tremblantes.

Que diable s'était-il passé ? Il s'efforça désespérément de remettre de l'ordre dans ses idées, mais son cerveau était encore embrumé par le désir.

— Tu devrais t'en aller, déclara-t-elle, une expression de confusion dans son regard.

Et, avant qu'il n'ait pu dire un mot, elle se précipita vers la porte et l'ouvrit en grand.

— Tu *dois* t'en aller. Je te verrai demain matin.

Alors, il comprit qu'il était inutile d'essayer de discuter avec Fiona, ce soir.

Fiona se tournait et se retournait dans son grand lit, dans un demi-sommeil agité, consciente qu'elle devait revenir au monde réel mais impuissante à s'arracher à ce cauchemar qui n'avait que trop les apparences de la réalité. C'était une torture.

Dans le brouillard de son rêve, elle poussait la porte de la maison de son enfance, traversait la cuisine et entrait dans le salon. Son père, un homme à l'allure très digne, aux cheveux poivre et sel, était assis dans un fauteuil moelleux à l'autre bout de la pièce, son journal ouvert dans les mains.

Un drame s'était produit. Elle l'entendait dans le froissement des pages du journal entre ses mains tremblantes, et elle le lut dans ses yeux lorsqu'elle rencontra son regard au-dessus des pages du *New Orleans Times*.

— Papa ? dit une voix de petite fille qui sortait de sa bouche.

Son père se contenta de secouer la tête, les lèvres serrées, comme s'il faisait des efforts surhumains pour ne pas prononcer des mots trop douloureux. Elle sentit une vague de panique lui comprimer la poitrine. Elle devait absolument retrouver sa mère.

Elle tourna les talons et déambula dans les couloirs de la grande maison à deux étages. Ouvrant toutes les portes. Cherchant sa mère. Courant après des ombres qui lui faisaient signe de les suivre, puis se volatilisaient. Encore et encore.

En arrivant devant la dernière des portes, elle était certaine qu'elle y trouverait sa mère, une femme grande et mince, l'un des piliers de la haute société locale. Une femme toujours très occupée. A tel point même que Fiona était placée dans un pensionnat durant la semaine, pour ne pas gêner ses activités mondaines.

Et, lorsqu'elle rentrait à la maison, le week-end, les heures qu'elles passaient ensemble avaient toujours été trop rares. De sa maman, elle ne conservait que quelques souvenirs fragmentaires.

Elle ouvrit cette toute dernière porte, celle qui donnait accès au jardin où sa mère avait organisé ses soirées les plus brillantes. La poignée lui glissa des mains, et le vantail d'acajou s'ouvrit si brutalement qu'il claqua contre le mur, la faisant sursauter.

Une pluie de pétales tourbillonnait au-dehors, le rose des azalées, le violet des hortensias et le blanc des grandes fleurs de magnolia, dans une spirale si dense qu'elle obscurcissait le ciel comme un ouragan. Sa maman devait être là quelque part, au-delà de cette tempête.

Alors, elle s'avança bravement dans le tourbillon de pétales de fleurs soyeux qui fouettaient sa peau, qui la blessaient, qui laissaient des cicatrices sur son corps et dans son âme.

Et, plus elle progressait, plus la douloureuse vérité pénétrait en elle par ces mille blessures. Sa maman n'était plus. L'ouragan du cancer avait emporté sa mère, sa grand-mère et sa tante, et elle était restée seule.

L'univers n'était plus qu'un vacarme où ne subsistaient qu'un tourbillon de pétales, le froissement des journaux, le cri douloureux du déni.

Quelque chose ruisselait sur ses joues. Etaient-ce des larmes ? Ou peut-être la pluie ? Elle n'aurait su le dire. Au demeurant, cela n'avait aucune importance, puisque cela n'atténuait en rien la douleur lancinante de sa perte.

Puis le jardin de la maison de son enfance se fondit dans celui de la maison qu'elle partageait avec Henri. Grand-père Léon était assis dans un fauteuil de fer forgé, sa mémoire déclinante pareille à de sombres nuages d'orage se refermant lentement autour de lui. Malgré le passage du temps, la souffrance de la perte de sa famille demeurait toujours aussi vive. La perte de trop d'êtres chers. Les enfants qu'elle ne mettrait jamais au monde. Tous ses vains efforts vers la stabilité, vers le bonheur. Un sentiment d'intense désespoir l'étreignit, et les ténèbres de ce jardin balayé par l'ouragan devinrent soudain trop oppressantes…

Elle se réveilla en sursaut, et se redressa brusquement en position assise.

Il lui fallut un moment pour recouvrer ses esprits, et se souvenir qu'elle se trouvait chez elle, dans son lit.

Ces temps derniers, son sommeil était tout sauf paisible.

Prenant une profonde inspiration, elle songea à appeler son père. Ils n'avaient jamais été très proches, et ils n'avaient pas parlé ensemble depuis un certain temps. Néanmoins, ce cauchemar l'avait laissée profondément bouleversée. Toutes les pressions de sa situation présente avaient fait déborder la coupe.

Elle devait partir, et le plus tôt serait le mieux. Elle se protégerait elle-même de la souffrance que lui causait l'idée qu'Henri ne reste avec elle que par pure compassion, mais elle le protégerait aussi du spectacle qu'elle lui offrirait si le pire scénario se réalisait.

Son père n'avait jamais plus été le même après le décès de sa mère. La perte de son épouse l'avait détruit. Malgré le fossé qui s'était creusé entre Henri et elle, elle l'aimait.

Mieux valait partir. Il était plus simple de s'en aller que de s'attacher davantage.

Henri aimait courir le matin parce que cela lui éclaircissait les idées. Et, après la soirée de la veille, il en avait bien besoin.

La transpiration qui ruisselait sur son cou commençait à refroidir lorsqu'il tourna dans l'allée de sa maison. Il s'était rendu en voiture au centre d'entraînement des Hurricanes, et il avait couru plus vite et plus longtemps qu'il ne l'avait fait depuis des semaines. Il y avait une énergie nouvelle dans chacune de ses foulées. Quelque chose qui ressemblait un peu à un sentiment d'espoir. Et c'était justement la raison pour laquelle il rentrait dans leur maison rénovée du Garden District. Son impatience de revoir Fiona avant qu'elle ne soit réveillée était si grande qu'il n'avait même pas pris le temps de passer sous la douche. Il s'était contenté de se débarrasser de ses vêtements de sport trempés, et d'enfiler un T-shirt et un short de basket-ball.

Tout au fond de lui-même, il savait qu'il devrait se concentrer sur leur prochain match à domicile. C'était une rencontre d'une énorme importance, pendant une saison qui pourrait les mener jusqu'au sommet. Mais les événements de sa vie personnelle détournaient son esprit du football.

Il descendit de sa voiture, adressant un salut amical aux agents de sécurité en service. Les deux hommes répondirent d'un bref hochement de tête tandis qu'il entrait dans la vieille maison, côté jardin.

Il songeait à Fiona en poussant la porte. Il y avait encore quelque chose entre eux, il le savait. Et leur baiser était venu le confirmer, car elle y avait répondu avec une passion égale à la sienne. Rien n'était plus naturel, plus normal, que la sensation de son corps tout contre le sien. Il devait lui faire comprendre qu'ils étaient faits l'un pour l'autre, la convaincre de revenir dans son lit. De *lui* revenir.

Il trouva Fiona dans la cuisine. Une délicieuse odeur de beurre et de caramel flottait dans l'air. Ses magnifiques cheveux bruns étaient attachés en un chignon sur le sommet de sa tête. A la vue de son short de pyjama épousant ses courbes, il sentit son désir s'éveiller. Elle tourna la tête vers lui et lui offrit un sourire hésitant.

Jamais il ne l'avait désirée comme il la désirait à cet instant. Mais comment la convaincre qu'ils devaient retrouver la proximité de leurs débuts ?

— Tu n'es pas obligée de faire la cuisine pour moi. Je ne t'aime pas seulement pour ton corps et tes fabuleux talents culinaires, tu sais.

Le grand bol de cristal taillé plein de myrtilles posé sur la table lui donna une idée, et il se rapprocha tout contre elle pour tendre une main vers les fruits. Ils s'étaient toujours mieux entendus lorsque leur relation restait dans un registre léger, détendu. C'était peut-être ainsi qu'il devait l'aborder aujourd'hui.

Prenant tout son temps, il croqua tranquillement quelques myrtilles, attendant sa réaction.

Tout d'abord, elle parut agacée, et il sentit sa gorge se serrer. Elle était incroyablement sexy.

Puis elle détourna vivement le regard, et se concentra à nouveau sur sa tâche.

— Cela ne me dérange pas du tout, assura-t-elle. J'adore faire la cuisine. D'ailleurs, ce sera peut-être utile. Dans un avenir proche, je vais devoir décider de ce que je souhaite faire de ma vie.

— Si tu insistes pour que nous allions jusqu'au bout de ce divorce, tu sais que je continuerai à m'occuper de toi.

Et c'était son vœu le plus cher. Il désirait satisfaire tous ses besoins, quoi qu'il advienne. Mais, pour toute réponse, elle posa une assiette de crêpes fourrées aux fruits sur la table et lui fit signe de s'asseoir.

— Mange ton petit déjeuner et arrête de parler, ou je vais verser du piment de Cayenne dans ta boisson protéinée, le tança-t-elle en prenant place à côté de lui.

— Est-ce si terrible de te proposer une généreuse pension alimentaire si nous divorçons ?

— J'apprécie ta générosité. C'est l'idée que tu t'occupes de moi qui me plaît moins. Comme si j'étais…

— Tu es loin d'être une enfant. Crois-moi, je l'ai bien compris.

— Je suis titulaire d'un diplôme universitaire.

— Oui, je le sais. Et tu as sacrifié ta carrière pour que nous puissions voyager ensemble. Je le sais aussi. Mais je pensais que tu avais pris plaisir à courir le monde avec moi…

Elle brandit le piment de Cayenne, et il fit mine de mettre sa boisson protéinée hors de sa portée d'un air affolé. Pour retrouver le chemin de son lit, il devait jouer son jeu et rester léger et détendu.

— D'accord, dit-il. Changeons de sujet.

— Merci. Et maintenant dégustons ce petit déjeuner. Moi, en tout cas, c'est ce que j'ai l'intention de faire.

— Moi aussi. Ces myrtilles sont fraîches comme si elles venaient tout juste d'être cueillies.

— Je ne les ai pas encore goûtées, dit-elle en tendant sa main vers le bol de cristal.

Elle allait l'atteindre lorsqu'il tira vivement le bol de myrtilles vers lui, esquissant le sourire espiègle qu'elle aimait bien.

Puis, repoussant le bol vers elle, il se rapprocha sans en avoir l'air, jusqu'à la toucher. Il choisit une myrtille particulièrement dodue et la plaça dans sa bouche. Le contact de ses lèvres contre ses doigts fit revenir son désir au pas de charge. Et elle semblait prendre autant de plaisir que lui à ce jeu.

— Ce baiser, hier soir…

Elle faillit s'étouffer avec sa bouchée, et, toussotant pour s'éclaircir la gorge, elle s'enquit d'un ton mi-figue, mi-raisin :

— Essaierais-tu de m'étouffer avec ces myrtilles pour éviter d'avoir à payer une pension alimentaire ?

— Ce n'est pas drôle. Pas drôle du tout.

— Tu as raison, convint-elle, baissant les yeux d'un air embarrassé. Une plaisanterie idiote. Ce petit déjeuner mérite d'être dégusté tranquillement.

— Merci. Nous avons pris de merveilleux repas ensemble, juste toi et moi. Ces jours-là vont me manquer.

— Donc tu conviens que c'est fini entre nous ?

— Difficile de résister à ta détermination, répondit-il en soupirant. Y a-t-il une petite chance que nous passions une dernière nuit ensemble, au nom du bon vieux temps ?

— Il n'en est absolument pas question.

Il aurait aimé comprendre pourquoi. Les médecins lui avaient conseillé de lui laisser un peu de temps, pour qu'elle se remette du choc d'avoir appris qu'elle était génétiquement prédisposée au cancer. Mais, côté émotions, leur mariage avait été un véritable parcours de montagnes russes. Les espoirs toujours déçus de concevoir un bébé. La perte d'un bébé au second trimestre de grossesse. Ensuite, les mises en garde du médecin, soulignant que les traitements contre l'infertilité pouvaient s'avérer dangereux pour une femme comme elle, issue d'une famille ayant un passif de cancer du sein.

Et, pour finir, son hystérectomie. Sa double mastectomie.

Tant d'événements à gérer.

Il aurait aimé avoir quelqu'un à qui parler, entendre le point de vue d'une femme sur ces questions… mais la mère et la grand-mère de Fiona étaient décédées, et sa tante aussi.

Puis il lui vint une idée lumineuse. Il y avait des femmes dans sa propre famille. Des femmes fortes, pleines d'énergie, qui pouvaient l'aider à reconquérir Fiona.

Parce que, quoi qu'il advienne, il n'avait pas l'intention de renoncer à elle.

- 4 -

Fiona avait été appelée en urgence pour gérer une crise dans l'organisation d'une soirée caritative, mais elle avait au moins la satisfaction relative de pouvoir s'y atteler dans le cadre du solarium de sa maison. Son jardin avait un pouvoir apaisant sur elle.

De plus d'une façon, le solarium était devenu son bureau secondaire. Elle venait ici pour réfléchir, ou pour lire les livres un peu écornés de la bibliothèque. Parfois, elle avait vaguement l'impression d'appartenir elle-même à une époque révolue.

Elle tourna son regard vers les grands arbres et les massifs fleuris qui bordaient l'allée pavée de briques, au-delà de la grille de fer forgé très ouvragée de la fenêtre. S'accordant un instant pour apprécier la beauté du lieu, elle s'efforça de remettre de l'ordre dans ses pensées.

La grande table devant laquelle elle était assise disparaissait sous une quantité impressionnante d'ordinateurs portables, de tablettes, de smartphones et de feuilles volantes manuscrites. Elle avait accepté cette nouvelle mission, proposée par le Dr Carlson, à savoir trouver le moyen de maintenir la date prévue pour un gala de bienfaisance dont les fonds récoltés contribueraient à financer un nouveau service d'oncologie pédiatrique à l'hôpital. La première organisatrice avait démissionné, et, comme un malheur n'arrive jamais seul, la salle de concerts qu'elle avait louée à l'origine avait été endommagée par un incendie.

Après avoir passé quelques coups de fil de dernière minute, elle avait réussi à déplacer l'événement vers une salle de substitution.

Pour elle, le succès de cette soirée de bienfaisance était une affaire très personnelle. Il était question d'enfants malades, et annuler ou même reporter l'événement n'était pas envisageable. Alors, elle avait fait ce qu'elle faisait le mieux : elle s'était jetée à corps perdu dans son travail.

Assise près d'elle, Adélaïde travaillait sur son iPad, intensément concentrée sur l'écran. Elle avait consacré de longues heures à ce projet, ce qui était d'autant plus méritoire qu'elle était elle-même très occupée par le lancement de sa propre ligne de vêtements de sport.

— Je sais que vous avez énormément de travail pour votre nouvelle société. Je ne vous remercierai jamais assez de l'aide que vous m'apportez.

— Vous n'avez pas à me remercier, Fiona. Faire partie de la famille Reynaud offre des opportunités d'agir en faveur du progrès. Vous savez à quel point j'ai été pauvre dans mon enfance. L'idée d'être en mesure d'améliorer la vie des autres est une opportunité que je ne prends pas à la légère. Toutefois, je n'ai pas encore une idée très précise de la meilleure façon d'agir dans ce domaine. Alors, si vous le permettez, je vais me contenter, pour le moment, de mettre mes idéaux philanthropiques à votre service.

— Dans ce cas, j'accepte votre aide avec reconnaissance.

— De votre côté, je crois que vous pouvez m'aider à organiser mon mariage, suggéra Adélaïde, faisant scintiller dans le soleil le diamant qu'elle portait à son doigt. Vous avez un goût exquis pour ces choses-là, Fiona.

Elle fit un effort pour se composer une expression heureuse, mais c'était très difficile. Sous la pression, sa façade sereine menaçait de se fissurer.

— C'est une bague magnifique, et vous serez une mariée plus belle encore. La plus belle.

Comparé à l'émotion qui brilla alors dans les yeux d'Adélaïde, à l'expression d'amour qui fit rosir ses joues, l'éclat du diamant qu'elle portait à son annulaire faisait pâle figure. Sa future belle-sœur se mit alors à bavarder avec animation, et elle l'aurait écoutée, et aurait partagé sa joie, si son téléphone ne s'était pas mis à vibrer à cet instant, lui annonçant qu'elle avait reçu un texto.

C'était un rappel de sa prochaine consultation chez son médecin. Il avait des résultats à lui montrer, et de nouveaux examens à lui proposer.

Tout à coup, dans ce solarium pourtant baigné de lumière et agréablement aéré, elle éprouvait une insupportable sensation de claustrophobie, et son cœur se serrait d'anxiété. Jamais encore elle ne s'était sentie aussi détachée du monde qui l'entourait. Son divorce imminent, sa santé incertaine, la perte de sa famille se confondaient en un ensemble qui venait de déferler sur elle comme une vague géante.

Elle était consciente qu'Adélaïde parlait encore, mais le sens de ses paroles lui échappait.

Son désarroi devait être clairement visible sur son visage, car Adélaïde se tut, et reposa son iPad pour lui lancer un regard intrigué.

— Quelque chose ne va pas ?

— Qu'est-ce qui a bien pu vous donner cette impression ? éluda-t-elle en reposant son smartphone éteint sur la table.

— Vous n'êtes pas vous-même, aujourd'hui, observa Adélaïde. Mais oubliez ma question, je vous en prie. Ce ne sont pas mes affaires.

Pourquoi ne pas tout dire ? Lâcher le poids qu'elle avait sur le cœur ? Il était peut-être temps de prendre le risque d'être honnête, et de se confier à quelqu'un, tout du moins en partie. Et, c'était vrai, elle y était poussée par la peur, parce que le baiser d'Henri avait entamé sa détermination à commencer une nouvelle vie loin de lui.

Elle ferma un instant les yeux et prit une profonde inspiration.

— Ce n'est un secret pour personne, dans la famille, qu'Henri et moi avons des problèmes. Nous n'avons jamais pu avoir d'enfants. Et il y a plus que cela.

— Je suis là, si vous avez envie de me parler, murmura Adélaïde en se rapprochant d'elle, une expression inquiète sur le visage.

— Qu'adviendra-t-il si je ne fais plus partie de la famille ? Vous resterez loyale aux Reynaud, et c'est tout à fait naturel.

— Est-ce grave à ce point ? Pensez-vous à vous séparer ?

Soudain, elle regrettait déjà d'avoir abordé ce sujet. La dernière chose au monde qu'elle désirait, c'était charger les autres du fardeau de ses problèmes. Tout à coup, elle sut avec certitude qu'elle n'était pas prête à discuter de tout cela. Pas avec Adélaïde. Elle devait se concentrer sur le sujet du jour. Ignorer la souffrance au creux de sa poitrine et continuer d'avancer. Au demeurant, c'était ce qu'elle faisait le mieux. Avancer. Elle fit une pile bien nette de quelques documents, prit une profonde inspiration et déclara :

— Concentrons-nous sur l'organisation de la soirée. Nous disposons de deux semaines pour faire en sorte qu'elle ait lieu comme prévu. Les enfants comptent beaucoup sur cette fête, et l'hôpital, sur les dons que nous pourrons récolter.

— Si c'est ce que vous souhaitez…

Adélaïde n'avait pas l'air particulièrement convaincue, mais elle s'abstint d'insister davantage.

— Cet événement est particulièrement important pour moi, poursuivit-elle. Plus que tous les autres. J'ai besoin que tout soit parfait. Le cancer a détruit bien des familles.

A commencer par la sienne, songea-t-elle. Et, aujourd'hui, cette maladie la menaçait elle-même.

— Ma mère est décédée d'un cancer lorsque j'étais enfant, expliqua-t-elle. Ma tante et ma grand-mère aussi.

— Je l'ignorais, murmura Adélaïde en lui serrant la main. Je compatis sincèrement avec vous.

— Henri et moi préférons que personne en dehors de la famille ne soit au courant de ce divorce avant la fin de la saison du championnat. Mais je commence à craindre que nous ne puissions pas attendre aussi longtemps. J'imagine que, si la presse avait vent de cette histoire, notre secret serait bientôt étalé sur la place publique. Nous nous sommes efforcés de protéger notre vie privée.

— Peut-être un peu trop, remarqua Adélaïde, puisqu'il semblerait que la famille elle-même ne soit pas vraiment informée de la gravité de la situation. Et je me considère moi-même comme faisant partie de votre famille.

— Merci, mais, si nous nous séparons…

Elle s'interrompit une seconde, la gorge serrée. Tous ses amis étaient liés d'une façon ou d'une autre à la famille d'Henri et au monde du football. Ce qui l'attendait, c'était une solitude immense.

— J'ai perdu presque toute ma famille, reprit-elle. Il ne me reste que mon père, et nous n'avons jamais été très proches.

— Fiona, je serai toujours là si vous avez besoin de moi, quoi que vous décidiez.

— J'envie votre carrière et votre indépendance. J'ai besoin de les trouver pour moi-même.

— Qu'aimeriez-vous accomplir dans votre vie ?

— J'ai un diplôme des Beaux-Arts, et je sais organiser des soirées.

Avant qu'Adélaïde n'ait eu le temps de répondre, Erika, la fiancée de Gervais, entra dans le solarium. Ses longs cheveux d'un blond platine étaient rassemblés sur une épaule en une épaisse tresse unique.

— Bonjour, mes chères sœurs, dit-elle, effleurant l'arrondi de son ventre du bout de ses doigts.

L'annonce de sa grossesse, et de leurs fiançailles, avait pris toute la famille par surprise, car le couple ne se connaissait pas depuis très longtemps. Mais il était évident qu'ils s'aimaient.

— J'ai sonné à la porte, mais vous ne m'avez pas entendue. Votre employée de maison m'a laissée entrer en retournant chez elle. Que puis-je faire pour vous aider ? Je me trouve un peu désœuvrée jusqu'après le mariage, lorsque je commencerai mes cours. Et, naturellement, deux petits jumeaux contribueront largement à occuper mon temps. C'est en quelque sorte le calme juste avant la tempête.

— La plupart des gens s'estimeraient débordés de travail, s'ils devaient préparer leur mariage, remarqua Adélaïde en souriant.

Erika, qui portait avec grâce sa future maternité, esquissa un haussement d'épaules. Son élégance nonchalante fut trop pour elle. Que n'aurait-elle donné pour être à sa place ! Elle aussi avait fait de grands projets, elle avait rêvé d'une famille, une grande famille, tout le contraire de son enfance solitaire.

Quoi qu'il en soit, il n'y aurait jamais de famille pour elle. Dire qu'Erika était tombée enceinte de jumeaux sans même avoir essayé, alors qu'elle-même n'avait jamais pu avoir d'enfants… A cette pensée, elle eut le cœur serré. Tous les traitements médicaux auxquels elle s'était soumise. Pour rien. Mais, naturellement, personne dans cette pièce n'était responsable de sa situation.

— Merci pour votre proposition d'aide, répondit-elle, levant les yeux de son ventre arrondi pour rencontrer son regard. Nous serions ravies que vous nous teniez compagnie.

— Cela signifie-t-il que vous partagerez aussi vos beignets avec moi ? s'enquit Erika, ses yeux bleus pétillant d'humour. Je ne me lasse pas de vos délicieux beignets.

Le nœud qui serrait sa gorge devint insupportable. Elle adorait ces deux femmes… mais cela faisait mal. C'était égoïste et mesquin de sa part, elle le savait, mais leurs vies idéales venaient lui rappeler à quel point la sienne était incomplète. Et la grossesse d'Erika était pour elle un spectacle douloureux.

A la pensée de tous ses rêves brisés, elle sentit un flot de larmes brûlantes monter à ses paupières. Elle devait absolument se ressaisir. Elle refusait de perdre le contrôle de ses émotions devant la famille d'Henri. Sa fierté était tout ce qui lui restait.

Henri avait le corps tout endolori par la longue séance d'entraînement, mais il brûlait de parler avec Fiona. Et il savait où la trouver : dans le solarium, qu'il aimait à appeler sa « salle d'opération ».

Lorsqu'il aperçut Adélaïde et Erika attablées avec Fiona, toutes trois en plein travail, il ressentit un immense soulagement. *Tout est en ordre*, se dit-il, sentant un sourire naître sur ses lèvres. Il était bien agréable de voir un peu de normalité revenir dans cette maison.

Puis il remarqua que les yeux d'ambre de Fiona brillaient de larmes retenues, et son cœur sombra : il s'était trompé. La situation était grave. Elle était sur le point de s'effondrer.

Une seconde plus tard, elle ramassa son téléphone et se dirigea tout droit vers la porte du jardin.

Tous ses sens furent aussitôt en alerte. Il aurait dû la suivre. Il *devait* la suivre. Presque sans qu'il en soit conscient, ses pieds s'étaient mis en mouvement, et il marchait déjà vers la porte.

Mais quelque chose l'arrêta. Qu'allait-il bien pouvoir lui dire ?

Il était temps d'appeler des renforts. Poussant un profond soupir, il prit place dans le fauteuil près de la table.

— Mesdemoiselles, j'ai besoin de votre aide.

— Nous avons beaucoup avancé, sur l'organisation de la soirée, dit Adélaïde en désignant d'un geste les dossiers classés par couleur sur la table.

— Fiona et moi traversons une phase… euh… difficile. J'apprécierais tous les conseils que vous pourriez m'offrir pour ramener un peu de romance dans notre mariage.

— Je suis sincèrement navrée de l'entendre, répondit Adélaïde.

Sa sympathie était sincère mais elle ne paraissait pas surprise le moins du monde. Comment avait-elle su ? Avait-elle simplement deviné ? Ou bien Fiona lui avait-elle parlé ?

— Naturellement, nous sommes prêtes à vous aider de notre mieux, assura Erika. Fiona et vous êtes aussi ma famille, désormais.

— Merci. J'espère sincèrement que vous pourrez me donner quelques conseils, des idées.

— De combien de temps disposez-vous ? s'enquit Adélaïde.

— J'ai besoin d'agir très vite. Fiona… n'est pas heureuse.

— Ne devriez-vous pas plutôt en parler avec elle ?

Elle avait raison. Hélas, il avait essayé de parler avec Fiona. Et cela n'avait servi à rien.

Un sentiment de défaite l'envahit.

— Oubliez ce que je vous ai dit, murmura-t-il en tournant les talons. Ce n'est pas important.

— Attendez ! protesta Erika. Je n'avais pas l'intention de vous faire fuir. Je serai heureuse de vous aider, mais je ne connais pas très bien Fiona. Vous avez envie que votre mariage fonctionne, n'est-ce pas ?

— Oui, c'est vrai.

— Aidez-la à se souvenir que vous l'appréciez, suggéra Adélaïde. Que vous la désirez toujours. Ne supposez pas qu'elle le sait déjà. Et rappelez-lui toutes les raisons pour lesquelles vous vous êtes mariés, un jour.

C'étaient là de bons conseils, même s'il avait l'impression d'avoir déjà essayé tout cela aussi. Ce qu'il leur demandait était trop difficile. Erika et Adélaïde ignoraient la gravité de leurs problèmes, et elles ne pouvaient lui offrir que des conseils d'ordre général. Mais Fiona et lui avaient tellement protégé leur univers privé qu'il ne pouvait pas aujourd'hui parler de leur vie à d'autres personnes sans avoir l'impression de la trahir.

Peut-être existait-il un moyen de contourner le problème sans tout leur dire. Fiona et lui devaient absolument retourner aux premiers jours de leur mariage. Au bonheur et aux rires. A la romance. Fiona avait eu raison de lui rappeler qu'ils s'étaient mariés très vite après leur rencontre. Trop vite ?

Ils s'étaient mariés parce qu'ils croyaient qu'elle était enceinte, et la suite leur avait prouvé que c'était une fausse alerte. Ils désiraient tous deux si fort avoir un bébé qu'ils s'étaient entièrement concentrés sur ce but. Jusqu'à ce qu'il soit soudain question de vie ou de mort, et qu'elle ait besoin de plusieurs interventions chirurgicales.

— Disons que nous sommes tombés dans la routine, dit-il en soupirant. Le vieil homme marié que je suis a besoin de quelques conseils de séduction.

— N'est-ce pas incroyable ? observa Adélaïde en souriant. L'athlète le plus sexy d'Amérique nous demande des conseils de séduction ?

— Et je suis prêt à vous écouter avec la plus grande attention.

Et c'était vrai. Parce que l'idée de retourner à l'époque des premiers jours de leur mariage, avant l'arrivée des complications dans leur vie, ne lui avait jamais paru plus séduisante.

Fiona soignait les plantes d'un massif fleuri pour essayer de décompresser après une nuit pratiquement sans sommeil.

Après le départ de ses futures belles-sœurs, le soir précédent, Henri était aussitôt allé s'enfermer dans son bureau. Elle ne comprenait plus du tout les signaux contradictoires que son mari lui envoyait.

Elle débarrassa soigneusement le gingembre ornemental des mauvaises herbes qui menaçaient de l'étouffer. Cette activité ramenait un semblant de paix dans son cœur. Et, ces temps derniers, elle en avait bien besoin.

Toute à son travail de désherbage, elle ne prêta qu'une attention distraite à un bruit de pas derrière elle, sur l'allée pavée. Lorsqu'elle tourna enfin la tête, elle reconnut la haute silhouette athlétique qui venait vers elle. Henri.

Il marchait, les lèvres serrées, une expression soucieuse sur le visage. Il était toujours l'homme dont elle était tombée follement amoureuse, celui qu'elle avait épousé trois ans plus tôt.

Et c'était cela qui lui faisait le plus mal. Elle se sentait brisée. Incapable de le laisser s'approcher d'elle. Incapable de se débarrasser de la terreur glacée qui la paralysait.

Il ne dit pas un mot. Il s'agenouilla simplement à côté d'elle et entreprit de l'aider. Dans ce silence, la fragrance boisée de son after-shave faisait resurgir un flot de souvenirs plus douloureux les uns que les autres de ce qu'ils étaient au début de leur relation. Lorsqu'ils baignaient dans le bonheur. Alors qu'aujourd'hui elle se sentait si malheureuse.

— Je pense qu'il est grand temps que nous acceptions l'inévitable, déclara-t-elle, son cœur battant à grands coups dans sa poitrine.

— Que veux-tu dire ?

— Je suis certaine que tu me comprends. Mais, si tu ne peux pas le dire tout haut, je le ferai moi-même. Notre mariage est fini.

— Non, répliqua-t-il, secouant doucement la tête. Tu te trompes.

— Pourquoi ?

— Pardon ?

— Dis-moi pourquoi j'ai tort.

— Parce que nous sommes toujours mariés. Que nous sommes-nous promis ? Ah, oui. Jusqu'à ce que la… heu… pour la vie.

— Tu vois ? Tu ne peux même pas prononcer le mot « mort ». Rassure-toi, je ne suis pas en train de mourir. Tu n'as pas à te sentir coupable de reprendre ta liberté.

— Ce n'est pas du tout ce que j'ai dit.

— Mais je l'entends dans ta voix. Tu désires me protéger, et cela n'est pas suffisant pour construire une vie ensemble.

— Nous nous sommes mariés parce que nous nous aimions.

— Nous nous sommes mariés parce que nous pensions que j'étais enceinte. Et aussi parce que nous avions une entente fantastique au lit. C'était une relation passionnelle. Nous ne nous connaissions pas encore suffisamment bien l'un l'autre lorsque les premiers problèmes ont surgi. Nous ne sommes pas faits l'un pour l'autre, et nous ne le serons jamais.

— Mais pourquoi dis-tu cela ? Je ne comprends pas. Nous avons tant en commun, et nous nous désirons toujours.

— Non. Je n'en peux plus.

— Reste au moins jusqu'à la fin de la saison. Je ne peux pas entamer une procédure de divorce en plein milieu d'un championnat comme celui-ci. Pour toi, il est peut-être facile de démissionner de cette façon, mais pour moi ce n'est pas aussi simple.

— A cause de la mauvaise publicité ?

Les mots lui avaient échappé sans qu'elle puisse les arrêter. C'était un coup bas, elle le savait, et elle sentit ses joues rougir de honte.

— Parce que je ne suis pas une machine, corrigea-t-il, et je ne peux pas prendre le risque que le stress me prive de ma concentration. Et surtout pas cette année, où nous avons une chance réelle d'aller jusqu'au Super Bowl. Tu sais parfaitement que beaucoup de gens comptent sur moi. Et tu sais aussi combien il est rare d'assembler une équipe où chaque joueur est complémentaire des autres, comme c'est le cas avec les Hurricanes cette année.

Elle n'en croyait pas ses oreilles.

— Parles-tu sérieusement ? s'insurgea-t-elle. Je devrais mettre ma vie entre parenthèses parce que tu convoites la coupe du championnat national ?

— Oui, Fiona, et je suis tout à fait sérieux. Mais il ne s'agit pas seulement de moi, et tu le sais très bien. Combien de personnes attendent de moi que je conduise cette équipe à la victoire ? Comment pourrais-je détruire leurs chances de faire partie d'une équipe gagnante ? De telles opportunités ne se reproduisent pas deux fois dans une vie. Et il faut également penser aux sponsors, aux commentateurs sportifs. Cette saison est importante pour beaucoup de gens.

Elle avait voyagé avec l'équipe. Elle avait mis en place une organisation de soutien aux épouses et aux enfants lorsque les hommes étaient en déplacement pour un match. Elle ne pouvait pas nier qu'elle se sentait solidaire de cette communauté. Une communauté qu'elle aimait. Et elle se sentit coupable d'avoir mis Henri dans cette situation en sachant à quel point les autres joueurs de l'équipe comptaient sur lui. Il avait tout, le talent et la fortune, mais ce n'était pas le cas de tous ses coéquipiers. Les joueurs à certains postes, comme les porteurs de ballon, avaient une carrière très courte, et ils pouvaient être mis à la retraite après seulement deux saisons. Certains des joueurs de ligne avaient été élevés par une mère seule aux revenus modestes qui ne s'était épargné aucun sacrifice pour que son fils réussisse.

Elle risquait de mettre la saison en danger.

Mais elle ne pouvait pas non plus rester avec lui indéfiniment.

— Lorsque tu quitteras le football, tu n'auras pas à chercher un autre travail, remarqua-t-elle.

C'était la stricte vérité. La fortune des Reynaud allait bien au-delà du football, et Henri jouait uniquement par amour du sport, pas pour assurer leur subsistance. Il aurait suffisamment de fortune pour vivre à son aise s'il décidait de démissionner le lendemain. Hélas, ce n'était pas son cas.

— C'est vrai, reconnut-il, mais je ne suis pas du genre à me contenter de simples passe-temps. J'ai besoin d'un emploi à plein temps. Je suis ainsi.

De simples passe-temps ? Etait-ce ainsi qu'il considérait ses opérations de collecte de fonds au profit d'œuvres caritatives ? Elle se sentait insultée.

— Qu'y a-t-il de mal à consacrer sa vie à la philanthropie ? répliqua-t-elle d'une voix tendue.

Sa remarque lui faisait une peine telle qu'elle sentait sa façade se fissurer, et, à cet instant, elle était plus vulnérable que jamais. Son calme ne tenait plus qu'à un fil.

— C'est le chemin que tu as choisi, dit-il. Mais ce n'est pas celui qu'il me faut.

— Dois-je comprendre que tu me traites de dilettante ? Cherches-tu délibérément à déclencher une dispute ?

— Non, répondit-il, soutenant tranquillement son regard. Mais je crois que c'est ce que tu fais, *toi*.

Elle sentit toutes ses défenses s'écrouler, car il voyait clair en elle. Saisie de panique, elle ne sut pas quoi répondre.

— Sais-tu que tu es fabuleusement sexy quand tu te mets en colère ? murmura-t-il en se rapprochant. Quelles que soient les épreuves que nous avons traversées, nos problèmes ou la distance entre nous, je veux que tu saches une chose. Je désire t'avoir dans mon lit aussi intensément que la première fois où j'ai posé les yeux sur toi.

- 5 -

Henri tremblait d'anticipation. Il avait besoin de la toucher. De la serrer dans ses bras.

Elle était irrésistible, avec sa somptueuse crinière en désordre et ce feu au fond de ses yeux. Et, dans ce cadre, au milieu de ce jardin, dans cette petite robe d'une douce couleur de pêche, elle faisait penser à ces nymphes qu'aimaient à peindre les artistes classiques.

Aussi séduisante. Et aussi fuyante.

Il s'était rapproché d'elle, et il sentait le désir qui crépitait entre eux, une flamme qu'elle avait trop souvent niée, au cours de ces derniers mois. Il tendit une main, et effleura son bras lisse et ferme du bout des doigts, avant d'augmenter légèrement la pression, d'une façon qui, autrefois, la faisait frémir. Elle se tourna face à lui, s'offrant à ses caresses, et il prit sa main, entremêlant leurs doigts.

Alors, il l'attira plus près. Leurs bouches étaient à présent à quelques centimètres l'une de l'autre. Et la tension montait, seconde après seconde.

Elle entrouvrit les lèvres. Un instant d'éternité, tandis que son sang battait à ses tempes.

Et puis cela se produisit. Elle se recula presque imperceptiblement. Il vit un « non » se former sur ses lèvres.

Mais ce n'était pas ce qu'elle souhaitait. Elle ne voulait pas qu'il cesse de la regarder ainsi. Elle ne voulait pas qu'il s'éloigne. Elle avait envie de lui, il en était certain.

Pourtant, il choisit de s'écarter d'elle. Relâchant ses doigts, il lui tapota gentiment le nez.

— Je dois avouer que tu es l'image même de la tentation, ma chérie.

— La passion est toujours aussi forte entre nous, c'est vrai, murmura-t-elle en effleurant son torse d'une douce caresse, un conflit faisant rage dans ses yeux d'ambre. Mais cela ne fera qu'aggraver la situation lorsque nous devrons nous séparer pour toujours.

Il fit de son mieux pour ne pas se sentir blessé par cette réponse. Tournant son regard vers la grande volière que l'architecte avait tenu à installer dans le jardin, il prit une profonde inspiration et s'efforça de retrouver son calme.

— Pourquoi parles-tu toujours comme si notre rupture était déjà une affaire entendue, et qu'un divorce n'était qu'une simple formalité ?

— Pourquoi ne peux-tu pas accepter que c'est tout comme ? Pourquoi rends-tu les choses aussi difficiles ? Nous n'avons même pas prononcé le mot « amour » depuis presque un an.

Si c'était la solution pour sortir de cette impasse, oui, il aurait dû prononcer ce mot. D'autant qu'il n'avait jamais cessé de l'aimer. Mais, pour une raison mystérieuse, dans les circonstances actuelles, il en était incapable. Au même instant, une troupe de roitelets prit bruyamment son envol de l'abreuvoir à oiseaux, chassés par des oiseaux plus grands, lui évitant d'avoir à répondre. Elle les suivit d'un regard mélancolique.

— Tu sais que j'ai raison, reprit-elle d'une voix douce. Les gens divorcent, même lorsque leurs divergences n'ont rien de dramatique. Notre vie n'a pas été facile, avec mon problème d'infertilité, les fausses couches, les opérations, et aussi ton travail à très haute visibilité. C'est beaucoup trop.

Son argument était-il justifié ? Par certains côtés, certainement. Mais, au moins, elle lui parlait à cœur ouvert, et c'était un progrès.

Quoi qu'il en soit, elle n'avait pas entièrement tort. Ils avaient été soumis à un stress intense. Et lui, il n'avait jamais compris que son travail pouvait être une source supplémentaire de stress pour elle, s'ajoutant aux difficultés qu'elle traversait déjà. C'était un problème qui méritait réflexion, et, même si elle tentait encore de le repousser, il sentait qu'il avait progressé vers son but de rétablir le lien entre eux.

— Fiona, j'entends ce que tu me dis, maintenant, et je comprends que…

— Je t'en prie, murmura-t-elle, posant sa main sur la sienne. Je ne suis pas sûre que tu comprennes. Je suis désolée, Henri. Je dois reprendre le cours de mon existence.

Pourquoi fallait-il qu'elle se montre aussi têtue, alors qu'ils avaient tout pour être heureux ? Alors qu'il la désirait tant ?

— Tu as été très claire, à ce sujet. Nous divorcerons à la fin de la saison…

— Après mon prochain gala de bienfaisance, coupa-t-elle. Autrement dit, tout de suite.

— Très bien. Je ne veux pas me disputer avec toi. Ce que je suggérais, c'était exactement le contraire. Nous avons convenu que chacun de nous prendrait son propre avocat, et c'est ce que nous ferons après ton prochain gala, de façon à ne pas gâcher l'événement. Nous nous amusions beaucoup ensemble. Utilisons le temps qui nous reste pour nous détendre. Aucune pression. Aucune exigence. Pas de médecins.

Il la vit tressaillir, et il hésita. Avait-il manqué quelque chose ? Mais, avant qu'il n'ait eu le temps de lui poser la question, elle parut se détendre à nouveau.

— Très bien, répondit-elle en se dirigeant vers la balançoire suspendue au chêne gigantesque qui occupait une bonne partie du jardin. Aucune pression. Et maintenant explique-moi ton plan.

C'était l'opportunité qu'il attendait, et il devait procéder avec la plus grande prudence. Surtout, ne pas la bousculer.

— Soyons simplement amis, suggéra-t-il.

Plus il passerait de temps en sa compagnie, et meilleures seraient ses chances de la séduire, de retrouver le chemin de son lit et celui de son cœur. De renouer avec le temps où ils se comprenaient l'un l'autre. Où leur vie avait un sens.

Ensuite, il pourrait lui faire oublier cette idée de divorce.

— Amis. C'est ce que nous avons toujours été, ajouta-t-il. Et, de cette façon, nous aurons le temps de souffler un peu.

Elle demeura un instant silencieuse, l'air songeur, ses mains fines posées sur le siège de bois sculpté de la balançoire, avant de répondre :

— Mais une partie de la famille est déjà au courant de nos difficultés. Et les autres commencent à se poser des questions.

Il haussa les épaules. Il se moquait bien de ce que les autres pouvaient penser. Sa priorité absolue était de la reconquérir.

— Laisse-les cogiter. Nous nous occuperons d'eux plus tard.

— Ne désires-tu pas pouvoir compter sur leur soutien ?

Soudain, il se rappela l'époque où il pouvait la soulever dans ses bras et l'emporter jusqu'à son lit lorsqu'il lui en prenait l'envie — ce qui, avec elle, lui arrivait très, très souvent. Quand avaient-ils couru ensemble jusqu'à la chambre pour la dernière fois, pour s'arracher mutuellement tous leurs vêtements ?

Refoulant des pensées qui ne pouvaient qu'être contre-productives dans le cadre de sa nouvelle approche, il cueillit quelques marguerites dans le jardin de rocaille pour les lui offrir. Il avait besoin d'occuper ses mains afin de les empêcher de se poser sur elle.

— Ce que je désire, en ce moment, c'est que nous retrouvions tous deux la paix, dit-il en cueillant les grandes tiges l'une après l'autre.

Pourvu que cette paix suffise à les rapprocher…

Elle semblait avoir accepté l'idée qu'ils soient amis, et c'était un grand pas en avant.

— Pourquoi dis-tu cela ?

— Nous avons été mariés pendant trois ans, répondit-il en lui tendant le bouquet de fleurs toutes simples, qu'elle avait toujours préférées aux variétés plus sophistiquées des serres. Disons que c'est une intuition.

— J'ignorais que les hommes croyaient en l'intuition.

— Moi, j'y crois.

Il lui adressa un sourire coquin, avant de proposer :

— N'as-tu pas envie de jouer un peu ?

La Mustang rouge vif ronronnait comme un gros chat tandis qu'ils roulaient au pas dans les rues du Garden District. Le soleil de midi tapait fort, chauffant le cuir des sièges. Dans ce bolide d'époque, Fiona se sentait plus vivante qu'elle ne l'avait été depuis des années.

Elle ne se souvenait pas de la dernière fois où ils avaient fait une chose aussi spontanée. Ou de la dernière fois où ils avaient choisi la Mustang, plutôt que les luxueuses automobiles qu'ils avaient aujourd'hui à leur disposition. Elle était heureuse de ce choix. La Mustang se fondait confortablement dans la circulation du centre-ville, et elle attirait moins l'attention. Elle leur donnait davantage l'apparence d'un couple ordinaire.

Pour le moment, elle pouvait oublier cette grosseur suspecte qui signifiait quelque chose, ou peut-être rien. Elle pouvait oublier la biopsie qu'elle devait subir le lendemain.

Et sous aucun prétexte elle ne se permettrait de penser au pire.

Aujourd'hui, elle allait seulement s'amuser en compagnie de son mari.

Elle tourna son regard vers la vitre ouverte. Il lui arrivait quelquefois d'oublier à quel point cette ville était belle. Les rues étaient bordées de maisons anciennes aux façades jaunes ou rouges aux tons éclatants, entourées de grilles de fer forgé. A La Nouvelle-Orléans, les rues et les maisons étaient des œuvres d'art. Le mélange des cultures avait créé un lieu unique dans cette partie du monde.

Elle coula un regard vers Henri, qui fredonnait un air entraînant des années 1960, et il lui offrit un sourire prudent.

Il était vêtu d'un T-shirt tout simple et d'un short kaki, et ses yeux disparaissaient derrière des lunettes d'aviateur. Ses cheveux sombres luisaient dans le soleil, et sa barbe naissante lui rappelait les occasions où le contact de ses joues un peu râpeuses avait fait revenir ses sens à la vie. Aujourd'hui, il avait l'air très viril. Et très, très sexy.

A des années-lumière de l'image du quarterback sérieux et posé dont les médias raffolaient.

Alors qu'il tournait le volant pour entrer dans une ruelle étroite, elle ne put s'empêcher de remarquer le jeu des puissants biceps qui gonflaient son T-shirt.

Un sentiment d'anticipation l'envahit tout entière. Cette journée lui rappelait le jour où ils s'étaient rencontrés — du bouquet impromptu cueilli pour elle dans le jardin jusqu'à la promenade en voiture dans le centre-ville, décidée sur un coup de tête.

— Ce suspense est en train de me rendre folle, observa-t-elle. Où allons-nous ?

— Aujourd'hui, nous jouons les touristes.

— Mais j'ai vécu ici toute ma vie, protesta-t-elle sans grande conviction.

— Et, quelquefois, plus une personne a vécu longtemps quelque part, et moins elle remarque ce qui se trouve juste sous son nez. L'un des joueurs de l'équipe m'a raconté qu'il vivait depuis des années près de la plage, et qu'il n'avait jamais mis un pied dans les vagues.

— D'accord, je comprends ton argument. Pourquoi pas ? Soyons des touristes dans la ville où nous avons grandi.

— J'étais sûr que cela te plairait.

Il avait bondi hors de la voiture avant qu'elle n'ait eu le temps de déboucler sa ceinture, et il se précipita pour lui ouvrir la portière.

Aujourd'hui, elle se permettrait de passer une bonne journée en compagnie de son mari. Sans se soucier des signaux contradictoires, sans avoir à s'accrocher à ses défenses en sa présence. Aujourd'hui, elle pourrait peut-être se détendre. Même si ce n'était qu'un bref instant.

Quand étaient-ils sortis ensemble pour la dernière fois ? Cela faisait très longtemps. De longs mois. Alors qu'ils marchaient vers Bourbon Street, son cœur se mit à battre très fort.

Le fait de voir la ville à travers les yeux d'une touriste lui faisait remarquer les petits détails qu'elle ignorait généralement. Les trottoirs étaient noirs de monde. Partout, d'excellents musiciens jouaient au coin des rues. Presque sans en être consciente, elle saisit la main d'Henri et la serra doucement, vivant intensément l'instant.

Il se tourna vers elle. Dans ses yeux, elle lut la même émotion qu'elle ressentait, et son cœur se mit à battre très fort. Elle devait se rappeler que ce n'était qu'une trêve, et que leur mariage était fini. Mais lâcher prise pour un instant lui faisait énormément de bien.

— Et si nous visitions la ville en grand style ? Une calèche tirée par des chevaux est la meilleure façon de visiter La Nouvelle-Orléans.

— Excellente idée.

— Très bien, alors. Je te laisse choisir notre attelage pour cette promenade magique.

Elle tourna son regard vers un grand cheval bai qu'elle avait remarqué entre tous les autres. Elle adorait son allure fière et sereine.

— Celui-là.

Il alla parler au conducteur, et, une minute plus tard, ils se hissaient sur le siège.

Les cahots des pavés les incitèrent à se presser l'un contre l'autre. Il portait une de ses anciennes eaux de Cologne, celle qu'il aimait tant mettre autrefois lorsqu'ils parcouraient le monde. Elle se retrouva instantanément transportée à Londres. Aux meilleures vacances de toute sa vie.

— Te souviens-tu du jour où nous avons visité Stonehenge ?

— Tu étais convaincue que tu allais voyager dans le temps.

— Ne te moque pas de moi, protesta-t-elle en riant. J'entendais réellement ces blocs de roche bourdonner.

— Tu avais écouté trop d'histoires vaudoues dans ton enfance, répliqua-t-il, riant à son tour.

— Je suis née à La Nouvelle-Orléans. Toi, tu as seulement été transplanté ici. Avec le temps, tu y croiras aussi, tu verras.

— Surtout si je t'ai pour professeur, murmura-t-il en lui enlaçant les épaules.

La chaleur de ce contact emplit son cœur d'un bonheur indicible, et elle se blottit tout contre lui. Oui, lâcher prise… La tête sur son épaule, elle se contenta de profiter du paysage, et de continuer à faire comme si le monde réel ne s'apprêtait pas à faire irruption dans sa vie dans moins de vingt-quatre heures, sous la forme d'une aiguille à biopsie.

Henri n'en revenait pas. Jusque-là, leur journée sans pressions s'était déroulée mieux encore qu'il n'avait osé l'espérer. Ils communiquaient. C'était la première fois depuis des mois qu'ils se montraient aussi ouverts l'un avec l'autre.

Aussi honnêtes.

Il lui acheta un collier de perles de verre bleu de fabrication artisanale qui avait attiré son attention dans une petite boutique de Bourbon Street. Cela l'amusait, et il en était ravi, que ce souvenir pour touristes l'ait rapproché d'elle plus que tous les diamants qu'il lui avait offerts. Il ajouta le sachet aux autres paquets qu'il portait déjà, et ils ressortirent de la boutique pour se mêler à nouveau à la foule.

— Mes grands-parents nous amenaient ici en vacances, lorsque nous étions enfants, remarqua-t-il en souriant.

— Tu ne m'avais jamais raconté cela. Tu me parlais toujours de tes vacances dans la jet-set.

— Ma famille est dans le transport maritime, après tout.

C'était une façon modeste de décrire leur situation. Les Reynaud avaient gagné leurs milliards non seulement dans le transport maritime, mais aussi dans les croisières de luxe.

— Grand-père profitait parfois de ses voyages d'affaires pour faire une halte ici.

— Ce devait être très amusant, répondit-elle, passant devant lui alors qu'il lui tenait la porte ouverte, laissant un sillage de parfum enivrant qui vint caresser ses narines.

— Il n'est un secret pour personne que nos parents n'étaient pas très présents dans notre vie, et nos grands-parents ne pouvaient pas se contenter de jouer avec nous comme le font des grands-parents ordinaires. Grand-père nous emmenait souvent au travail pour nous garder. J'ai beaucoup apprécié ta façon de jouer le même rôle avec les familles des joueurs de l'équipe.

Elle avait un vrai talent pour mettre les gens à l'aise, pour qu'ils se sentent les bienvenus dans un groupe, et c'était quelque chose qu'il admirait chez elle. Personne ne se sentait abandonné si elle était présente. Grâce à elle, les gens avaient l'impression de compter réellement pour les autres.

— Les enfants apprennent mieux lorsqu'ils voyagent avec leurs parents et découvrent le monde de leurs propres yeux. Qu'aimais-tu le plus, à La Nouvelle-Orléans, lorsque tu étais enfant ?

— La musique. La musique des rues. Moi, je chantais avec les musiciens, et Jean-Pierre dansait. Il était formidable.

— Et que faisait Gervais ?

— Il se contentait de battre discrètement la mesure du bout du pied.

— Cela lui ressemble bien. Et Dempsey ?

— Ces voyages avaient cessé au moment où il a rejoint notre famille.

L'intégration de Dempsey dans la famille avait été un processus long et difficile. Aujourd'hui, ils étaient très proches, et c'était Jean-Pierre qui était parti vivre ailleurs. Mais l'heure n'était pas à la mélancolie. Il devait profiter de l'instant présent.

— Et si nous allions manger quelque part ? proposa-t-il. Qu'est-ce qui te plairait ?

— Un lieu simple, pour rester dans le ton de notre journée touristique. Un restaurant en plein air, où tu pourras continuer à me parler.

— Pas de problème, dit-il en indiquant la façade couverte de lierre du Chevalier, un établissement à la fois convivial et intime, une combinaison idéale pour ses projets.

— Celui-là me semble parfait, approuva-t-elle.

Il la conduisit jusqu'à une table dans un coin du patio, tira sa chaise pour l'aider à s'asseoir, et prit place à côté d'elle. Une serveuse accourut aussitôt, deux menus à la main.

— J'espère que vous appréciez votre séjour à La Nouvelle-Orléans, dit-elle avec l'accent musical du Sud.

— Oh ! oui ! répondit Fiona. Ce voyage nous a vraiment fait tomber amoureux de cette ville.

Visiblement, elle appréciait ce jeu autant que lui. Comme ils étaient installés à l'extérieur, il pouvait garder sa casquette de base-ball et ses lunettes de soleil. Personne ne le reconnaîtrait, et sa femme — ô merveille — avait enfin une vraie conversation avec lui.

— Nous allons commander un gombo pour deux, dit-il en rendant les menus à la serveuse avec un grand sourire.

— Un excellent choix, commenta la serveuse en notant la commande sur son petit calepin.

Et, sur ce, elle quitta leur table.

— C'est merveilleux de pouvoir se fondre ainsi dans la foule, remarqua Fiona en fouillant dans les sacs contenant leurs emplettes.

— Je te l'avais dit. Une sortie sans aucune pression. Rien de tel pour retrouver la paix de l'âme.

— C'est vrai, convint-elle, étalant sur la table les colifichets qu'ils avaient achetés.

Ces souvenirs incluaient un masque de carnaval décoré de plumes aux couleurs éclatantes, un T-shirt pour lui, une planche à découper en bambou reproduisant la forme de la Louisiane, un petit alligator en peluche et, enfin, le collier de perles bleues qui serait absolument charmant contre la peau d'ivoire de Fiona.

— Et voilà notre meilleur achat de la journée ! s'exclama-t-elle en brandissant une poupée vaudoue.

— Tu es véritablement une indigène de Louisiane.

— Prenez garde, mon ami, ou vous tomberez pour toujours en mon immense pouvoir, répliqua-t-elle en agitant la poupée sous son nez.

— Ton énergie me laisse sans voix, répondit-il en riant.

Il ramassa le collier et le tint un instant dans la lumière. Le soleil faisait scintiller les perles de verre bleu, taillées pour capturer la lumière.

— Puis-je t'aider à mettre le collier ?

— Oui, merci, répondit-elle en relevant la masse de ses cheveux et en se retournant pour lui offrir sa nuque.

Il éprouvait un besoin douloureux de la toucher. Il passa le collier autour de son cou et attacha le minuscule fermoir avant de poser ses doigts sur la douceur de sa peau, respirant avec délices sa merveilleuse fragrance. Puis il ne put s'empêcher d'y poser les lèvres.

Mais, au lieu de se laisser aller contre lui, elle recula vivement d'un air embarrassé. Reprenant ses distances.

Il s'adossa à sa chaise et la dévisagea un instant, s'efforçant de comprendre.

— Pourquoi ne veux-tu pas que je te touche ? Ce n'est sûrement pas à cause des cicatrices. Je les ai déjà vues, et tu sais qu'elles ne me dérangent en rien. Tout cela est terriblement superficiel. C'est *toi* que je désire.

— Cette fois-là, lorsque nous avons essayé de faire l'amour, tu étais différent, murmura-t-elle d'un ton hésitant. Cet instant est resté entre nous.

— Naturellement, c'était différent. Tu venais de subir une opération importante.

— Mais tu me touches encore, tu me parles comme si j'allais me briser en mille morceaux devant toi.

— Tu es la femme la plus forte que je connaisse. Tu as pris une décision incroyablement difficile, et tu l'as affrontée avec grâce. Je suis extrêmement fier de toi, et c'est la stricte vérité.

— Merci. Mais je ne me sens pas forte. En grandissant, j'ai toujours été très choyée par mon père, qui a toujours craint que je meure de la même maladie que ma mère. Je ne voudrais pas avoir l'air d'une enfant gâtée, ou d'une femme entretenue qui se lamente sur son sort parce que son mari désire prendre soin d'elle.

— Je comprends parfaitement que tu as renoncé à une carrière afin que nous puissions voyager ensemble, et que tu consacres une grande partie de ta vie à faire le bien autour de toi, alors que tu pourrais vivre comme certaines des épouses des joueurs, et passer ton temps au spa. Au lieu de cela, tu organises des événements qui ont rapporté des centaines de milliers de dollars à des œuvres caritatives. Sans oublier les aventures familiales et les activités éducatives destinées aux enfants qui accompagnent leur papa pour le voir jouer.

— Pourquoi me dis-tu tout cela ? s'enquit-elle d'un ton soupçonneux.

— Pour te dire que j'ai remarqué ton travail acharné, et ton souci des autres. Ton grand cœur. Ton exemple est une inspiration pour nous tous.

— Dans ce cas, pourquoi ne me traites-tu pas comme si j'étais forte ? Pourquoi ne peux-tu pas croire que je *suis* forte ?

Croire ?

Il retourna ce mot dans son esprit comme une pièce de puzzle. Pourquoi pouvait-il saisir d'un seul coup d'œil toutes les nuances d'une stratégie de défense, y détecter les faiblesses et les menaces potentielles avec une précision totale, alors qu'il était incapable d'interpréter ce simple mot de son épouse ? Ce qui lui manquait, c'était la sensibilité aux émotions des autres, la résonance émotionnelle qui caractérisait Fiona. Il se battait contre des moulins à vent.

Et cela le consternait. Il avait cru la protéger, pas la traiter comme si elle était aussi fragile que du cristal.

Il ne savait vraiment pas quoi répondre à sa question.

- 6 -

Fiona ouvrit la portière de la Mustang et posa les pieds sur le sol du garage. Avant qu'elle n'ait eu le temps de descendre, Henri était déjà devant elle et lui tendait la main pour l'aider.

Posant sa main sur la sienne, elle se redressa, et, dans ce mouvement, leurs corps se retrouvèrent l'un contre l'autre. Pour la première fois depuis des mois. Leurs souffles semblaient se mêler dans l'étroit espace entre eux. Elle sentit qu'elle rougissait, et son pouls s'accéléra sous l'effet d'un mélange d'anticipation et de nervosité.

Mais, cette fois, ce fut lui qui prit ses distances.

— Je vais devoir couvrir la voiture, murmura-t-il en relâchant sa main.

Il marcha jusqu'à un coin du garage et ramassa une grande housse de toile pour protéger le véhicule. Il avait toujours eu à cœur de veiller soigneusement sur tout ce qu'il possédait. Le besoin de protéger était dans sa nature, et c'était l'une des facettes de sa personnalité qui le rendaient follement sexy.

Les derniers rayons du soleil couchant pénétraient par les fenêtres du garage, inondant les murs d'une lumière ambrée. Elle avait toujours adoré cette époque de l'année à La Nouvelle-Orléans. Les arbres se paraient des couleurs vibrantes de l'automne, et l'écrasante chaleur humide faisait place à des températures parfaites.

L'automne était là. Il était temps pour les feuilles mortes de tomber des arbres, et, même dans ce Sud profond, c'était le temps du changement. A cette idée, un frisson la parcourut tout entière.

Son mariage serait comme l'une de ces feuilles mortes. Comme une jolie feuille morte tombant sans bruit sur le sol de la forêt. Parfaite, vibrante de couleurs, mais incapable de résister aux rigueurs de l'hiver.

Faisant un effort pour se ressaisir, elle s'obligea à tourner son regard vers Henri, qui achevait de couvrir soigneusement sa voiture pour la nuit. Ses épaisses boucles sombres retombaient légèrement sur ses oreilles. Sur le trajet du retour, il s'était débarrassé de sa casquette de base-ball et de ses lunettes de soleil, et, à présent, il se tenait devant elle dans un T-shirt un peu délavé sans aucune prétention. simple et merveilleusement naturel. Il n'était plus l'idole des fans de football, la star de l'équipe des Hurricanes. Il était simplement un homme ordinaire. Et il était à elle.

Elle s'assit sur le bord de l'établi contre le mur du garage, et se laissa aller un instant à admirer le jeu des muscles qui tendaient au maximum les manches de son T-shirt. Mais elle remarqua aussi les meurtrissures à peine visibles sur sa peau hâlée. Le résultat des longues séances d'entraînement intensif sur le terrain, et d'une détermination qu'elle avait toujours admirée chez lui. L'immense fortune de sa famille aurait pu lui permettre de ne pas travailler, et pourtant il mettait toute son âme à faire gagner son équipe.

Après l'intense discussion qu'ils avaient eue, leur excursion s'était poursuivie sans que ni l'un ni l'autre n'éprouvent le besoin de parler. Cette sortie avait-elle été une bonne ou une mauvaise idée ? Leur ancienne conseillère matrimoniale les y aurait sûrement encouragés, en tout cas.

Durant le temps assez bref de la thérapie qu'ils avaient suivie dans le passé, l'un et l'autre avaient alterné les silences boudeurs et les éclats de colère. Alors, ils avaient annulé les rendez-vous suivants. S'ils avaient persévéré plus longtemps, s'ils avaient fait plus d'efforts, seraient-ils ici, à cet instant ?

L'idée de la biopsie qui l'attendait continuait à l'angoisser. Elle avait toujours pensé qu'elle avait jusqu'à la fin de la saison de football pour sortir de son mariage de la façon la moins douloureuse possible, mais cette nouvelle menace sur sa santé changeait radicalement le calendrier de leur relation. Si elle ne mettait pas rapidement un terme à leur mariage, il refuserait catégoriquement de divorcer, et ce, pour les mauvaises raisons. Il resterait à ses côtés pour l'aider dans son combat contre la maladie. Une attitude très chevaleresque, certes, mais sans aucun rapport avec l'amour, qui devrait être le ciment entre deux époux.

Elle poussa un soupir. Après la journée qu'ils venaient de vivre ensemble, elle allait mettre ces réflexions entre parenthèses. Elle avait épousé un homme sexy, généreux et aimant, et elle n'avait jamais cessé de le désirer. Cette journée avec lui était venue lui rappeler que son désir était toujours aussi fort. Cette nuit était peut-être la dernière où elle serait encore à peu près à jeu égal avec Henri. Alors elle avait décidé de la lui offrir.

Leur dernière nuit ensemble.

Bien sûr, elle aurait à surmonter son embarras à l'idée de lui montrer ses cicatrices, mais il l'avait aidée à s'habiller plus d'une fois, lorsqu'elle était à l'hôpital. Il avait vu les incisions. Ils avaient même tenté de faire l'amour, en une occasion. Sans succès, il est vrai. Il connaissait bien ces cicatrices, qui, d'ailleurs, s'étaient beaucoup estompées. Les meilleurs chirurgiens plasticiens avaient accompli un travail de reconstruction parfait, mais elle ne pouvait s'empêcher de se sentir moins que normale.

Cette nuit serait leur dernière opportunité de céder à leur passion, une passion contre laquelle elle luttait depuis des mois. Elle brûlait de le toucher, de se blottir contre son corps vigoureux. D'être avec lui. Après… rien ne serait jamais plus pareil entre eux. Voilà pourquoi, cette nuit, elle allait écrire ses propres règles. Se permettre cette folie. Et éviter de penser à l'avenir.

Elle prit une profonde inspiration. L'air sentait les feuilles mortes et l'essence. C'était maintenant ou jamais.

— Henri, sortons dans le jardin, veux-tu ? Profitons de ce coucher de soleil. Cette magnifique serre que tu as fait restaurer est le plus beau cadeau que tu m'aies jamais fait. A part ces marguerites, naturellement.

— Euh… oui, bien sûr, répondit-il, visiblement surpris. C'est une excellente idée.

Ils sortirent dans le jardin, et elle se dirigea vers la serre d'un pas hésitant. Les derniers rayons du soleil accrochaient des lueurs d'incendie à l'horizon. Dans le calme du crépuscule, on n'entendait que les trilles lointains de quelques oiseaux.

— Je suis heureux de constater que tu as quelques bons souvenirs de ce lieu, murmura-t-il.

Il parcourut du regard leur jardin. Leur maison. Celle qu'ils avaient entièrement rénovée ensemble, avec une passion qui leur avait manqué lorsqu'il s'était agi de préserver leur couple.

— J'ai énormément de bons souvenirs, ici, assura-t-elle en glissant sa main dans la sienne, premier pas timide dans son plan de séduction. Je les garderai toujours comme un trésor.

— Moi aussi.

Il ouvrit la porte de la serre, et il l'entraîna à l'intérieur. L'air doux et humide était chargé de senteurs de romarin et de capiteux parfums de fleurs. C'était un contraste total avec le jardin. Ici, les plantes n'avaient pas encore succombé aux changements de l'automne. Les feuilles étaient toujours vertes, les fleurs, toujours épanouies. C'était un environnement protégé, où tout était vivant, tout était possible.

— Te souviens-tu de notre voyage à New York ? s'enquit-elle d'un ton léger.

— Je n'y avais plus pensé depuis une éternité, mais je m'en souviens très bien. L'un des meilleurs matchs de toute ma carrière.

— Et ? l'encouragea-t-elle, alors qu'ils marchaient vers le fond de la serre où ils avaient installé une table et quelques meubles de jardin.

— Et l'une des galeries d'art les plus intéressantes où j'aie jamais mis les pieds. Mais, bien sûr, j'étais accompagné de mon propre guide personnel.

Il s'assit sur le coussin moelleux d'une chaise longue, et lui fit signe de s'installer près de lui. Elle retint son souffle et s'assit précautionneusement à ses côtés.

— Mes études aux Beaux-Arts sont quelquefois bien utiles…

— C'est probablement l'une des raisons pour lesquelles tu es tellement brillante dans l'organisation des événements caritatifs : tu approches les problèmes avec une merveilleuse créativité.

Ses derniers mots n'étaient plus qu'un murmure, et sa main caressait délicatement les cheveux de sa nuque. A ce simple contact, elle sentit un frisson de plaisir courir sur sa peau, d'autant plus fort qu'elle s'était trop longtemps privée de ces sensations. De ces caresses. Elle était tentée de renverser sa tête en arrière et de se laisser aller tout contre lui, d'exiger davantage. Mais, au cours de ces derniers mois, elle s'était trop souvent refusée à lui, et, cette fois-ci, elle tenait à ce que ses intentions soient claires.

Elle se tourna face à lui et se rapprocha pour nouer ses bras autour de son cou, avant de déclarer :

— Henri, je ne peux pas nier que je te désire.

Elle vit une flamme s'allumer instantanément au fond de ses yeux sombres, mais elle s'obligea à poursuivre :

— S'il te plaît, essaie de ne pas comprendre dans mes paroles autre chose que ce que j'ai voulu dire, mais, à cet instant, j'ai simplement envie que nous finissions cette journée ensemble. Pour nous fabriquer un nouveau souvenir, quoi que demain puisse nous réserver.

Elle espérait qu'il la comprendrait. Qu'il ne se détournerait pas d'elle, même si elle n'était pas sûre de le mériter, dans de telles conditions.

— Dis quelque chose, murmura-t-elle. N'importe quoi.

— Tu m'as laissé muet de surprise. Que pourrais-je te répondre, à part oui ? Mille fois oui, bien sûr.

Un merveilleux sentiment de soulagement l'envahit tout entière, et elle se détendit. Mais, presque aussitôt, un autre sentiment vint remplacer le premier. Les mains d'Henri caressaient ses bras. Remontaient jusqu'à ses épaules. Le soleil s'était couché, et l'éclairage de la serre s'était allumé automatiquement, une lumière douce qui ajoutait une aura romantique à l'espace verdoyant qui les entourait.

Maintenant, ses doigts avaient trouvé sa nuque, se glissaient dans sa chevelure, et il l'attira à lui jusqu'à ce que leurs bouches soient toutes proches l'une de l'autre. Son souffle tiède caressait ses lèvres.

Son cœur battait la chamade. C'était un instant d'éternité. Elle avait presque oublié la rapidité avec laquelle il pouvait l'envoûter avec un seul regard. Une simple caresse.

Puis ses lèvres vinrent se poser sur les siennes, et il la serra tout contre lui. C'était un baiser vibrant de tension et de désir. Elle la sentait dans l'étreinte de ses bras, dans la douceur de ses caresses. Il la *connaissait*. Elle se sentit fondre contre lui, son corps épousant étroitement les courbes du sien. Elle respirait avec délices l'air embaumé par les fleurs et la fragrance unique de son homme, le parfum de sa peau mêlé à une note d'after-shave, le tout amplifié par l'atmosphère tropicale de la serre.

Elle laissa ses mains explorer son large dos à la musculature saillante, et la passion qui les animait gagna en intensité, leur désir mutuel flamba hors de contrôle. Elle le désirait plus qu'elle ne l'aurait cru possible. Comment aurait-il pu en être autrement ? La passion avait toujours été une constante de leur relation, et elle brûlait toujours entre eux, plus incandescente que jamais.

Il s'écarta d'elle, et sa distance la laissa un instant perdue. Elle le dévisagea, luttant soudain contre le doute, et c'est alors qu'elle remarqua l'ombre d'un sourire coquin qui dansait sur ses lèvres.

Il saisit sa main, et, l'attirant à lui, il chuchota tout contre son oreille :

— Rentrons dans la maison. Dans la chambre.

— Et si nous restions plutôt ici, ensemble ? suggéra-t-elle, faisant passer son T-shirt par-dessus sa tête avec des doigts fiévreux.

— J'ai toujours adoré ton esprit d'aventure.

Les doigts agiles d'Henri se glissèrent sous sa robe. Il caressa la zone sensible derrière son genou, puis ses mains remontèrent lentement jusqu'à l'arrondi de ses hanches, et il l'embrassa à nouveau, affolant ses sens. Elle se rapprocha encore de lui jusqu'à ce qu'elle soit pratiquement assise sur ses genoux, et il atteignit enfin l'élastique de sa culotte. Puis ses doigts se glissèrent sous la dentelle. Une vague de désir brûlant déferla en elle, et elle se blottit étroitement contre lui alors qu'il faisait glisser la culotte sur ses jambes, puis la laissait tomber sur le sol.

Elle sentait tout son corps trembler d'anticipation.

Quelques ecchymoses étaient visibles sur les bras d'Henri, le résultat de chocs brutaux sur le terrain avec des adversaires bien décidés à lui arracher le ballon, et soudain elle fut consciente de ses propres cicatrices. Que penserait-il d'elle ? Lorsqu'elle releva les yeux vers les siens, elle s'aperçut qu'il l'observait, une expression d'attente sur le visage.

— Je ne suis pas faite de cristal, rappela-t-elle autant pour lui que pour elle-même. Je suis forte. Je suis une survivante.

— Je le comprends parfaitement. Et, avant d'aller plus loin, je veux que tu saches que j'imagine très bien l'aspect que doivent avoir tes cicatrices aujourd'hui. Et pas seulement parce que je t'ai vue à l'hôpital, mais parce que je me suis longuement entretenu avec ton chirurgien plasticien. Je désirais comprendre ce qui se passerait avant, pendant et après, au cours des années à venir.

A ces mots, une sensation de froid l'envahit.

— Pour ne pas être choqué, et dégoûté pour la vie lorsque je rentrerais à la maison ?

— Pas du tout. Je m'inquiétais seulement pour toi. Je désirais te soutenir. Et, bien entendu, je ne voulais pas avoir l'air surpris ou triste, pour ne pas risquer de te faire de la peine. Surtout après les épreuves que tu avais traversées.

Elle se détendit. Il était sincère, elle le savait. Et elle refusait de laisser son insécurité émotionnelle la priver de cette nuit à venir. De *leur* nuit.

— Et maintenant qu'en penses-tu ?

C'était la première fois qu'elle osait lui poser la question.

— Je suis heureux que tu sois hors de danger, je prie chaque jour pour que cela reste ainsi.

— De la pitié ? répliqua-t-elle en saisissant fermement son poignet. De la peur ? Tout cela n'est pas très excitant.

— C'est seulement que je tiens à toi, corrigea-t-il en recueillant un sein dans sa paume. Tu me connais.

Elle fut parcourue d'un délicieux frisson, et une nouvelle vague de désir déferla sur elle. Elle ressentait une étrange euphorie : son corps revenait à la vie ! Elle était là, une femme différente des autres, plus forte, peut-être plus belle encore qu'avant. Une femme qui malgré la terreur de la maladie, et la douleur d'avoir renoncé à une partie d'elle-même, était encore capable de désirer. Et qui était désirée.

Alors, elle s'abandonna à lui. Il acheva de la déshabiller avec des gestes tendres, avec une infinie douceur. Ses mains agiles défirent l'agrafe de son soutien-gorge. Les dernières lueurs du soleil couchant et les lampes de la serre projetaient des lueurs dansantes sur sa peau nue, l'éclairant tout entière, cicatrices y compris. Et ses seins affichaient une fermeté plus insolente que par le passé.

Elle avait beau savoir que ses cicatrices n'étaient plus que des lignes rose pâle à peine visibles, cela ne l'empêchait pas de ressentir une certaine gêne.

Mais, lorsqu'elle osa affronter son regard, ce qu'elle y lut, c'était un désir fiévreux qui ne cherchait pas à se dissimuler, et une étrange expression de révérence. Il cueillit une fleur dans une jardinière près d'eux, et traça lentement le contour de ses cicatrices avec les pétales soyeux.

— Tu es si belle ! murmura-t-il d'une voix rauque. J'adore chaque centimètre carré de ton corps.

— Tu n'es pas obligé de dire cela.

— T'ai-je jamais menti ?

— Pas à ma connaissance.

— Alors, crois-moi. Aie confiance en moi. Lorsque je te regarde, ce que je vois, c'est la beauté. Et, mieux encore, je vois ta force, et elle me fascine. Pour moi, c'est le spectacle le plus excitant du monde.

Tour à coup, elle se sentit plus déterminée que jamais à vivre pleinement cet instant. Elle laissa glisser ses mains sur ses pectoraux nus et, d'une douce poussée, elle le força à s'allonger sur la chaise longue. Tandis que le soleil achevait de disparaître derrière l'horizon, elle contempla ses muscles saillants, et elle le vit prendre une profonde inspiration. Dans ses yeux, elle lisait une attirance égale à celle qui flambait en elle.

Elle tendit les mains et le débarrassa de son short, puis elle s'avança pour s'installer à califourchon sur lui, ses hanches étroitement pressées contre les siennes.

Elle ne s'était pas sentie aussi vivante depuis des mois.

Henri n'avait pas la moindre idée de ce qui avait bien pu faire changer Fiona d'avis, mais, après plus de six mois d'abstinence forcée, il n'était pas question de laisser passer cette opportunité de retrouver sa femme. De goûter, d'adorer chaque centimètre carré de son corps merveilleux.

S'interdire de s'approcher d'elle, jour après jour, avait été un véritable enfer. Juste après ses opérations, il avait été facile de lui laisser tout l'espace dont elle avait besoin, et le temps nécessaire pour guérir. Mais après cela, lorsqu'elle avait retrouvé ses forces, sa santé, il avait dû faire appel à toutes ses réserves de volonté pour continuer à garder ses distances avec elle.

Et maintenant, par on ne sait quel miracle, elle était à nouveau à lui. Elle était là, dans ses bras.

Il recueillit ses seins dans ses paumes pour les caresser avec délices, et il eut la satisfaction de l'entendre gémir de plaisir. Elle était la femme la plus sexy du monde. Ses invitations silencieuses au sexe, ses soupirs pâmés, ses mains caressantes, et même la fragrance de sa longue chevelure, lorsqu'ils faisaient l'amour, lui avaient affreusement manqué.

Et c'est pourquoi, à cet instant, la sensation de sa peau nue contre la sienne l'étourdissait.

Elle ondulait fiévreusement des hanches contre lui, et sa féminité moite et brûlante pressait contre son érection. Et, après cette longue traversée du désert, son désir devenait à chaque seconde plus incontrôlable. Il ne voyait pas ses cicatrices, ou à peine. Il la voyait, *elle*. Son épouse vigoureuse et si belle qu'il en restait ébloui. Une survivante, qui affrontait la vie avec force et courage. Une femme au grand cœur qui consacrait tout son temps à faire avancer des causes justes, qui était toujours là pour aider les autres épouses de joueurs lorsqu'elles avaient besoin d'elle.

Lors de son prochain match, en Arizona, elle l'accompagnerait, même si c'était dans un autre avion, avec les familles des joueurs. Il adorait la retrouver après le match, décompresser avec elle, parler avec elle de ce sport qui était sa vie.

Tout cela lui avait énormément manqué. Mais ceci ?

Il avait l'impression d'avoir tiré le numéro gagnant à la loterie en lui proposant de sortir avec lui ce soir.

Elle appuya ses mains contre son torse. Il s'empara de ses hanches, la soulevant, la guidant…

Là où elle aurait toujours dû être.

Lorsque son sexe se resserra autour de lui, il faillit basculer instantanément dans l'abîme. Elle était délicieuse.

Elle était la femme de sa vie.

Chaque va-et-vient de ses hanches était un instant de perfection. Leur vie sexuelle avait toujours été fabuleuse. Mais il avait oublié à quel point la sensation de son corps était incroyable. Peut-être était-il impossible de consigner un moment aussi spécial dans sa mémoire.

Il devait simplement être vécu.

Leurs corps se mouvaient dans une harmonie parfaite, un rythme commun. Ils étaient étroitement unis. Sa bouche dévorait ses lèvres, son épaule. Ses doigts délicats se glissaient dans ses cheveux. Elle respirait de plus en plus vite, et il sentait qu'elle approchait de l'instant de la délivrance, qu'elle en était tout près. Il connaissait son corps par cœur, et il avait bien l'intention d'utiliser cette connaissance pour la conduire jusqu'à l'orgasme tout en retardant le sien aussi longtemps que possible. Il n'était pas question d'y arriver avant elle.

Il glissa deux doigts entre eux pour caresser le bouton de chair rose à la jonction de ses cuisses, et elle poussa un gémissement étranglé, avant de laisser retomber sa tête en arrière, pour le chevaucher plus fort, plus vite. Elle avait fermé les yeux, et sa respiration s'était faite haletante.

Il se délectait de ce spectacle. Ce n'était pas une fleur fragile qu'il serrait dans ses bras. Elle participait à ce corps à corps avec une énergie farouche, une passion qui enflammait ses joues. Puis, enfin… un cri de pure félicité s'échappa de ses lèvres merveilleuses, rompant le silence végétal de la serre. Un oiseau s'envola quelque part dans les chevrons de la charpente.

Il entra encore plus profondément en elle tandis qu'un orgasme puissant explosait dans tout son corps. Son cœur battait comme s'il allait éclater. C'était une sensation… inouïe, que les mots ne pouvaient pas décrire, même s'il avait été en possession de toutes ses facultés mentales à cet instant, ce qui n'était pas le cas. Il n'était conscient que des pulsations de plaisir qui se répercutaient dans tout son être.

Elle s'abattit contre son torse, et il sentit le souffle tiède de son long soupir contre sa peau. Leur transpiration faisait adhérer leurs corps l'un à l'autre, les unissant davantage encore, immobiles, serrés dans une étreinte d'une merveilleuse douceur.

Il avait travaillé durant des mois à rendre ce moment possible. Un moment d'union totale. Un lien réel entre eux, fait d'émotion et de confiance mutuelle. Et enfin, après des mois de confusion et de frustration, il se sentait revivre.

Leur mariage pouvait peut-être encore être sauvé. Leur voyage en Arizona pour son prochain match serait comme un retour au bon vieux temps.

Blottie dans les bras d'Henri sur la chaise longue, Fiona songeait déjà à tout ce qu'elle allait faire à ce corps d'athlète au cours de la nuit à venir. Bien entendu, ils allaient devoir d'abord rassembler leurs vêtements éparpillés, car il était hors de question de traverser le jardin nus. Même s'ils étaient dans une propriété privée, il y avait toujours le risque qu'un paparazzi tapi dans l'ombre essaie de les photographier au téléobjectif.

Rien, absolument rien, ne pouvait venir gâcher cette soirée avec lui. Elle devait profiter de chaque seconde, car ce serait tout ce qu'ils auraient jamais. Elle ne pouvait même pas l'accompagner en Arizona à cause de la biopsie qu'elle s'apprêtait à subir.

Même si elle avait osé le lui avouer, cela aurait seulement eu pour effet de lui faire perdre sa concentration avant un match crucial, et elle savait qu'il ne pouvait pas se le permettre. De toute façon, elle n'avait aucune intention de lui parler de la biopsie. L'excuse de son travail lui permettait surtout de mentir en se sentant moins coupable.

Elle aborderait ce sujet plus tard.

— Tu m'as manqué, murmura-t-il, déposant un baiser dans ses cheveux.

— Cette proximité m'a manqué, à moi aussi. Nous avons traversé beaucoup d'épreuves, toi et moi. Nous avons beaucoup souffert de tant de rêves brisés. Peut-être, si la situation avait été plus simple, pour nous deux…

— Je suis désolé, Fiona. Infiniment désolé de n'avoir pas pu t'aider davantage. Nous pouvons encore avoir des enfants. En les adoptant, en devenant famille d'accueil, cela m'est égal.

La tentation de ses douces paroles… elle aurait tout donné pour pouvoir renoncer à toute prudence, se perdre corps et âme dans la promesse de ses yeux, mais le spectre de la peur tapi en elle l'en empêchait.

— Henri, tu sais bien qu'il ne serait pas juste de les accueillir dans un mariage aussi incertain que le nôtre.

— Tu n'avais pas écarté d'emblée l'idée d'une adoption, remarqua-t-il. En tout cas, pas au début. Pourquoi as-tu changé d'avis ? Est-ce parce que tu ne me fais pas confiance ? Parce que tu ne crois plus en notre mariage ?

— Il ne s'agissait pas seulement de nous. Je mentirais en affirmant que mon patrimoine génétique ne m'a pas causé beaucoup d'inquiétudes, ces derniers temps. Toutes les femmes de ma famille ont succombé au cancer. J'ai peur de mourir, naturellement, mais l'idée qu'un enfant perde sa mère… me terrorise. Mais, moi aussi, j'ai envisagé l'adoption. Je n'étais pas certaine de ce que, toi, tu en penserais.

— Nous n'avons jamais vraiment abordé les sujets importants, tous les deux, n'est-ce pas ?

Il avait raison. Et pourtant elle ne pouvait pas se résoudre à lui parler de sa biopsie. Elle savait qu'il s'attendait à ce qu'elle soit sur les gradins à le soutenir, durant le match de ce week-end. A l'idée de le décevoir, son cœur se serrait.

Mais, pour le meilleur ou pour le pire, c'était une situation qu'elle devait affronter seule.

- 7 -

Allongée près d'Henri dans le grand lit à baldaquin de leur ancienne chambre, Fiona savourait ses souvenirs de cette nuit passée. Ils avaient fait l'amour dans la serre, sous la douche, puis dans ce lit.

Ils avaient dormi nus dans les bras l'un de l'autre. Ou, plus exactement, *il* avait dormi. Elle-même n'avait pas fermé l'œil. Trop d'émotions se bousculaient en elle pour qu'elle puisse espérer trouver le sommeil.

L'aube approchait à grands pas, et elle était plus réveillée que jamais. Elle avait passé toute la nuit à veiller sur le sommeil paisible d'Henri, à savourer sa respiration lente, tranquille, son expression détendue.

Elle sentit son cœur se serrer. Cette nuit était la dernière qu'elle passerait dans les bras de cet homme si incroyablement sexy.

Même si sa biopsie ne révélait rien cette fois-ci, qu'en serait-il la prochaine fois ? Elle voulait graver cet instant dans sa mémoire, le garder dans sa conscience durant le restant de sa vie. Le naufrage de leur mariage avait été une souffrance, mais, même si elle aimait toujours Henri, elle savait qu'en partant elle leur rendrait service, à lui et à elle.

Elle le contempla longtemps, mémorisant tous ces petits détails qui faisaient de lui un homme unique. Une aube incertaine éclairait maintenant le ciel, et les premiers rayons de soleil filtrant dans la chambre éclairèrent la barbe naissante sur ses joues, soulignant sa mâchoire volontaire. Ses longs cils épais tressaillirent presque imperceptiblement.

La culpabilité, l'anxiété lui serraient l'estomac. Lorsqu'il saurait qu'elle ne comptait pas l'accompagner en Arizona, il serait dévasté. Il comprendrait que cette nuit passée n'avait rien changé entre eux, et cette révélation le blesserait jusqu'au tréfonds de son être. Mais elle n'y pouvait rien. Sa décision était prise.

Les draps bruissèrent, et il s'agita à ses côtés. Toujours endormi, il se serra contre elle, et elle l'entendit grogner de satisfaction. Puis il ouvrit les yeux et rencontra son regard.

Il tendit une main pour caresser sa joue, puis il l'attira à lui et déposa un tendre baiser sur ses lèvres.

— Bonjour, soleil de ma vie.

Pressant son visage contre le sien durant un instant, la gorge serrée, elle savoura pour la dernière fois ces délicieuses sensations, avant de répondre :

— Bonjour à toi aussi.

Il s'étira paresseusement, puis il roula dans le lit et la souleva pour la placer au-dessus de lui, serrant son corps nu entre ses bras musclés. Tournant la tête, il jeta un coup d'œil au rayon de soleil qui s'immisçait déjà entre les rideaux, puis il poussa un profond soupir.

— Je ne m'étais pas rendu compte qu'il était déjà si tard, dit-il en tapotant ses fesses. Nous devons commencer à nous préparer. J'ai un avion à prendre. Je sais que le tien ne décolle que plus tard, mais j'adorerais prendre un bon petit déjeuner avant de partir. Je sais que tu dois faire tes bagages…

Elle ne pouvait pas le laisser poursuivre plus longtemps.

— Henri, je ne serai pas dans l'avion avec les autres épouses.

Il se redressa lentement en position assise dans le lit pour la dévisager, puis il hocha la tête.

— Je comprends. Tu dois intervenir à la dernière minute pour sauver ce gala de bienfaisance, et tu seras trop occupée.

Il aurait été si facile de profiter de l'excuse qu'il venait de lui servir sur un plateau d'argent pour éviter une explication pénible. Hélas, le moment était venu de mettre fin à leur trêve.

— Henri, dit-elle d'une voix douce, recueillant son visage entre ses mains. Cette nuit a été incroyable. Un merveilleux hommage à ce que nous avons partagé, toi et moi. Mais c'était aussi un adieu.

Elle vit un éclair de colère s'allumer dans ses yeux.

— J'ignore ce qui peut te faire dire une chose pareille, mais tu te trompes, Fiona, gronda-t-il. Cette nuit a renforcé ma conviction que rien n'est fini entre nous.

— Tu peux croire ce que bon te semble, mais ma décision est irrévocable, répliqua-t-elle, serrant le drap contre sa poitrine. Nous pouvons retarder l'annonce officielle si tu le souhaites, mais nous ne pouvons pas continuer à jouer cette comédie avec nos familles. Ce n'est pas juste.

Il se contenta de la dévisager en silence, les mâchoires crispées. Elle souffrait de l'avoir blessé, mais, s'il avait deviné son secret, cela aurait été pire encore.

D'une voix qui parut éteinte à ses propres oreilles, elle dit simplement :

— Tu vas rater ton avion.

Poussant un long soupir, il se détourna d'elle, rejeta le drap et se leva pour sortir de la chambre.

Et aussi de sa vie.

Les Hurricanes voyageaient habituellement dans le jet de l'équipe, mais, ce jour-là, l'appareil était cloué au sol pour des travaux de maintenance. L'équipe partit donc pour l'Arizona à bord d'un jet loué pour l'occasion.

Henri restait indifférent aux somptueux aménagements de l'avion, aux sièges de cuir cossus, au plan ouvert de la cabine qui donnait davantage l'impression de se trouver dans un élégant salon que dans un avion. Il ne pensait qu'à Fiona. A la nuit qu'ils venaient de vivre ensemble. Jamais il n'avait été aussi près de la reconquérir. Certes, il avait retrouvé le chemin de son lit. Mais, comme toujours, une seule nuit ne lui avait pas suffi.

L'esprit ailleurs, il entendait à peine les voix de ses coéquipiers, qui échangeaient des passes de ballon d'un siège à l'autre.

En temps ordinaire, il aurait conduit lui-même l'action. Mais, aujourd'hui, le cœur n'y était pas. Sans compter qu'il était assis avec Gervais, le propriétaire de l'équipe, et quelques membres du bureau exécutif, et leurs places à l'avant de l'appareil les mettaient à l'abri de la mêlée.

Leur cousin du Texas, Brant Reynaud, qui jouait aussi avec les Hurricanes, vint s'arrêter un instant plus tard devant les sièges qu'occupaient Gervais et Henri, son smartphone à la main.

— Avez-vous jeté un coup d'œil aux commentaires du public sur Twitter ? Nos fans nous adorent. Les photos de l'équipe à l'aéroport sont devenues virales. Notre service de presse a fait un travail formidable. Le public est avec nous.

Brant assena une claque amicale sur l'épaule de Gervais et retourna rejoindre le reste de l'équipe. En réalité, Henri avait à peine entendu ce qu'il leur avait dit. Le regard fixé sur le lustre précieux au centre de la cabine, il pensait aux lèvres de Fiona, à sa peau, à son parfum…

Gervais sortit son propre smartphone pour jeter un coup d'œil aux derniers tweets, et son expression se durcit. Une foule de fans avait entouré Henri et les autres Hurricanes à l'aéroport. Ce genre de scène était tout à fait normal. Les fans étaient toujours friands d'autographes et de photos de leurs héros.

Mais, ce jour-là, cela s'était passé un peu différemment. Il tourna le grand écran de son smartphone vers lui pour lui montrer une photo.

Il se pencha pour mieux la voir, et son cœur cessa de battre. La fille blonde qui s'était montrée plus qu'amicale avec lui à l'aéroport avait posté une photo de la scène — une photo susceptible de créer un scandale. Des gens avaient vu leur mariage et leur carrière ruinés pour moins que cela.

La jeune femme était très jolie et elle était vêtue d'un short minimal et d'un petit haut de soie presque transparent. Elle l'enlaçait et l'embrassait sur la joue. Sortie de son contexte, l'image ne montrait pas les efforts qu'il avait faits pour la repousser et lui faire reprendre une attitude plus appropriée.

Une partie de lui-même regrettait une époque plus simple et moins connectée. La vitesse à laquelle certaines photos circulaient sur Twitter l'effrayait, car ce côté viral de l'information avait quelque chose d'accablant, même lorsqu'il s'agissait de bonnes nouvelles. Mais, dès lors que la situation avait quoi que ce soit d'ambigu… cela devenait une réelle menace.

Gervais se sentait très concerné par l'image de l'équipe, bien sûr, mais cela ne l'empêchait pas de s'inquiéter aussi pour son frère.

— Crois-tu que ce soit bien avisé, vu l'état actuel de ton mariage ? demanda-t-il.

— Je n'ai pas encouragé cette femme, se défendit-il, la gorge serrée. J'ai fait de mon mieux pour l'écarter de moi.

— Oh ! je le sais, convint Gervais d'un ton sévère. Mais ta carrière te place en permanence sous l'œil du public. Une seule photo, une simple phrase suffisent à tuer ta réputation.

— Crois-tu que je l'ignore ?

— Je te demande seulement de te montrer prudent, frérot. Ton mariage ne me paraît pas assez solide pour résister à ce genre de pression.

— Que t'a raconté Erika ? s'enquit-il, regrettant déjà d'avoir demandé conseil à Erika et à Adélaïde.

— Personne n'a eu besoin de me raconter quoi que ce soit, répondit Gervais en éteignant son smartphone.

— Tous les mariages traversent des zones de turbulences.

— Hum…

— Ne joue pas les grands frères énigmatiques avec moi, cela ne m'aide pas beaucoup. Que veux-tu dire ?

— Vous ne vous comportez plus de la même manière l'un avec l'autre, observa Gervais avec un haussement d'épaules. Vous ne vous touchez plus.

— Tu es au stade de tous les nouveaux amoureux, les yeux pleins d'étoiles, rétorqua-il, piqué à vif.

Il était agacé que son frère ait vu aussi juste dans son mariage.

— Avais-tu les yeux pleins d'étoiles ? s'enquit Gervais, sincèrement surpris.

Il fut à deux doigts de lui faire une repartie cinglante, puis il y réfléchit. C'était vrai. Il avait été absolument ébloui. Il avait aimé Fiona au premier regard. Que s'était-il passé ? Ou, mieux encore, comment en étaient-ils arrivés à leur situation présente ?

— Nous sommes frères, et, si ce que je vais te dire te met en colère, je t'en demande pardon d'avance, dit Gervais d'une voix douce. Je vais te parler franchement. Nous avons constaté chez d'autres couples que l'infertilité peut mettre en difficulté même les mariages les plus solides.

Gervais était ainsi. Il allait droit au cœur du sujet quand d'autres louvoyaient pour l'éviter. A l'évidence, l'infertilité n'était pas un problème pour son frère, puisque sa fiancée était tombée enceinte de jumeaux dès le premier week-end de leur rencontre.

Il était content pour son frère, bien sûr, mais malgré lui il ressentait aussi une pointe de jalousie.

— Je suis heureux pour Erika et pour toi, Gervais, mais crois-tu être le mieux placé pour me parler des tensions que peut causer l'infertilité dans un mariage ?

— Tu as raison. La vie est injuste. Avez-vous évoqué la possibilité d'une adoption ?

Le poids de leur secret était insoutenable et il n'en pouvait plus de le porter. Sans réfléchir, il lâcha :

— Notre problème n'est pas seulement de ne pas avoir d'enfants. Suite à une nouvelle fausse couche, Fiona a subi des examens qui ont révélé une grosseur dans son sein.

— Oh ! fit Gervais, sa voix descendant d'une octave. Sa mère et sa grand-mère n'avaient pas, elles aussi…

— Eté emportées par le cancer ? acheva-t-il à sa place. Justement, si. Et les examens ont montré que Fiona était porteuse du même gène.

— Je suis sincèrement désolé de l'entendre.

La pression de ce secret qu'il portait en lui depuis des mois fit s'ouvrir les vannes du souvenir, et il se trouva brusquement confronté à la réalité de sa situation. Fiona ne serait pas avec lui en Arizona. Très bientôt, elle ne ferait plus partie de sa vie du tout. Et… c'était une situation impossible à accepter.

— Il y a six mois, Fiona a subi une double mastectomie et une hystérectomie.

— Oh ! mon Dieu, Henri ! Je suis désolé ! Pourquoi ne nous en as-tu pas parlé ?

— C'est elle qui l'a voulu ainsi.

— Tu n'aurais pas dû porter ce fardeau tout seul, murmura Gervais en lui étreignant l'épaule. J'aurais été là pour te soutenir.

— Nous ne voulions pas courir le moindre risque que la presse l'apprenne. Notre vie privée était… est très importante pour nous deux.

Il était tout de même heureux de pouvoir compter sur le soutien de son frère. Il savait que toute la famille serait là pour lui — et pour Fiona aussi, si elle permettait un jour à qui que ce soit de l'approcher autant.

— C'est ta décision, et je la respecte, conclut Gervais. Mais je suis là si tu as besoin de moi, et il n'y a rien de mal à avoir besoin de quelqu'un. Elle et toi avez perdu votre mère à un jeune âge. C'est une situation très difficile à accepter.

S'il y avait un trait de caractère chez Gervais que personne ne pouvait contester, c'était sa loyauté totale vis-à-vis de sa famille. Elle était sa tribu.

Mais cela ne modifiait en rien la réalité. Une réalité qui faisait encore bouillir son sang.

— Sa mère est décédée, rappela-t-il. La nôtre est partie parce qu'elle était furieuse contre papa, qui la trompait sans vergogne.

— La mort est tragique, mais la trahison fait très mal aussi. Notre mère nous a abandonnés, alors que nous n'avions aucune responsabilité dans les frasques de papa.

Je comprends qu'après cela il te soit difficile d'accorder ta confiance à quelqu'un. Moi aussi, j'ai eu ce problème, autrefois.

— Fiona n'est pas ma mère.

— Mais elle te quitte, rappela Gervais. Ou peut-être est-ce toi qui l'as repoussée ?

— Absolument pas, rétorqua-t-il, outré. Je fais tout ce qui est en mon pouvoir pour la reconquérir.

— Si tu le dis…

Là-dessus, Gervais détourna le regard, s'adossant à son fauteuil.

Il fronça les sourcils.

— Je croyais que tu étais ici pour m'aider, grommela-t-il.

Pour toute réponse, Gervais sortit son smartphone et fit défiler sa liste de contacts, s'arrêtant au numéro d'Erika.

— Pour cette mission, je vais devoir appeler des renforts, déclara-t-il. Je songe à une certaine princesse d'une efficacité redoutable que je connais et que j'adore.

Et, comme si c'était tout naturel, Gervais appela Erika, lui demandant de faire livrer des fleurs à Fiona de la part de son mari.

Au fond, il avait peut-être réellement besoin d'aide pour reconquérir sa femme.

La douleur de la biopsie n'avait pas été pire que celle qu'elle ressentait dans son cœur. Elle souffrait, parce qu'un chapitre de sa vie était en train de se refermer — c'était la fin de l'amour.

Elle avait pris un taxi pour se rendre au cabinet médical, parce qu'elle ne voulait pas courir le risque que le chauffeur des Reynaud raconte à quelqu'un qu'elle était allée consulter un médecin.

Allongée sur la table d'opération, elle avait regretté qu'Henri ne soit pas là pour lui tenir la main. Au demeurant, l'équipe médicale n'aurait laissé entrer personne d'autre. Mais le seul fait de savoir qu'il était là, dans la salle d'attente, lui aurait peut-être apporté un certain réconfort… seulement, elle avait pris sa décision, et elle devait s'y tenir.

Et, à présent, elle se trouvait dans la bibliothèque, où elle était allée chercher refuge parmi les livres et les œuvres d'art. Pelotonnée dans un grand fauteuil victorien sous un plaid de shetland moelleux, elle espérait que le pouvoir de la littérature et de l'art réunis s'infiltrerait dans ses veines et l'aiderait à se sentir à nouveau entière.

Elle commençait à se sentir un peu mieux lorsque quelqu'un frappa à la porte. Dans un sursaut d'orgueil, elle rassembla toute son énergie et se dirigea vers la porte, les cheveux attachés sur le sommet de sa tête en un chignon sommaire.

Ce jour-là, elle s'attendait à tout, sauf à avoir de la compagnie. Elle souffrait le martyre, et elle avait besoin d'être seule pour panser ses blessures et pleurer tout ce qu'elle avait perdu.

Lorsqu'elle ouvrit la porte, elle se figea, ébahie.

Erika se tenait devant elle, chargée d'un énorme bouquet de lys et de gypsophiles et d'une somptueuse boîte de chocolats belges, accompagnés d'une carte.

— Erika, quelle surprise, dit-elle avec un sourire un peu forcé.

— Puis-je entrer ? s'enquit Erika en lui tendant les fleurs et la boîte de chocolats. Je vous apporte ceci de la part de votre mari. Je ne resterai pas longtemps. Je dois prendre l'avion avec les autres épouses de l'équipe.

— Euh… oui, bien sûr, bredouilla-t-elle en lui faisant signe d'entrer.

Elle appréciait le geste, naturellement, mais l'idée n'était pas d'Henri, elle s'en doutait bien. Et cela signifiait aussi que leurs problèmes devenaient une affaire publique.

Et elle avait l'impression d'être une horrible ingrate. Plaquant un sourire sur ses lèvres, elle enfouit son visage dans les fleurs, et inhala leur parfum.

— Elles sentent merveilleusement bon. Merci.

Elle alla placer les fleurs dans un grand vase de cristal près d'une pendule ancienne, sur le guéridon du hall d'entrée, avant de se retourner vers sa visiteuse.

— Allons nous asseoir, et vous pourrez m'aider à déguster ces chocolats. Qu'en pensez-vous ?

— Les bébés ont très certainement envie de goûter ces appétissants chocolats, répondit Erika en riant, effleurant son ventre arrondi. Et ils remercient d'avance tante Fiona.

— Dans ce cas, commençons tout de suite.

Elle conduisit Erika jusqu'à la bibliothèque. Elle trouvait toujours un certain réconfort dans l'odeur des livres anciens. Cette pièce était un lieu où régnait encore l'ordre, la stabilité.

— Erika, vous êtes resplendissante, remarqua-t-elle en dénouant le ruban de satin rouge de la grande boîte de truffes au chocolat importées de Belgique.

La princesse choisit une truffe à la framboise dans la boîte avec une évidente délectation, avant de répondre :

— Merci. Je le dois à ces deux bébés, je suppose. Au quotidien, cela consiste à dormir deux fois plus, et à manger le double. Ce n'est pas une perspective très romantique pour une lune de miel.

— Je suis sûre que Gervais comprend, répondit-elle, assise en tailleur dans un fauteuil victorien, les chocolats sur ses genoux.

— Oui, c'est vrai. Il s'est montré merveilleusement patient.

Erika parcourut la bibliothèque du regard, effleurant son ventre rond d'un geste absent, et devant ce spectacle elle sentit son cœur se serrer.

Comme si elle avait senti la douleur de Fiona, Erika releva brusquement les yeux et rougit visiblement.

— Je suis désolée, s'excusa-t-elle d'une voix douce. Ne prêtez pas attention à mes babillages.

— Vous n'avez pas à retenir votre joie, la rassura-t-elle. Quelqu'un vous a parlé des problèmes d'infertilité dans notre couple, n'est-ce pas ?

— Je ne veux pas être indiscrète, répondit Erika en prenant place dans le fauteuil en face d'elle.

— Vous ne l'êtes pas. C'est seulement… il m'est encore un peu difficile d'aborder ce sujet avec les autres membres de la famille. C'est douloureux, mais cela ne signifie pas que je ne puisse pas me réjouir de votre bonheur. J'adore les enfants, et je désire qu'ils fassent partie de ma vie.

Elle croqua une truffe à la crème, mais le luxueux chocolat avait un goût de cendre dans sa bouche. Elle reposa précautionneusement la boîte sur la table basse.

— C'est vraiment ce que vous désirez ? s'enquit Erika en l'observant d'un air attentif.

— Oui, en effet. Mais la route a été difficile.

— Avez-vous besoin de vous confier ? proposa Erika, posant une main sur son bras. Nous sommes une famille.

— Nous ne serons peut-être plus une famille très longtemps.

Erika se pencha vers elle, et serra fermement sa main dans la sienne.

— Je suis sincèrement navrée de l'entendre, Fiona. Mais mon offre d'une oreille attentive tient toujours.

— Merci. J'espère que Gervais et vous trouvez du temps à passer ensemble, malgré l'activité frénétique de la saison. C'est très important. Le temps passe si vite…

— Je vous remercie pour ce conseil, répondit Erika d'une voix douce. Vous avez à cœur notre bonheur, à Gervais, à moi et à nos enfants, et je vous en suis reconnaissante.

— C'est vrai. Henri et moi nous sommes précipités vers l'autel si vite que nous n'avons pas eu beaucoup de temps pour apprendre à nous connaître.

— Il n'est pas trop tard pour changer cela.

— Comment pouvez-vous en être aussi sûre ?

— Vous êtes toujours ici. Alors, il reste encore de l'espoir. Encore du temps. Le plus désolant, ce sont les regrets.

Les regrets. Il était terriblement difficile de vivre avec cette épée de Damoclès au-dessus de sa tête.

La fertilité n'était qu'une moitié du problème. Et, peut-être, avec un peu de chance, elle serait bientôt débarrassée de l'autre moitié une bonne fois pour toutes. La dernière chose au monde qu'elle désirait, c'était de vivre dans le regret, sans jamais avoir fait à sa situation l'honneur d'un examen approfondi. Elle s'était déjà confiée à Erika sur ce point. Pourquoi ne pas aller jusqu'au bout ?

— Où en êtes-vous de vos plans pour le mariage ? s'enquit-elle, s'efforçant de sourire.

— Tout va très bien, assura Erika. Nous avons une merveilleuse organisatrice de mariages.

— Y a-t-il quelque chose que je puisse faire pour vous ?

— Seulement essayer d'être heureuse.

Erika alla s'asseoir sur le sofa au fond de la bibliothèque, et elle lui fit signe de venir s'installer près d'elle.

— Un autre problème vous tracasse, je le lis dans vos yeux. Comme l'anglais n'est pas ma langue maternelle, j'ai tendance à lire plus attentivement les émotions des gens sur leur visage ou dans leurs gestes, depuis quelque temps. Je vous en prie, vous pouvez me parler en toute liberté. Cela a-t-il un rapport avec vos difficultés avec Henri ?

— Je ne sais même pas comment vous l'expliquer, répondit-elle en détournant le regard.

— Dites-le, tout simplement, l'encouragea Erika.

— Henri et moi nous sommes mariés très vite parce que je croyais que j'étais enceinte. C'était peut-être vrai, et, dans ce cas, j'ai dû faire une fausse couche très tôt dans ma grossesse — mais Henri vous en a peut-être déjà parlé ?

Erika se cantonna dans un silence diplomatique, se contentant d'écouter, ce qui l'encouragea à dire tout ce qu'elle avait sur le cœur. Elle en avait réellement besoin.

— En tout cas, le test de grossesse avait été positif, et j'ai pensé… ce que je veux dire, c'est que nous nous sommes empressés de nous marier sans prendre le temps de mieux nous connaître. Et nous l'avons payé au prix fort.

— J'ignorais ces détails, reconnut Erika. Je suis sincèrement désolée pour vous.

— Même si vous vous mariez à la date prévue, prenez le temps de devenir un vrai couple. Vos enfants sont importants, mais ils seront plus rassurés s'ils voient que leurs parents sont heureux dans leur mariage.

— Suggérez-vous que Gervais et moi ne devrions pas nous marier tout de suite ?

— C'est une décision que vous êtes seuls à pouvoir prendre. J'essaie simplement de partager mon expérience avec vous, et m'assurer que vous êtes sûrs de votre choix, c'est tout. J'espère ne pas vous avoir offensée.

— Pas du tout, c'est moi qui ai insisté pour que vous me parliez franchement, et votre remarque est judicieuse. Ma famille insiste beaucoup pour que nous nous mariions.

Vous êtes la première personne à me mettre face à l'autre côté de la médaille.

Elle lui tapota la main d'un geste rassurant, avant d'ajouter :

— En tout cas, soyez tranquille. J'y ai beaucoup réfléchi, et je sais que j'aime Gervais. Je désire être son épouse durant le restant de ma vie.

— Alors, j'en suis très heureuse pour vous deux.

Mais elle-même avait le cœur dévasté.

Les résultats de la biopsie ne lui seraient communiqués que la semaine suivante. Ce week-end allait lui paraître interminable.

Et, quels que soient ces résultats, elle n'était pas très sûre de ce qu'elle allait faire du reste de sa vie.

- 8 -

Tout son corps était endolori, même si la biopsie n'avait été pratiquée que sur son sein gauche. Fiona s'était efforcée de faire bonne figure devant sa visiteuse inattendue, la veille, mais elle ne pouvait pas nier qu'aujourd'hui elle était soulagée de pouvoir souffrir sans témoins.

Erika avait pris l'avion avec les autres épouses le soir précédent, et elle était enfin seule. Cette nuit-là, la douleur était devenue plus forte, et elle avait très peu dormi. Elle n'avait sombré dans le sommeil qu'aux premières lueurs de l'aube.

Elle était allongée sur le côté pour éviter toute pression contre sa poitrine. Lorsque Erika était venue lui rendre visite, une partie d'elle-même avait été tentée de lui parler de sa biopsie. C'était un fardeau très lourd à porter seule, mais elle savait qu'elle n'avait pas le choix. Erika devait penser uniquement à son prochain mariage et à ses jumeaux. Elle n'avait pas le droit de la charger du poids de ses soucis.

Refoulant le flot de larmes qui montait à ses paupières, elle se demanda combien de temps il faudrait au comprimé antidouleur pour agir. En attendant que la douleur s'estompe, elle avait besoin d'une distraction. Tout de suite. Tournant son regard vers le réveil, elle s'aperçut que le match en Arizona devait déjà avoir commencé. Avait-elle vraiment dormi aussi tard ?

Elle ramassa la télécommande et, allumant la télévision, elle chercha rapidement la chaîne qui retransmettait le match des Hurricanes.

Adossée contre une montagne d'oreillers, dans une chemise de nuit qui était en réalité un T-shirt d'Henri beaucoup trop grand pour elle — et encore tout imprégné de sa fragrance masculine, un petit luxe qu'elle s'était autorisé pour l'occasion —, elle se concentra alors sur le match.

Puis elle s'aperçut qu'elle avait faim, car elle n'avait pas mangé grand-chose ces derniers jours. Elle quitta précautionneusement son lit, et, pieds nus, elle descendit jusqu'à la cuisine et alla tout droit au congélateur. Un jour comme celui-ci, une femme qui souffrait dans son corps et dans son cœur avait bien le droit de s'octroyer une généreuse portion de crème glacée.

Elle choisit un pot de crème glacée à la vanille, puis elle y ajouta quelques-uns des chocolats qu'Erika lui avait apportés. Elle y plongea sa cuiller sans attendre, et avala une première bouchée avec délectation en remontant l'escalier pour retourner s'allonger dans sa chambre.

Sur le grand écran plat fixé au mur, le match des Hurricanes battait son plein. Les marguerites qu'il lui avait cueillies dans le jardin égayaient la chambre. Elle avait laissé les lys qu'il lui avait envoyés la veille en bas dans la bibliothèque, pour éviter de penser à tout ce qu'elle était sur le point de perdre.

Une autre souffrance lui comprimait la poitrine, une douleur sans aucun rapport avec sa biopsie. Elle regrettait de ne pas être en Arizona, en train d'applaudir l'équipe avec toutes les autres épouses, ou même d'attendre le retour d'Henri dans la chambre d'hôtel pour fêter la victoire après le match. D'une façon mystérieuse, après tout ce temps, leurs corps avaient retrouvé un synchronisme parfait, deux nuits plus tôt. Elle aurait tant voulu faire à nouveau l'amour avec lui, faire comme si les souffrances qu'elle endurait n'étaient pas réelles.

Avalant une nouvelle grosse cuillerée de crème glacée, elle porta à nouveau son attention sur l'écran de la télévision. Juste à temps pour voir la caméra se tourner vers la foule qui assistait à ce match à guichets fermés, puis s'arrêter un instant sur un couple aux cheveux blancs. Les fans autour d'eux brandissaient des pancartes où l'on pouvait lire : « Joyeux 60e anniversaire de mariage ». Alors, les vieux époux se tournèrent l'un vers l'autre pour échanger un baiser devant les caméras de la télévision nationale, avant que les commentateurs n'enchaînent sur l'offensive en cours de l'équipe d'Arizona.

Ce baiser l'avait clouée sur place. La célébration de toute une vie d'amour. L'image d'Henri recueillant son visage entre ses mains avant de l'embrasser resurgit dans sa mémoire, et elle essaya de se souvenir du goût de ses lèvres contre les siennes. De la passion de leurs baisers, qui la laissait toujours à bout de souffle et brûlant déjà d'aller plus loin.

Et, alors même qu'elle pensait à lui, l'image en gros plan du quarterback des Hurricanes — son mari — apparut sur l'écran.

Ou plutôt celui qui ne serait bientôt plus que son ex-mari, se reprit-elle, le cœur lourd.

Elle avait besoin d'une autre cuillerée de crème glacée.

Le visage d'Henri était tendu derrière son masque, elle le devinait. Il criait des ordres après une mêlée, analysant la défense adverse et décidant des réajustements tactiques jusqu'à la dernière minute du match, comme lui seul savait le faire.

Il était l'un des meilleurs joueurs de la ligue, et cette saison était peut-être sa meilleure chance de conduire enfin son équipe jusqu'au Super Bowl. Il le méritait. Et elle regrettait de ne pas être à ses côtés pour cette consécration. Mais elle regretterait encore plus que leur rupture l'empêche d'atteindre son but cette année, car Dempsey et Gervais étaient persuadés que les Hurricanes avaient toutes les cartes en mains pour finir à la tête du championnat.

Hélas, c'était cela, une rupture. C'était douloureux — et une personne pouvait courir à sa perte.

Soudain, elle se sentait accablée de chagrin, pour son mari autant que pour elle-même, et elle eut besoin de réconfort. Elle sortit son téléphone et, parcourant sa liste de contacts, elle trouva le nouveau numéro de son père dans sa luxueuse résidence pour le troisième âge sur la côte de Floride.

Une sonnerie. Deux sonneries. Son cœur battait de plus en plus vite. Et s'il ne répondait pas ?

Elle avait presque renoncé à espérer lorsque, à la quatrième sonnerie, quelqu'un décrocha.

— Papa ?

— Fiona ? Un problème ?

— Pourquoi ne devrais-je appeler mon père que si j'ai des mauvaises nouvelles ?

Ce mensonge lui avait échappé. Le temps d'un bref instant, elle se sentit coupable de mentir aussi bien au sujet de cet aspect terrifiant de sa vie.

— Je te demande pardon, s'excusa son père. Nous allons recommencer tout au début. Bonjour, ma chérie. Comment vas-tu ?

Elle n'allait pas très bien. Et, bien sûr, son père avait raison de supposer qu'elle ne l'appelait que parce qu'elle nageait en plein désarroi. Mais, naturellement, il n'était pas question de l'admettre.

— J'avais simplement un peu de temps libre, et j'ai songé à t'appeler pour bavarder un moment avec toi.

— Pourquoi n'es-tu pas en Arizona pour le match ?

Une vague de panique déferla sur elle, et elle reposa sa crème glacée, cherchant désespérément une explication plausible.

— Je... heu... j'ai une sinusite. Il valait mieux pour moi éviter les voyages en avion.

C'était une excuse bancale, pourquoi n'avait-elle pas donné le travail comme prétexte ?

Peu importait, finalement, du moment que la vérité aurait sûrement mis son père dans tous ses états.

— Le match est vraiment serré.

— Ah, tu regardais le match ? Je ne veux pas t'empêcher...

— J'entends le commentateur du match chez toi aussi, observa son père. Curieux, que nous ayons cette conversation à cet instant particulier.

Sa voix rocailleuse ne révélait rien de ses pensées. Son père avait toujours été un homme taciturne. Et plus encore depuis le décès de sa mère.

— Je suis désolée, papa. Si tu dois raccrocher...

— Non, ne t'inquiète pas. On n'est qu'au début de ce quart-temps. Je peux me repasser cette partie du match en différé. Alors, dis-moi. Quelle est la vraie raison de cet appel ?

Son père était expert-comptable. On pouvait toujours lui faire confiance pour aller droit au cœur du problème. Le voir s'effondrer devant la maladie de sa mère, puis son décès, avait été très douloureux pour elle.

— Papa, que faisions-nous durant les vacances, avant que maman ne tombe malade ?

— Pourquoi une telle question ?

Peut-être parce qu'elle était de plus en plus consciente de sa propre mortalité. Mais elle ne pouvait pas donner une telle réponse à son père.

— Ce sera bientôt son anniversaire, et je pense à elle plus souvent, répondit-elle simplement. Mais les souvenirs de mon enfance commencent à s'effacer.

— Nous t'emmenions à Disneyworld, en Floride, dit son père en soupirant. Lorsque tu étais petite, tu ne voulais jamais aller autre part. Ta mère organisait le voyage dans ses moindres détails, y compris les déjeuners avec Mickey ou Donald en personne. Elle adorait Disneyworld parce que tu y étais heureuse comme nulle part ailleurs.

— Je m'en souviens à peine, reconnut-elle avec un sourire triste, serrant plus fort le téléphone dans sa main.

— Fiona ? Je sais que je ne t'appelle pas très souvent, mais je suis vraiment heureux d'entendre ta voix. Ta mère va me manquer jusqu'à mon dernier jour, et il a été merveilleux de partager ce souvenir avec toi.

Quelquefois, elle était encore frappée de constater le degré d'émotion que le souvenir de sa mère éveillait toujours chez son père, d'ordinaire si stoïque, si rationnel. Elle était toujours bouleversée lorsqu'il se laissait aller à lui raconter des anecdotes au sujet de sa femme, emportée par la maladie dans la fleur de l'âge.

En coupant la communication, elle n'était toujours pas plus rassurée quant à son avenir. Il y avait trop de morts autour d'elle, et trop de gens ayant à vivre avec le fardeau de la disparition des êtres chers emportés par le cancer.

Loin de se sentir réconfortée, elle était maintenant accablée par une nouvelle sorte de tristesse. La tension qu'elle avait entendue dans la voix de son père lorsqu'il évoquait son épouse disparue soulignait la logique de sa décision de quitter Henri. S'ils se séparaient maintenant, il ne souffrirait pas comme son père avait souffert.

Mais cela signifiait aussi qu'elle allait devoir affronter cette situation toute seule. Et c'était sûrement égoïste de sa part, mais cette idée la terrorisait.

Henri avait de nombreuses raisons de se sentir perturbé. Le match en Arizona n'avait pas été à la hauteur de ses espérances pour diverses raisons, la principale étant que Fiona était à plus de deux mille kilomètres de lui.

Ramassant son sac de voyage, il descendit de la limousine devant les grilles de leur maison du Garden District, et il remonta l'allée à pied. La vieille maison dressait sa façade devant lui, sur l'arrière-fond des nuages sombres d'un orage imminent.

Lorsqu'il poussa la porte d'entrée, il fut accueilli par un silence de tombeau. En posant ses clés sur le plan de travail de la cuisine, il remarqua les lys qu'il lui avait envoyés dans un vase et sa carte appuyée, un peu de travers, contre le cristal.

Il n'était pas très sûr de ce qu'il allait trouver, mais ce qu'il savait, c'était qu'il devait absolument voir Fiona. Il était poussé par un besoin impérieux d'être là pour elle, même si elle continuait à refuser cette idée avec obstination.

Dans son esprit, les quelques messages qu'ils avaient échangés étaient un bon signe. Ils ne se parlaient plus au téléphone, bien sûr, mais ils continuaient à communiquer. Et, tant qu'une ligne de communication resterait ouverte entre eux, il continuerait à espérer qu'ils avaient un avenir ensemble. A croire qu'ils pouvaient surmonter toutes leurs difficultés.

Aucune alternative n'était envisageable. Ce serait reconnaître sa défaite. Cela ferait de lui un perdant. Et, pour garder son épouse, il était prêt à toutes les audaces.

Il monta sans bruit l'escalier conduisant à sa chambre, espérant la trouver plongée dans la lecture d'un bon livre.

Au lieu de cela, lorsqu'il poussa précautionneusement sa porte, il constata qu'elle était endormie. Ou, plutôt, comme assommée.

Quelque chose dans son aspect l'alarma aussitôt. Elle était trop pâle, adossée à cette pile d'oreillers dans le maillot de l'équipe trop grand pour elle. L'une de ses jambes nues était repliée par-dessus l'un des oreillers, et il ne put s'empêcher de se rappeler leur nuit ensemble. Son bonheur infini de se retrouver au lit avec elle. Cela avait été plus fabuleux encore que par le passé, car, désormais, il n'était plus question de prendre pour acquis le privilège d'être avec elle.

En elle.

Puis, soudain, il lui apparut qu'il y avait quelque chose de bizarre dans la position de son corps, dans cette montagne d'oreillers qui la soutenait. Son étrange pâleur était particulièrement inquiétante. Son cerveau enregistra tout cela, mais, faute de pouvoir l'expliquer, il classa cette information dans un recoin de sa conscience pour l'examiner plus tard. Et d'ailleurs il était trop épuisé pour tenter d'analyser ce qu'il voyait à cet instant.

Pourtant, il ne pouvait pas se résoudre à la laisser seule. Il prit place alors dans le fauteuil près de la cheminée. Les coussins étaient moelleux, et, progressivement, il se détendit. Ses paupières devinrent lourdes, puis elles se fermèrent tout à fait.

Et il s'endormit.

Ses rêves le ramenèrent au jour de leur rencontre. Il l'avait convaincue de l'accompagner à Philadelphie pour assister à l'un de ses matchs. Les Hurricanes y avaient remporté leur première victoire significative, et il avait seulement eu l'intention de fêter la victoire avec elle.

Mais, dans la chambre d'hôtel, après le match, la passion avait fusé entre eux comme un flux d'énergie presque palpable.

— Que dirais-tu d'une double victoire ? avait-elle murmuré d'une voix de gorge tout contre son oreille, laissant glisser ses doigts sur ses pectoraux, suivant un lent chemin descendant jusqu'à sa ceinture.

En ce temps-là, elle avait les cheveux plus longs, et un désir insatiable au fond des yeux. Il avait résolu de faire tout ce qui était en son pouvoir pour lui donner tout ce qu'elle désirait. Pour se donner entièrement à elle. Ils étaient jeunes et ils avaient toute leur vie, tous leurs espoirs, devant eux.

Le lendemain, ils s'étaient installés à Philadelphie comme chez eux, courant ensemble les musées et les galeries d'art. Si la plupart des gens le supposaient incapable d'apprécier la culture parce qu'il était footballeur professionnel, elle, qui avait fait de solides études artistiques, savait que c'était faux. Une personne n'appréciait pas l'art parce qu'elle avait décroché un diplôme, mais parce qu'elle s'intéressait à l'esprit humain. Et c'est ainsi que, dans cette ville, ils avaient passé de nombreuses heures à se découvrir l'un l'autre, à s'explorer, corps et âme.

Durant ce voyage, il avait compris qu'il y avait un lien profond entre eux. Et une passion qui les unissait indissolublement. Oui, bien sûr, c'était, en partie, une indéniable attirance physique, mais il y avait bien davantage.

Ils étaient rentrés à leur hôtel après une vivifiante conversation sur l'élément symbolique en peinture. Et, de retour dans leur chambre, il avait entrepris de mémoriser les caresses qu'elle préférait, il avait exploré le feu qui brûlait sous sa peau satinée. Il avait besoin de fixer son image telle qu'elle était à cet instant, et, dans son rêve, il commença à la peindre pour la rendre immortelle sur la toile. La plus belle des muses pour un homme qui ne s'était jamais considéré comme un artiste.

Puis le rêve changea de nature, comme c'est souvent le cas avec les rêves. Le feu intérieur de Fiona s'était éteint, et elle avait perdu sa belle insouciance. A leur place, il y avait maintenant une sorte de gêne, qu'il comprenait mais qu'il lui était impossible de dissiper.

Il la vit s'estomper dans ses bras comme une ombre, devenir grise comme la cendre, et la peinture qu'il avait utilisée pour capturer ses traits merveilleux disparut lentement, révélant un corps couvert de cicatrices.

Il se réveilla en sursaut, le front couvert de sueur. Revenant peu à peu à la réalité, il comprit qu'il avait rêvé.

Il ne bougea pas de son fauteuil, car il savait que, s'il s'approchait davantage, il ne pourrait pas résister à son besoin de la toucher. De changer son rêve en réalité.

Tournant son regard vers elle, il fut soulagé de constater qu'elle était toujours là. Dans un entre-deux entre sommeil et veille, il avait craint qu'elle ne se soit évaporée pour de bon.

Elle se tourna alors sur le côté, face à lui. Il la but du regard un instant, douloureusement tenté de la toucher, de la serrer dans ses bras. Il devait forcément exister un moyen — n'importe quel moyen — de la reconquérir. Soit, elle avait manqué un match, mais ce n'était pas la fin du monde. Rien qui puisse faire ou défaire une relation.

Il songeait qu'il devrait peut-être l'emmener à la nouvelle exposition à la galerie d'art lorsqu'un détail attira son attention, et il se figea. C'était une tache sombre sur son sein.

Qui ressemblait fort à du sang.

Fiona émergeait lentement du sommeil. Le médicament antidouleur avait cessé de faire effet, et elle ne parvenait pas à trouver une position confortable.

Elle cligna des yeux, et, lorsque son regard se fut ajusté à la pénombre, elle remarqua un homme assis dans le fauteuil à haut dossier. Prise de panique, elle se réveilla complètement.

Puis elle reconnut Henri. Il était de retour dans leur chambre, et il la regardait fixement. Son visage était un masque de pierre.

Elle se redressa très lentement en position assise dans le lit, luttant contre une douleur lancinante qu'elle faisait de son mieux pour dissimuler.

— Bienvenue à la maison. Bravo pour un excellent match.

— Nous avons perdu, dit-il d'un ton bref.

Elle comprenait très bien à quel point il devait être contrarié par la défaite, et elle s'adossa aux oreillers. Les médicaments lui avaient laissé l'esprit si embrumé qu'elle n'était pas sûre de pouvoir marcher.

— Ta défense n'était pas dans un de ses meilleurs jours. Il y a des limites à ce que tu peux faire tout seul. Tu as tout de même fait quelques passes décisives. Mais je suppose que tu n'as pas besoin que je te fasse un récapitulatif du match. Je suis désolée.

— Vraiment ? répliqua-t-il, croisant les bras sur sa vaste poitrine, la colère grondant dans sa voix.

— Que veux-tu dire ?

— Es-tu vraiment désolée ?

— Bien sûr, répondit-elle sans hésitation. Je suis déçue pour toi, bien entendu. Je sais à quel point tu espérais une victoire. Même s'il est temps pour moi de cesser d'assister aux matchs de l'équipe, cela ne signifie pas que je doive me désintéresser de ses progrès.

— Oui, bien sûr, grogna-t-il, les lèvres serrées.

Pourquoi cette froideur ?

— Henri, qu'y a-t-il ? Je comprends que tu sois fâché que j'aie décidé de ne pas assister au match…

— Ce qui me fait réellement enrager, c'est que tu aies décidé de me dissimuler la véritable raison pour laquelle tu es restée à La Nouvelle-Orléans.

Son cœur sombra. Comment l'avait-il découvert ? Elle suivit son regard, et elle comprit soudain qu'il fixait son sein gauche, là où…

Elle cessa de respirer. L'incision de sa biopsie s'était remise à saigner.

- 9 -

Henri était en proie à un tourbillon d'émotions. Il bouillonnait. Le sang sur son sein gauche… sa farouche détermination à le tenir à distance…

Comment avait-elle pu lui cacher une chose pareille ? Un mélange de frustration et de peur s'empara de lui. Il ressentait sa dissimulation presque comme une trahison.

Il ne supportait pas l'idée qu'elle lui ait caché une situation critique. Et peut-être… fatale. C'était trop.

Il se cramponna aux bras de son fauteuil pour s'empêcher de se ruer à ses côtés et la serrer dans ses bras. Mais elle souffrait, il le voyait bien. Et ce fut cette idée qui le convainquit de rester assis où il était.

Totalement terrifié.

— Qu'y a-t-il, Fiona ?

— Je crois que tu l'as déjà deviné, répondit-elle, évitant soigneusement son regard.

Il sentit sa gorge se serrer, et une foule de possibilités plus terribles les unes que les autres défila dans son esprit.

— Avais-tu l'intention de m'en parler, un jour ?

— Pas si je pouvais l'éviter, reconnut-elle en redressant le menton. J'ai jugé inutile que nous soyons deux à nous inquiéter.

S'étaient-ils à tel point éloignés l'un de l'autre qu'ils ne partageaient plus des situations aussi critiques ? Il l'avait accompagnée à chaque étape de ses traitements médicaux, et aujourd'hui elle l'écartait de sa vie.

— Donne-moi tous les détails, dit-il d'une voix douce mais ferme. Je veux tout savoir. Nous sommes toujours mariés, non ? Nous nous devons mutuellement cela.

— C'est seulement la biopsie d'une grosseur apparue sur mon sein. Selon l'oncologue, il y a aussi des possibilités qu'il s'agisse de quelque chose de bénin.

Elle avait parlé d'un ton détaché, comme si elle commentait la météo du jour. Il eut l'impression que la distance entre eux s'agrandissait à l'infini, comme un gouffre sans fond qui s'ouvrait à leurs pieds.

Et il comprit à quel point la situation était sérieuse.

— Oncologue ? Si ce n'était rien de grave, tu m'en aurais parlé. C'est pour cela que tu n'as pas assisté au match, n'est-ce pas ? J'aurais compris, tu sais.

— Cela aurait détruit ta concentration, dit-elle, repoussant ses boucles en désordre derrière son épaule. Tu aurais été fou d'inquiétude. Regarde ta réaction en ce moment même.

— Je suis capable de me contrôler, et je suis toujours là pour toi.

— C'est très noble de ta part, mais je ne veux pas que tu restes avec moi pour cette unique raison.

— Alors, si je n'avais pas remarqué cette tache de sang, tu ne m'aurais rien dit du tout ?

— Si le pire était à craindre, tu en aurais été informé, bien sûr, répondit-elle en serrant l'un des oreillers contre sa poitrine. Autrement, il n'y avait aucune raison d'ajouter cela à tes soucis.

Cette façon nonchalante de commenter ses problèmes de santé le faisait grincer des dents. S'imaginait-elle réellement qu'il s'inquiétait pour elle par simple sens du devoir ? C'était bien mal le juger, et dévaloriser le lien qui les unissait. Il ne restait pas avec elle par souci des apparences, ou pour afficher son sens de l'honneur. Pourquoi diable ne pouvait-elle pas comprendre cela ?

— T'est-il jamais venu à l'esprit que je désirerais sincèrement le savoir ? Que je tiendrais à être à tes côtés pour te soutenir ?

— Je te remercie, mais tu n'as plus à faire cela, désormais.

— Je suis encore ton mari, bon sang !

Il s'interrompit un instant, avant de reprendre d'une voix plus douce :

— Je te demande pardon. Je n'avais pas l'intention de te brusquer. Puis-je te rapporter une boisson ? Ou peut-être une poche de glace pour atténuer la douleur ?

— Je vois que tu connais la procédure, répondit-elle tristement en laissant retomber sa tête sur les oreillers.

— Oui, c'est vrai, reconnut-il. Est-ce si mal ?

— Je ne veux pas que tu t'apitoies sur moi.

Il ignora cette remarque. Comment pouvait-il lui expliquer que son désir de veiller sur elle n'avait aucun rapport avec la pitié ?

— Quand dois-tu retourner voir ce médecin ? s'enquit-il.

— La semaine prochaine.

— J'ai une question à te poser. Depuis quand le savais-tu ?

— Depuis la soirée de charité du refuge pour animaux.

— Tu n'étais pas en retard parce que ta voiture était en panne.

— J'essayais de te protéger, et de protéger ma vie privée.

Tout à coup, l'atmosphère dans la chambre devint étouffante. La vie qu'ils s'étaient bâtie ensemble lui apparaissait comme un énorme mensonge. Comme une sorte de fable qu'il s'était racontée.

Une nouvelle vague de frustration déferla sur lui, et il sut qu'il devait sortir de cette chambre, avant de prononcer des mots qu'il regretterait.

— Bien, dit-il en se levant pour se diriger vers la porte. Je vais aller te chercher cette poche de glace.

A chacun de ses pas, Fiona sentait une douleur lancinante s'irradier jusqu'à son épaule. Elle n'avait jamais envisagé qu'Henri apprenne la nouvelle de sa biopsie de cette façon. Reprenant sa respiration à chaque marche, elle descendit l'escalier jusqu'au rez-de-chaussée, où le miroir du hall lui renvoya son image.

C'était un très grand miroir ancien, avec des anges dorés portant des luths et des lyres, dansant une sorte de farandole tout autour du cadre. Elle l'avait trouvé au marché aux puces, des années auparavant, et elle était aussitôt tombée amoureuse ce magnifique objet en déshérence.

Elle examina son reflet, et elle soupira. Elle avait une mine affreuse. On aurait dit une naufragée rejetée sur une plage par les flots déchaînés.

Ses cheveux bruns étaient attachés en queue-de-cheval, haut sur sa nuque, mais une nuit de sommeil agité les avait laissés en grand désordre. Son teint crayeux et les cernes sous ses yeux ne faisaient rien pour améliorer son image. Dans ce maillot de football trop grand pour elle, elle avait l'air d'un spectre.

Elle trouva Henri dans la cuisine. Appuyé contre l'îlot central, il lui tournait le dos. Il serrait une poche de glace entre ses mains, mais il n'y prêtait aucune attention, car il était tourné vers la télévision allumée.

Elle diffusait à cet instant un de ces programmes populaires consacrés à la vie des stars. L'image sur l'écran était celle d'Henri avec une femme lovée tout contre lui.

Rien de nouveau. Elle avait déjà eu l'occasion d'en voir de semblables, et elle savait que cette photo ne signifiait rien. Les groupies de l'équipe étaient souvent agressives et très insistantes. Henri avait peut-être beaucoup de défauts, mais il n'aurait jamais songé à la tromper. Pas lui.

Et néanmoins elle se sentit accablée de tristesse.

Cette photo ne montrait peut-être pas la réalité… mais que se passerait-il lorsque leur divorce serait prononcé ? C'était facile à imaginer. Ce genre de photo serait la preuve qu'il était engagé dans une nouvelle relation. Henri, l'étoile montante du football, l'enfant chéri des médias, n'aurait aucun mal à lui trouver une remplaçante. Et elle serait condamnée à le regarder tomber amoureux d'une autre femme.

A cette idée, une main de glace lui serra le cœur, et elle ne put que fixer son large dos en silence.

Il avait dû sentir son regard, car il se tourna brusquement vers elle et indiqua l'écran, son visage rouge de colère.

— Ce n'est pas du tout ce qui…

— Oui, je sais, l'interrompit-elle, s'appuyant au comptoir pour maintenir son équilibre.

— C'est vrai ? Même aujourd'hui, tu as encore confiance en moi ?

— Je crois que tu ne feras pas l'amour à une autre femme tant que nous serons mariés.

Et cette certitude ne faisait que rendre plus douloureuse encore sa décision de le quitter. Il était un homme bien. Il méritait mieux dans sa vie que ce qu'il avait reçu de leur mariage. Elle savait parfaitement qu'elle n'était pas une personne très facile à vivre.

— Merci de me faire confiance, dit-il en se détendant un peu.

— J'ai toujours cru en ton sens de l'honneur, et en ton exigence de justice.

Mais elle savait qu'il ne lui pardonnerait pas pour autant de ne pas lui avoir révélé son état.

— Je n'ai jamais désiré une femme comme je te désire, Fiona. Et je te désirerai toujours.

— Mais je ne suis plus la femme que tu as épousée !

Elle refoula les larmes brûlantes qui montaient à ses paupières.

Il s'approcha d'elle, et, posant ses mains sur sa taille, il l'attira doucement contre lui. Les lèvres dans ses cheveux, son souffle tiède caressant son oreille, il murmura :

— Tu es toujours aussi belle. Quoi qu'il advienne de nous, je te désirerai toujours.

— Malgré les opérations ?

— C'est toujours *toi* que je vois, répondit-il dans un souffle, inclinant son visage vers le sien.

Elle désirait tant le croire. Elle voulait que la paix revienne dans sa vie. Mais… il existait des preuves physiques évidentes qu'elle ne pourrait jamais plus être la même femme.

— J'ai toujours ces cicatrices, même si j'ai été opérée par les meilleurs chirurgiens. Et il y aura toujours le spectre d'une nouvelle tumeur, d'une autre biopsie…

— Je t'ai épousée pour la personne que tu es, à l'intérieur, rappela-t-il en lui massant le dos de ses grandes mains tièdes. Et j'aimerais penser qu'il en est de même pour toi. Même sans cette reconstruction spectaculaire, je te désirerais tout autant, et tu le sais.

— Oui, c'est vrai. Et il est d'autant plus difficile de te résister.

— Dans ce cas, cesse de lutter.

Et, sur ces mots, il lui releva le menton et posa délicatement ses lèvres sur les siennes.

Durant un bref instant, elle s'autorisa à profiter de ce baiser, à se laisser fondre tout contre ses lèvres, dans la merveilleuse familiarité de leurs corps. Blottie dans ses bras, elle respira avec délices sa fragrance masculine. Après l'angoisse et le stress de ces dernières vingt-quatre heures, elle se permit de chercher le réconfort de ses bras vigoureux, de la muraille solide de son torse. Elle sentait son cœur battre à l'unisson avec celui d'Henri. C'était ainsi qu'ils avaient été, autrefois. Totalement en harmonie. L'avait-elle seulement imaginé ?

Elle répondit passionnément à son baiser, se délectant du goût de sa bouche, de la note de menthe de son dentifrice, crispant ses doigts sur le tissu de son T-shirt. Les mains d'Henri descendirent se poser sur ses épaules.

— Doucement, Fiona, murmura-t-il, effleurant sa joue d'un baiser.

C'était un moment de pure tendresse, un moment merveilleux… et pourtant quelque chose lui paraissait étrange. Etait-ce sa façon de la serrer dans ses bras, presque précautionneusement ?

Elle leva les yeux vers les siens, et vit qu'ils vibraient d'émotion.

— Henri ? Qu'y a-t-il ? Tu me traites comme si j'étais une fragile figurine de cristal. Exactement comme après mes opérations, il y a six mois de cela.

— Qu'y a-t-il d'étonnant à cela ? Tu saignes, tu es assommée de médicaments, et je n'étais pas là, auprès de toi. Comment pourrais-je te traiter autrement ?

La souffrance qu'elle lisait dans son regard lui coupa le souffle. L'image de son père resurgit dans sa mémoire, serrant son journal entre ses mains crispées, de grosses larmes ruisselant sur son visage. Elle revit sa grand-mère et sa tante lui intimant le silence d'un geste, et l'entraînant hors de la pièce. Et, plus tard, l'aidant à faire ses bagages pour l'envoyer au pensionnat. Ensuite, cela avait été l'université.

Puis elles étaient décédées, elles aussi. Leurs maris avaient assisté à leurs obsèques avec des mines égarées, comme s'ils n'étaient plus que des coquilles vides.

Soudain, c'en fut trop pour elle. Elle avait besoin d'espace. D'air. Elle ne pouvait plus penser clairement. Elle était sur le point de se briser devant lui comme si elle était aussi fragile qu'il semblait le croire. Et, bien sûr, elle savait d'avance qu'il ramasserait chaque éclat, même si ses mains saignaient.

— Je pense que tu devrais aller dormir dans ta famille, ce soir, murmura-t-elle en posant sa main sur son torse et en s'écartant de lui.

Il poussa un profond soupir, et elle le vit serrer les mâchoires, mais son visage n'exprimait plus aucune émotion. Elle l'avait vu faire cela souvent par le passé, pour la protéger de tout ce qui était déplaisant — ou de la simple réalité.

— Nous ne sommes pas encore divorcés, rappela-t-il, croisant les bras sur son large torse. Et il n'est pas question que je te laisse seule alors que tu es en convalescence.

Elle connaissait aussi très bien ce regard. Aucune équipe adverse n'avait la moindre chance de contrer la force inébranlable qui émanait de lui en de tels instants.

Fiona s'activa dans la maison toute la matinée. Elle avait besoin de rester occupée pour se remettre de la biopsie, et de la déchirure imminente qui menaçait son cœur.

Henri était parti à la salle de sport de bonne heure. Elle était réveillée lorsqu'elle l'avait entendu descendre l'escalier. Une partie d'elle-même brûlait de quitter son lit et de courir lui parler. Mais elle savait trop bien ce qui se passerait. Elle devait protéger son cœur. Il s'était arrêté brièvement devant sa porte pour l'informer qu'il avait engagé une voiture avec chauffeur, au cas où elle aurait besoin de se déplacer, car il détestait l'idée de la savoir seule et sous l'effet de puissants médicaments antidouleur.

Son visage était un masque de pierre, et elle avait compris qu'il ne servirait à rien de le contredire. Et, d'ailleurs, il avait raison. Elle avait besoin d'aide, et elle aurait dû lui être reconnaissante de ces attentions. Son intention de le protéger n'avait eu pour effet que de le faire souffrir davantage, et elle ne voyait aucune façon de sortir du labyrinthe inextricable qu'elle avait fait de sa propre vie.

Alors, elle était restée au lit jusqu'à ce qu'elle ait entendu sa voiture s'éloigner dans l'allée. Puis elle s'était levée, et elle s'était rendue chez les Reynaud.

S'efforçant de revenir au présent, elle essaya de se concentrer sur la sensation du soleil sur sa peau. Elle se trouvait au bord de l'immense piscine de la maison de famille, sur la rive du lac Pontchartrain, en compagnie des autres épouses du clan. Des rires résonnaient dans l'air. La famille était en paix. Quelques épouses des joueurs de l'équipe étaient également présentes, et elles faisaient connaissance avec Erika. C'était aussi en partie la raison de sa propre présence ici. Mieux connaître Erika.

Qui essayait-elle de berner ? Elle avait besoin d'être ici parmi elles, tout simplement, vivre des instants de normalité.

Mais il était plus douloureux qu'elle ne l'avait envisagé de les voir ensemble échanger des plaisanteries, toutes heureuses et en parfaite santé.

Toutes, sauf elle.

L'automne était déjà bien installé, mais la piscine chauffée les mettait à l'abri de la brise fraîche. Exhalant un soupir, elle se concentra sur le chœur bruyant des oiseaux et des insectes, en faisant de son mieux pour paraître détendue. Une ruse laborieuse, puisqu'elle avait eu besoin d'un chauffeur rien que pour venir ici. Mais il lui avait semblé vital de venir se joindre aux autres femmes. Et la douleur persistante de la biopsie commençait à s'estomper. Elle était déterminée à ne pas se couper du monde.

Debout sur la première marche de l'escalier de la piscine, Adélaïde se tourna vers les autres avec un sourire coquin, avant de lancer :

— Que diriez-vous d'aller faire un peu de shopping dans les boutiques de lingerie ?

Cette suggestion la tira brusquement de sa rêverie. Dans son état, il ne lui serait pas très facile de courir les magasins. Mais Adélaïde poursuivait déjà :

— La jeune mariée a besoin de quelques dessous affriolants. Ce sera notre cadeau de mariage. Et je vous invite toutes à déjeuner.

— Je grossis chaque jour davantage, remarqua Erika en riant de bon cœur. Je ne pourrai plus porter ce genre de dessous très longtemps.

Adélaïde lui adressa un clin d'œil, et, sortant de la piscine, elle alla s'asseoir à côté d'elle.

— Si vous jouez correctement vos cartes, il vous les arrachera sauvagement. Vous ne pourrez les porter qu'une seule fois, de toute façon.

Les joues pâles d'Erika rosirent imperceptiblement, alors que Macie, l'épouse de l'un des joueurs, répliquait :

— J'ai porté des bas noirs et un string durant ma grossesse. Cela rendait mon homme totalement fou.

— Et moi, enchaîna Adélaïde, il me suffit de porter mes sandales noires à talons aiguilles pour obtenir une réponse similaire de la part de Dempsey. Cela ne rate jamais, comme si ces sandales étaient ensorcelées.

Erika rit à gorge déployée, avant de se tourner vers Fiona.

— Et vous, Fiona ? Lesquels de vos dessous rendent votre très séduisant mari fou de désir ?

Qu'aurait-elle pu répondre à cela ? Elle se redressa en position assise sur la chaise longue, mais elle avait la gorge trop serrée pour prononcer une seule parole, et elle resta silencieuse.

La tension continuelle dans laquelle elle avait vécu ces quelques derniers mois avait été une épreuve supplémentaire pour son corps, et elle avait perdu du poids. Ce qu'elle n'avait jamais remarqué jusque-là, c'était qu'elle avait perdu *beaucoup* de poids.

Lorsqu'elle haussa les épaules, pour esquiver la question d'Erika, le haut de sa robe glissa sur son bras.

Révélant le pansement de sa biopsie. Et l'extrémité de la cicatrice, conséquence de sa mastectomie suivie d'une reconstruction mammaire.

Les rires des autres femmes cessèrent d'un coup. Tous les regards étaient tournés vers elle.

Il était inutile de continuer à faire semblant plus longtemps. Son secret était éventé. Luttant contre un vague sentiment d'horreur, elle vit leurs regards remonter de son torse vers son visage, se chargeant au fur et à mesure de pitié.

— Quand est-ce arrivé ? murmura Erika en se levant pour s'approcher à pas lents de Fiona. Comment se fait-il que personne ne l'ait su ?

Elle vint s'asseoir à sa droite avec une grâce toute royale, scrutant attentivement son visage tandis que les autres femmes gardaient le silence.

— Nous préférions que personne ne soit au courant, expliqua-t-elle en soupirant.

— Mais vous avez cette grande famille ici, autour de vous, intervint Adélaïde en prenant place à sa gauche pour lui caresser le dos d'un geste apaisant. Et chacun de nous aurait été heureux de pouvoir être là pour vous. Et cela vaut aussi pour toute la famille de l'équipe.

Des images des drames, des traumatismes de son enfance défilèrent dans sa mémoire. Avait-elle eu tort ? Elle l'ignorait. Elle savait seulement qu'Henri et elle avaient pris la meilleure décision possible à ce moment particulier.

— Je ne suis pas sûre de savoir l'expliquer, répondit-elle. Henri et moi avions vécu une bonne partie de notre vie sous les projecteurs. Nous avons seulement eu envie de prendre un peu de recul, et de nous isoler durant quelque temps.

— Cela vous a-t-il aidés ? s'enquit Erika.

Erika allait droit au but, mais elle préférait cette approche directe, plutôt qu'être traitée comme si elle n'était qu'une figurine de cristal toujours prête à se briser. Dans les yeux d'Erika et d'Adélaïde, elle ne lisait pas la pitié, mais seulement une sollicitude inquiète.

— C'est ce que j'avais cru, à l'époque. Mais, aujourd'hui, je pense que pouvoir parler à ses frères aurait beaucoup aidé Henri. Même si leurs conseils étaient à prendre avec des pincettes, il aurait été rassurant pour lui de pouvoir simplement se confier à eux. J'ai peut-être été égoïste.

— De quelle façon ? murmura Adélaïde.

Elle refoula les larmes qui brûlaient derrière ses yeux. Elle regrettait tellement son attitude de l'époque.

— Je le voulais tout à moi, répondit-elle. Je n'avais personne d'autre. Je n'y avais jamais réfléchi en ces termes jusqu'à cet instant.

Erika s'empara de ses mains pour les serrer entre les siennes, et elle lui adressa un doux sourire, avant de remarquer :

— Alors, vous avez décidé toute seule de garder le silence ?

— Je crois que vous connaissez déjà la réponse. Henri tenait beaucoup à ce que nous tenions la presse à l'écart. Il désirait que nous gérions la situation en toute discrétion.

— Y compris avec la famille ? suggéra Adélaïde d'une voix douce. Vous en aviez parfaitement le droit, bien sûr. Je suis seulement désolée de n'avoir pas pu vous offrir mon soutien dans cette situation difficile. Nous le sommes tous.

Soucieuse d'abord de garder son secret, elle n'avait pas pris le temps de réfléchir aux besoins d'Henri. Trop concentrée sur les siens, elle avait été aveugle.

Et, dans ce moment de lucidité, alors que le soleil de l'après-midi dardait ses rayons sur le patio et sur la piscine, elle commença à comprendre qu'elle avait profondément blessé Henri. Et c'était exactement ce qu'elle avait toujours essayé d'éviter.

Tout à coup, l'univers se mit à tournoyer autour d'elle. Avait-elle fait les mauvais choix ?

- 10 -

— Je te dois des excuses, déclara Fiona d'une voix douce, entrant dans la chambre qui était celle d'Henri depuis son enfance, dans la maison familiale.

Il ne s'agissait pas de la maison que les frères partageaient, au bord du lac. Pour une raison inconnue, il avait choisi de s'installer chez Gervais. Il n'avait pas été facile de le dénicher dans cette immense bâtisse, mais elle avait fini par le trouver.

A présent, elle se demandait si cela avait été réellement une bonne idée, mais il était trop tard pour reculer.

Elle avait l'impression qu'il avait mis autant de distance que possible entre eux en venant s'installer ici, sous le toit de son frère, au lieu d'occuper leur seconde résidence à l'autre bout de l'allée. Etait-ce parce qu'ils y avaient vécu ensemble autrefois ? Ou peut-être à cause de la chambre d'enfant qu'ils avaient décorée ensemble pour le bébé qu'ils avaient perdu, et qu'ils avaient laissée en l'état ? A cette idée, elle sentit sa gorge se serrer, et elle la refoula précipitamment. Après tout, il avait peut-être bien fait de venir s'installer ici.

Le cœur battant, elle traversa le seuil. Lorsque ses yeux se furent adaptés à la pénombre, elle parcourut la pièce du regard.

La suite n'était pas très grande, et elle était pleine de trophées et de photos illustrant la carrière de son mari au temps du lycée, puis à l'université. Elle n'était pas venue ici depuis très longtemps, mais elle avait toujours adoré la grande photo dans un cadre doré représentant les frères Reynaud groupés autour de grand-père Léon. Les frères étaient tous lycéens, à l'époque, et grand-père Léon était encore un homme vigoureux et débordant d'énergie.

Cette photo déchira plus encore son cœur déjà meurtri. Refusant de se laisser détourner de son but par la tristesse que lui causait la santé du vieil homme, elle entra plus avant dans la pièce, et alla s'appuyer à l'une des colonnes du lit à baldaquin. Henri continua à fixer sa valise ouverte sur le lit. Poussant un gros soupir, il sortit une autre chemise de la valise et alla la ranger dans l'un des tiroirs de la commode.

— Comment te sens-tu ? s'enquit-il sans la regarder.

A l'évidence, il n'était pas d'humeur à entendre ses excuses. Elle s'assit sur le bord du matelas, luttant contre un sentiment de gêne, comme si elle avait envahi cet espace privé sans y être invitée. Mais elle devait essayer.

— La douleur n'a pas encore tout à fait disparu, mais je me sens mieux. Aujourd'hui, je n'ai pris aucun médicament.

— Je suis heureux de l'entendre. J'espère que tu te reposes suffisamment.

— Ce n'était qu'une biopsie. Je m'en remettrai très bien.

— Sois tout de même prudente, insista-t-il en tournant son regard vers elle pour la première fois depuis qu'elle était entrée dans la chambre.

— Juste au cas où je devrais me préparer à quelque chose de pire encore ?

S'adossant à la commode, il haussa les épaules.

— C'est toi qui l'as dit. Pas moi.

— C'est pour cette raison que je suis venue te demander pardon de ne pas t'avoir tenu informé de cette nouvelle alerte de santé. Car, même si nous sommes séparés, nous restons mariés. Nous avons une histoire. Une histoire d'une rare intensité.

— Merci de le reconnaître, répondit-il d'une voix tendue, croisant ses bras sur son large torse.

— Tu as été adorable avec moi. Tu as été compréhensif. Tu méritais mieux que la façon dont je t'ai traité.

— Tu as traversé de dures épreuves, je comprends cela.

— Ne le prends pas mal, mais c'est fichtrement difficile d'être l'épouse d'un homme parfait.

— Je ne suis pas sûr de ce que je devrais penser d'une telle déclaration, mais je suis loin d'être parfait, je te rassure, répondit-il d'une voix radoucie, ses épais cheveux sombres lançant des reflets dans un rayon de soleil. Mes frères seront tous d'accord là-dessus.

Elle posa sa main sur la sienne, avant de murmurer :

— Alors, tu me pardonnes de ne pas t'avoir informé que je devais subir une biopsie ?

— Je t'en veux encore un petit peu, je le reconnais. Je suis sûr que ton regret est sincère. Mais…

— Mais ?

— Mais je suis certain que, si c'était à refaire, tu agirais exactement de la même manière. En m'excluant.

Il leva une main pour couper court à toute tentative de contradiction, puis il ramassa la valise sur le lit et alla la ranger dans le placard.

A cet instant, elle commença à comprendre plus clairement son point de vue.

— Nous avons des problèmes, convint-elle en soupirant. De gros problèmes. C'est indéniable. Je désire seulement que nous trouvions la paix, toi et moi.

— Je suis d'accord, répondit-il en se tournant vers elle pour la saisir par les épaules, son regard douloureux.

Puis-je compter sur toi pour m'informer des résultats de ta biopsie dès que tu les auras reçus ?

— Oui, bien sûr.

Elle sentait à cet instant combien il tenait à elle, la sincérité de son amour. Cette idée lui déchira le cœur, et la ramena brusquement à son conflit intérieur. Alors qu'elle était presque sûre d'avoir la force de partir sans se retourner, le doute s'était à nouveau installé dans son esprit : elle venait de comprendre combien elle comptait à ses yeux. Et de constater une nouvelle fois la profondeur de ses propres sentiments pour lui.

— Je suis sincèrement désolée de t'avoir fait souffrir, murmura-t-elle, glissant ses doigts dans ses épais cheveux sombres. J'aurais aimé que notre vie soit plus facile. Que nous n'ayons pas eu à affronter les biopsies et l'infertilité.

— Une vie facile n'est garantie à personne.

Elle sentit les larmes lui piquer les yeux.

— Je ne suis pas sûre que notre vie serait moins agitée si nous avions un mignon petit bambin galopant partout dans la maison. Peut-être une petite fille avec des yeux bruns comme les tiens, qui ne s'arrêterait jamais parce qu'elle adorerait courir, ton ballon de football dans les bras.

— Fiona, arrête, je t'en supplie, répondit-il en la serrant dans ses bras.

Cessant de lutter, elle se blottit en soupirant dans la douceur de cette étreinte. Il lui était impossible de s'écarter de lui. Garder ses distances avec Henri durant ces derniers mois avait été une véritable torture. Sans compter qu'à cette seconde précise elle avait oublié pourquoi elle avait estimé cela nécessaire.

Alors, elle posa sa joue contre son torse. Elle entendait les battements réguliers de son cœur contre son oreille, et elle lui entoura la taille de ses bras, respirant avec délices le parfum musqué de son savon, et cette fragrance qui n'appartenait qu'à lui. Henri. Son mari. Son homme.

Elle entendit le rythme de sa respiration se modifier au même instant où son propre corps revenait à la vie. Elle n'aurait pas dû éprouver de telles sensations dans son état. Cette passion brûlante. Ce besoin presque douloureux de faire l'amour avec lui. Avec douceur. Avec tendresse. Longtemps.

— Tu devrais te reposer, murmura-t-il, ses lèvres dans ses cheveux.

— Je ne veux pas dormir. J'ai envie que tu me fasses l'amour. Ici. Tout de suite. Ne pensons plus à demain, ou à ce que nous déciderons dans l'avenir. Soyons ensemble…

Il l'interrompit en posant doucement ses lèvres sur les siennes, une fois, deux fois, avant de murmurer tout contre sa bouche :

— Tu n'entendras aucune protestation de ma part, Fiona. Je te désire toujours. N'importe où. N'importe quand.

Il la fit reculer jusqu'au lit sans cesser de l'embrasser, puis il l'y allongea et la serra dans ses bras si vigoureux, si doux. Mais, alors qu'elle allait nouer ses bras autour de son cou, il s'agenouilla au pied du lit, et il entreprit de relever l'ourlet de sa robe, centimètre par centimètre, tout en mordillant doucement l'intérieur de ses cuisses.

Et sa bouche suivit un chemin ascendant, toujours plus haut, jusqu'à ce que…

Elle rejeta la tête en arrière, et elle laissa échapper un soupir d'anticipation lorsqu'elle sentit le souffle tiède d'Henri réchauffer sa peau à travers la dentelle légère de sa culotte.

— Adorable, murmura-t-il.

— J'ai fait un peu de shopping.

— Je parlais de toi.

Il la débarrassa de sa culotte toute neuve, et sa bouche trouva son sexe humide, s'y posa pour lui donner le plus intime des baisers.

Elle l'entendit gémir tout contre sa peau et, serrant la couette dans ses mains crispées, elle ondula des hanches contre sa bouche, tout son corps parcouru par des éclairs de plaisir. Sa langue agaçait, caressait en cercles lents le point le plus sensible de son être, jusqu'à ce que tout son corps soit pris de spasmes, ses talons étreignant convulsivement son large dos pour l'ancrer à elle. Elle avait un besoin douloureux d'aller au bout de ses sensations. Et, par touches successives, il la conduisit jusqu'au bord de l'abîme, l'en éloigna avant de l'en rapprocher encore, toujours plus, encore et encore, jusqu'à ce qu'elle exige qu'il termine tout de suite. Oui, tout de suite.

Alors il lui obéit, répondant à cet ordre avec une extraordinaire sollicitude.

Vague après vague, de délicieuses ondes de plaisir la parcoururent tout entière, lui coupant le souffle. Elle creusa les reins pour aller à la rencontre de sa bouche, glissant ses doigts dans ses cheveux tandis qu'il la conduisait jusqu'aux derniers spasmes de l'orgasme.

Il la laissa reprendre son souffle, puis il s'allongea près d'elle et, la serrant dans ses bras, il s'adossa aux oreillers à la tête du lit.

— C'était fabuleux, dit-elle dans un souffle, laissant courir ses doigts sur son T-shirt. Merci. Cela peut t'apparaître comme une évidence, mais c'est merveilleux de se sentir bien à cet instant.

— C'était exactement mon intention.

— Je voudrais que nous nous sentions bien à nouveau, tous les deux, murmura-t-elle tout contre sa bouche. Fais-moi l'amour.

— Mais tu es en convalescence…

— Je ne vois aucune raison pour que nous ne fassions pas l'amour, si tu es doux, coupa-t-elle, l'ombre d'un sourire dansant sur ses lèvres. C'est un peu ironique, je le sais, mais je te demande maintenant de me traiter comme si j'étais une fragile figurine de cristal.

— Je te ferai l'amour de toutes les manières dont tu me le permettras, ma chérie, répondit-il, traçant un chemin de baisers jusqu'au creux de son cou. Tu es parfaite. Tu le sais, n'est-ce pas ?

— Pas vraiment, mais merci tout de même.

— Je suis sérieux. Tu es belle, généreuse, intelligente…

— Comment en sommes-nous arrivés à ce sujet ? l'interrompit-elle, caressant sa joue un peu râpeuse du bout des doigts.

— Je tenais seulement à m'assurer que tu le savais, répondit-il, laissant glisser ses doigts de ses lèvres jusqu'à son cou, la faisant frissonner. Présumant que les gestes sont plus importants que les paroles, j'ai souvent oublié de te montrer mon appréciation avec des mots.

— Merci pour ces adorables paroles. Sache que je les apprécie. Je comprends maintenant que je ne suis pas seulement définie par ma poitrine.

— Je suis heureux que tu t'en rendes compte, dit-il en l'attirant à lui pour déposer un baiser au creux de son épaule.

Alors, elle sentit quelque chose qui ressemblait fort à l'espoir germer à nouveau tout au fond de son cœur.

Henri ne s'était pas senti aussi bien depuis des semaines. Et même des mois. Fiona dormait dans son lit. Les draps étaient imprégnés de sa fragrance. Ce merveilleux parfum lui avait manqué. Elle lui avait manqué. Et il était plus déterminé que jamais à la persuader de rester ici avec lui.

Mais, tout de même… il avait besoin de bouger. De marcher dans la maison pour réfléchir à la surprenante volte-face de Fiona.

Il se glissa hors des draps de soie de leur lit, et, pieds nus sur le frais dallage de marbre, il sortit sans bruit de la chambre.

Quand était-il descendu sur la rive du lac pour la dernière fois, pour chercher la solution d'un problème difficile ? Cela faisait si longtemps qu'il ne s'en souvenait même plus. Fiona et lui avaient consacré tant de temps à protéger leur vie privée qu'il en avait oublié ce que c'était que de partager un espace avec ses frères. De demander de l'aide.

A présent qu'il séjournait dans une aile de la maison de son enfance, il remarquait l'empreinte que son frère aîné y avait laissée. Il avait procédé à quelques rénovations, mais, dans l'ensemble, la maison avait conservé intactes les traces de leur passé. Henri avait été surpris de constater que son ancienne chambre était restée exactement telle qu'elle était autrefois.

Il n'était pas très attaché à cette immense bâtisse. Le style néoclassique, trop rigide et trop restrictif, n'était pas vraiment ce qu'il préférait, et, en déambulant dans les vastes pièces, il n'en apprécia que davantage le charme un peu fantasque de leur maison du Garden District, l'espace merveilleusement chaleureux et éclectique que Fiona et lui avaient recréé.

Il avait besoin de parler à quelqu'un, et il se mit donc à la recherche de son frère. Après tout, c'était Gervais qui l'avait poussé dans cette situation, en envoyant Erika, sa fiancée, porter des fleurs à Fiona de sa part.

Ouvrant la porte coulissante, il aperçut la silhouette de son frère au-delà de la piscine, sur le sentier descendant jusqu'à l'appontement.

Les mains dans le dos, Gervais fixait la surface du lac d'un air absent. Il sortit pour aller le rejoindre et, lorsqu'il fut assez près, il remarqua que son frère serrait les mains si fort que ses jointures avaient blanchi.

La barque avait été sortie de l'eau, et elle était posée sur le ponton de bois, dans le rougeoiement du soleil couchant. Contemplant le paysage devant eux, il songea à toutes ces soirées qu'ils avaient passées dans cette barque, et à bord du yacht amarré un peu plus loin, lorsqu'ils étaient plus jeunes, et il se sentit submergé par une vague de nostalgie. La vie avait semblé plus simple, en ces temps-là. Mais, au fond, il savait que ce n'était pas vraiment le cas. Rien n'avait jamais été simple dans la famille Reynaud.

Dernièrement, ses rapports avec sa famille avaient été tendus. Entre ses frères et lui, les silences et les mensonges avaient remplacé la communication.

Il payait peut-être maintenant au prix fort ces mois passés à éviter toute conversation sérieuse. Comment avait-il pu ne pas remarquer que son frère était écrasé de soucis ? Un mariage imminent et les lourdes responsabilités de l'équipe auraient éprouvé la résistance de n'importe qui, même un modèle de maîtrise de soi et de flegme comme son grand frère.

Il s'efforça d'imaginer ce qui pouvait bien préoccuper Gervais. L'avenir des Hurricanes ? Une victoire au Super Bowl dès cette saison ? Peut-être même l'évolution de la carrière de Jean-Pierre, leur plus jeune frère, comme quarterback dans une équipe de New York ?

Pour ajouter à tout cela, Gervais essayait d'organiser son mariage avec une princesse sans que le public n'en soit averti, tout en se préparant à devenir bientôt le papa de jumeaux. Et Dempsey était fiancé, lui aussi. La vie suivait son cours sans ralentir, avec la force d'un torrent.

— Que fais-tu ici, au bord de l'eau ? s'enquit-il.

— Je me remémorais les vieux jours, répondit Gervais avec un profond soupir, poussant du bout de sa chaussure le ballon de football posé à ses pieds.

— Regrettes-tu de ne plus jouer ?

— Oui, bien sûr, cela me manque quelquefois, reconnut Gervais. Mais je ne suis pas toi. Je n'ai pas ta passion inconditionnelle pour le football. Honnêtement, je préfère le rôle de cerveau derrière toutes les grandes opérations.

— Je vois que ton mariage prochain et ta future paternité t'ont rendu philosophe.

— Pratique, corrigea Gervais. Concentré.

— Moi, je suis fatigué de voir les gens remettre en question ma concentration.

— Les gens ?

— Ma famille, grogna-t-il.

— Je te rappelle que tu fais face à un possible divorce, rappela Gervais avec la brusque franchise qui lui était habituelle.

— Comme une bonne moitié des gars de l'équipe.

— Oui, mais, toi, tu aimes ta femme.

Il tourna son regard vers le lac. Et, lorsqu'il répondit, les mots avaient un goût de cendres sur ses lèvres :

— C'est ce que je croyais.

— C'est la vérité, espèce d'idiot.

— Arrête de jouer les grands frères je-sais-tout, je déteste cela.

— Dans ce cas, fais quelque chose ! Tu es le meneur de jeu des Hurricanes, bon sang ! Ton nom figure déjà dans *Le Livre Guinness des records*. Ne peux-tu pas faire mieux que cela dans ta vie privée ?

— Frérot, ne sois pas vexé, répondit-il en soupirant, mais ce mariage est infiniment plus compliqué qu'il n'en a l'air.

Gervais se pencha pour ramasser le ballon à ses pieds, et il le lança à son frère, avant de remarquer :

— Notre famille a une fâcheuse tendance à se quereller pour des riens.

— Que veux-tu dire ? s'étonna-t-il en lui renvoyant le ballon. Nous sommes une famille unie.

— Parles-tu sérieusement ? répliqua Gervais en bloquant le ballon. Je crois que tu te fais des illusions.

— Regarde comment nous vivons, insista-t-il, désignant leurs maisons dispersées sur la grande propriété familiale.

— Regarde plutôt notre histoire, répliqua Gervais. Nous apprenons que nous avons un frère dont nous ignorions l'existence, et maman quitte la maison sans jamais plus donner de ses nouvelles. Nous avons un frère à New York, qui ne nous fait jamais plus l'honneur de sa présence en dehors des crises familiales. Un oncle qui ne parle à aucun de nous, et un autre, au Texas, qui ne se dérange que pour applaudir aux matchs de son fils, qui joue dans notre équipe. Quant à notre père… Inutile même d'en parler. Cette famille est tout sauf harmonieuse.

— Exprimé de cette façon, je suppose qu'on ne peut pas nous appeler un clan uni et solidaire.

Il réfléchit un instant aux paroles de son frère, et aussi à l'autre versant de la situation : le sentiment de sécurité que cette propriété sur les rives du lac lui avait toujours procuré. La vieille maison familiale des Reynaud avait été le centre de son univers, et sa présence l'avait entretenu dans l'idée que leur famille était aussi stable, aussi solide que les façades néoclassiques de la bâtisse. Les paroles de Gervais venaient de saper les fondations de cette croyance.

— Toutes les familles ont leurs problèmes, bien sûr, poursuivit son frère aîné, mais la nôtre en a plus que sa part. Et je ne veux pas te voir tomber dans les solutions de facilité, en écartant une personne de ta vie au lieu de travailler avec elle à résoudre vos difficultés.

— Je suppose que tu fais allusion à Fiona et moi.

— Tu l'as deviné. Vous allez parfaitement bien ensemble, tous les deux. Et, pour te parler franchement, la possibilité de votre rupture me fait une peur bleue à un moment où je m'apprête moi-même à me marier. Vous étiez un modèle, pour moi. Je vous considérais comme le couple parfait.

— La perfection n'existe pas.

— C'est tout à fait juste, répondit Gervais. Pourquoi alors attends-tu la perfection dans ton couple ?

Cette fois-ci, il lui avait renvoyé bien plus que le ballon de football, et Henri accusa le coup.

— Qui te dit que c'est moi qui désire divorcer ?

Gervais allait trop loin. Il n'avait pas du tout envie de divorcer, il ne voulait pas que tout soit fini entre Fiona et lui. Sa passion ne brûlait que pour elle, et elle seule. La vie sans elle... Il ne voulait même pas l'imaginer.

— Si c'est elle qui souhaite rompre, pourquoi n'es-tu pas auprès d'elle, en train de livrer bataille pour la garder ?

— Je lui laisse l'espace dont elle a besoin, expliqua-t-il, s'abstenant de préciser que c'était *elle* qui l'avait exigé.

— De l'espace ? répéta Gervais, jetant le ballon à ses pieds. Comme je le disais, c'est une chose que notre famille accorde beaucoup trop facilement.

Son frère aîné n'avait pas tort, et ses paroles trouvèrent un écho dans son esprit. Il était déterminé à reconquérir Fiona. Et pas seulement son corps, mais aussi son esprit et son âme. Dans leur couple, la passion n'avait jamais été absente. Elle brûlait entre eux comme une flamme éblouissante. Mais il ne s'agissait pas seulement de ramener Fiona dans son lit. Il désirait qu'elle fasse à nouveau partie de sa vie. A plein temps.

Il refusait d'être un autre Reynaud qui abandonnait le navire dans la tempête.

Fiona avait rêvé d'Henri.

Dans son rêve, ils exploraient ensemble le quartier des galeries d'art de Seattle, lors d'un déplacement des Hurricanes sur la côte Ouest. C'étaient les premiers temps de leur mariage, et ils avaient couru main dans la main sous la pluie pour aller d'une galerie privée à l'autre, découvrant les étoiles montantes de la scène artistique locale et s'amusant comme des fous.

Dans la voiture qui les ramenait à leur hôtel, ils étaient trempés jusqu'aux os, mais ils riaient. Ils s'embrassaient. Ils se caressaient avec une impatience fébrile. Comme s'ils avaient déjà su que leur temps ensemble était compté, et qu'ils devaient vivre pleinement chaque seconde.

A travers les brumes de son rêve, elle sentit le contact d'une main vigoureuse sur sa hanche. Une main qui la caressait.

Elle ne se hâta pas de se réveiller, peut-être parce qu'elle se sentait bien dans cet entre-deux entre sommeil et éveil. Le monde réel l'avait déçue suffisamment souvent durant ces dix-huit derniers mois pour qu'elle préfère encaisser ses coups en gardant les yeux fermés un tout petit peu plus longtemps.

Mais, sous les caresses d'Henri, elle sentait déjà tous ses sens s'attiser.

Puis ses lèvres se posèrent sur sa peau nue, et il l'embrassa.

Lentement. Tendrement.

Comment un simple baiser sur son cou pouvait-il rendre une femme folle de désir ? Ou peut-être étaient-ce seulement les baisers d'Henri qui avaient ce pouvoir sur elle ?

Toujours allongée sur le côté, elle tendit sa main vers lui, sachant exactement où il se tiendrait. Sa paume entra en contact avec des pectoraux durs comme le roc. Il était tellement fort…

— Ouvre les yeux, ordonna-t-il d'une voix douce.

— Depuis quand donnes-tu des ordres au lit ? le taquina-t-elle en souriant, les yeux toujours fermés.

— Depuis que j'ai besoin que tu me voies, répondit-il d'un ton totalement dépourvu d'humour.

— Tout va bien ? s'enquit-elle en ouvrant les yeux.

Les derniers rayons de l'après-midi filtraient à travers les volets, et elle comprit que sa sieste avait duré bien plus qu'elle ne l'avait prévu. Il lui enlaça la taille et l'attira tout contre lui dans le lit, avant de répondre :

— Oui, ne t'inquiète pas. J'avais seulement besoin de te voir. De me sentir près de toi.

— Vraiment ? murmura-t-elle en se blottissant davantage contre lui, se rappelant à quel point elle s'était sentie heureuse dans son rêve. Et, mieux encore, à quel point il l'avait rendue heureuse quelques heures plus tôt, avant qu'elle ne s'endorme.

— Tout à fait certain. Je tenais seulement à te rappeler que je suis là.

Elle sentait qu'il ne lui disait pas tout, mais, pour le moment, elle se contenterait de savourer l'instant présent, de se délecter des caresses qu'elle s'était refusées trop longtemps. Quoi que l'avenir leur réserve, à Henri et à elle, elle désirait savourer ces moments comme elle n'avait pas su le faire par le passé. Elle s'était trop longtemps concentrée sur leurs problèmes. A présent, elle désirait se souvenir uniquement de ce qu'ils avaient bien fait.

De ce qui les avait rendus tous deux heureux.

Elle glissa ses doigts dans ses boucles drues, les laissa descendre le long de son cou jusqu'à ses puissantes épaules. Il saisit ses mains lorsqu'elles atteignirent ses biceps, et les porta à sa bouche pour déposer un baiser au creux de chaque paume, puis ses lèvres suivirent un chemin ascendant jusqu'à la saignée de son coude, la faisant délicieusement frissonner.

C'était un instant étrangement poignant, et elle ne savait plus si elle devait pleurer ou le dévorer de baisers. Leurs regards se rencontrèrent. Plongèrent l'un dans l'autre.

Et alors elle eut sa réponse.

Elle avait besoin de ce qui allait suivre. Elle avait besoin de lui. Fondant littéralement dans ses bras, elle posa sa bouche sur la sienne et entreprit d'agacer ses lèvres de baisers légers, puis, tandis qu'il lui ôtait tous ses vêtements, elle l'embrassa à pleine bouche, libérant dans ce baiser tout le désir qu'elle avait refoulé en elle des mois durant. Ses mains parcouraient chacune de ses courbes, chaque centimètre carré de son corps, et à travers ces caresses elle sentait tout son amour.

— Tu m'as manqué, dit-il dans un murmure, si bas qu'elle douta d'abord de l'avoir bien entendu. Je sais que je te l'ai déjà dit, mais j'étais sincère.

— Je le sais, et tu m'as manqué aussi. Notre intimité m'a affreusement manqué durant tout ce temps.

C'était pourquoi elle avait tant besoin de lui à cet instant.

Il devait l'avoir compris — c'était même certain, puisqu'il la connaissait si bien — car il glissa un genou entre ses jambes pour les écarter, et, empoignant ses hanches, il se positionna au-dessus d'elle, la plaça exactement là où il la désirait. Contre lui. Tout contre lui.

Elle était déjà prête à le recevoir, mais il prit tout son temps, effleurant son sexe de caresses légères, délicates, jusqu'à ce qu'elle le supplie d'entrer en elle.

Elle sentit qu'il souriait lorsqu'il l'embrassa tout en prenant lentement possession de son corps. Alors, elle leva brusquement ses hanches vers les siennes, le prenant entièrement en elle et le serrant très fort entre ses bras. Elle sentait distinctement les battements précipités de son cœur tout contre le sien.

Nouant ses bras autour de son cou, elle ondula des hanches contre lui, se donnant totalement à cet instant, convaincue qu'il se montrerait doux avec elle tout en la faisant défaillir de plaisir.

Et elle ne fut pas déçue.

Le puissant va-et-vient de ses hanches aurait pu lui procurer ce même bonheur infini tout au long d'une nuit entière. Il était infatigable lorsqu'il s'agissait de lui donner du plaisir. Et, même si elle cherchait habituellement à s'assurer qu'il ressentait autant de plaisir qu'elle, cette fois, elle laissa simplement le désir flamber entre eux. Elle se donna totalement à lui.

Henri.

Son cher nom, elle le murmura plus d'une fois alors qu'il l'entraînait dans un monde de plaisir vertigineux, lui faisant franchir des crêtes de plus en plus hautes, l'une après l'autre. Serrée tout contre lui, elle faisait pleuvoir des baisers sur son torse sculptural, se délectant du jeu des muscles sous ses doigts à chacun de ses mouvements.

Lorsqu'il fut sur le point d'atteindre l'orgasme, elle plongea à nouveau son regard dans le sien, et ce qu'elle lut dans ses yeux la fit basculer à son tour dans l'éblouissement final. Vague après vague, le plaisir déferla sur elle, et elle frissonna de tout son corps, ondulant des hanches tout contre lui alors qu'il explosait en elle, tous ses muscles tendus.

Ensuite, elle le garda longtemps serré entre ses bras. Tout en lui caressant les cheveux, elle repassa dans sa mémoire les instants qu'ils venaient de vivre ensemble. Mais, surtout, elle songea à ce qu'elle avait lu dans ses yeux à cet instant bouleversant, juste avant l'éblouissement de l'orgasme.

Son mari l'aimait encore. D'un amour profond.

Et elle était terrifiée à l'idée de ce que cela signifiait pour eux deux.

- 11 -

Entre ses sentiments confus pour Henri et l'attente des résultats de sa biopsie, ces quelques derniers jours s'étaient écoulés dans une sorte de brouillard émotionnel. Fiona en avait occupé chaque moment à préparer le prochain gala de bienfaisance, à régler soigneusement chaque détail pour s'assurer que l'événement soit un succès.

Et, surtout, pour ne pas se laisser le temps de réfléchir au désastre qu'elle avait fait de sa vie.

Les effets secondaires de la biopsie se faisaient encore sentir, mais elle ne s'était pas laissée ralentir par la fatigue et la peur. La récente révélation qu'elle était porteuse du gène du cancer avait renforcé son engagement pour les causes en lesquelles elle croyait. Cette prochaine soirée caritative n'était pas uniquement dédiée à la mémoire de sa mère, de sa tante et de sa grand-mère. Non. Si elle avait besoin que cette soirée soit un succès — au-delà de tous les événements du même type qu'elle avait organisés —, c'était parce qu'elle désirait de tout son cœur, de toute son âme, participer à l'éradication de cette maladie qui avait ravagé tant de familles.

Alors, elle avait passé des heures au téléphone, contactant personnellement chacune de ses relations pour les convaincre de devenir sponsors de l'événement.

Elle ne pouvait pas nier que d'autres facteurs avaient contribué à accroître sa productivité. Henri. Son mariage au bord du gouffre. La réalité d'une vie sans lui.

Ces idées étaient trop douloureuses pour qu'elle ose s'y attarder. Elle s'était jetée à corps perdu dans l'organisation de ce gala de bienfaisance parce qu'elle y puisait le sentiment que son existence avait un sens, une direction. Elle en avait désespérément besoin, à ce stade de sa vie.

Après une autre journée de travail acharné, elle se sentit suffoquer entre les murs de sa maison déserte. Il était temps de respirer de l'air frais. Et, de plus, elle avait besoin de récupérer certains documents qu'elle avait laissés à la propriété des Reynaud.

Elle avait même réussi à se persuader que ce n'était pas une excuse pour revoir Henri.

Après un bref trajet en voiture, elle arriva en vue des bâtiments éparpillés sur l'immense domaine… la vieille maison, la villa, les anciennes remises, le hangar à bateaux… l'appontement.

Elle venait d'apercevoir une silhouette tout au bout de l'appontement. Grand-père Léon était assis sur un banc face au lac, et, même si elle était persuadée que tout allait bien, elle ne pouvait s'empêcher de s'inquiéter pour lui.

En marchant dans sa direction, elle emplissait à chaque pas ses poumons des senteurs familières de ce lieu qui avait été autrefois son foyer. La brise du lac avait toujours eu ce pouvoir d'insuffler une nouvelle vie en elle.

Le gala du vendredi suivant changerait irrévocablement le cours de sa vie. Et de celle d'Henri. Même si cette idée était douloureuse, elle savait qu'il était temps de couper les liens entre eux. Elle ne pouvait pas continuer à être une source de souffrance pour lui, elle s'y refusait. Il méritait mieux. Il méritait d'avoir des enfants, et une épouse en bonne santé. En le quittant, elle lui éviterait des souffrances supplémentaires, si les résultats de sa biopsie, qui devaient arriver d'un jour à l'autre, confirmaient ses pires craintes.

Il lui avait demandé de rester avec lui au moins jusqu'à la fin de la saison de football, mais elle ne pouvait pas les soumettre à une telle épreuve, ni lui ni elle. Ce serait trop douloureux. Trop d'occasions de s'exposer à la passion électrique qui les jetait l'un vers l'autre. Et, après ces quelques derniers jours… elle n'avait pas le droit de continuer à se bercer d'illusions, dans leur intérêt à tous deux.

Après le gala de bienfaisance de vendredi, elle établirait son propre calendrier pour la séparation, en faisant en sorte que ce soit le moins douloureux possible, pour l'un et pour l'autre.

Cette saison serait pour elle celle des choix difficiles. Henri avait prévu d'assister au gala, le vendredi soir, avant de s'envoler le lendemain matin pour Indianapolis, où il jouerait son prochain match ce dimanche. Tout le monde supposait qu'elle serait du voyage, qu'elle prendrait sa place dans les gradins parmi les autres épouses.

Mais il était préférable de rompre de façon définitive, juste après la soirée de gala. Le laisser partir seul.

Seul ?

Tout son être se révoltait contre cette idée. *Seul.* Pouvait-elle honnêtement le priver de son soutien durant une saison qui pouvait enfin le porter vers la victoire qu'il méritait ? Une saison qui pourrait voir la réalisation de tous ses rêves professionnels ? Comme il l'avait remarqué en une occasion, ce n'étaient pas seulement ses propres rêves qui étaient en jeu, cette année. Presque toute la famille Reynaud était liée aux Hurricanes et à leur avenir d'une façon ou d'une autre. Pourrait-elle continuer à se regarder en face, si elle ruinait leur unique chance de remporter le championnat national ?

Elle arriva près de grand-père Léon avant d'avoir pu explorer toutes les ramifications de ces pensées. Le vieil homme avait un verre de jus de fruits à la main, et une assiette contenant des restes de saucisse créole aux épices et de riz était posée en équilibre sur ses genoux.

En le voyant si fragile, elle eut un choc. A chacune de leurs rencontres, il était de moins en moins lui-même, comme si la maladie lui volait davantage que l'esprit. On notait ses effets sur sa peau, sur son visage. Même son sourire n'était plus le même.

— Venez vous asseoir près de moi, dit-il en levant les yeux vers elle. Les garçons aimaient bien sortir en bateau, mais je ne les vois plus très souvent à bord du yacht. Ou alors je l'ai oublié, cela aussi. Tout le monde a l'air tellement occupé par son travail…

— Là-dessus, vous avez parfaitement raison, assura-t-elle en prenant place près de lui sur le banc, posant sa main sur celle du vieillard.

— Moi aussi, je travaillais, autrefois, remarqua-t-il en fixant son regard vague sur elle. J'ai beaucoup travaillé.

— Oui, c'est vrai.

— Alors je suppose que c'est ma faute.

Elle secoua énergiquement la tête. Grand-père Léon avait été là lorsque Henri et ses frères avaient eu besoin de lui. Il leur avait enseigné la valeur du travail et de la famille. Il avait été un exemple pour eux.

— Ce sont des adultes, aujourd'hui, rappela-t-elle. Nous le sommes tous. Nous faisons nos propres choix.

Le vieil homme lui sourit, et il tendit la main pour lui tapoter gentiment la tempe.

— Je vous apprécie depuis toujours, Fiona. Lorsque je me rappelle qui vous êtes, naturellement.

— Et moi, j'adore votre sens de l'humour.

— Merci.

Là-dessus, il tourna à nouveau son regard vers le yacht. Vers un passé révolu. Son verre presque vide à la main, il exhala un soupir.

— Puis-je vous apporter une veste ou un coussin ? proposa-t-elle.

Au même instant, elle aperçut Henri qui marchait vers eux, et elle se figea, la gorge nouée, luttant contre un besoin impérieux de courir se jeter dans ses bras. Mais cela aurait signifié lui donner des réponses à certaines questions auxquelles elle n'était pas encore prête à faire face.

— Seulement un peu de jus de fruits, répondit Léon en lui tendant son verre.

Se levant d'un bond, elle prit le verre des mains du vieil homme et se rua vers la maison, croisant Henri sans ralentir.

Henri avait espéré avoir une conversation avec Fiona, mais c'était raté. Elle le fuyait comme la peste.

Il savait qu'elle était très occupée par l'organisation du gala de bienfaisance, mais il soupçonnait que si elle était restée invisible, ces derniers jours, c'était plutôt à cause de toutes les questions sans réponse qui obscurcissaient l'horizon de leur relation.

Il l'avait aperçue depuis le patio de la piscine, assise près de son grand-père face au lac. Elle s'était toujours montrée très attentive envers grand-père Léon. Prévenante. Merveilleusement douce. Même si sa maladie le privait de sa mémoire chaque jour davantage, elle ne perdait jamais son sourire, et elle ne se montrait jamais impatiente avec lui.

Il l'avait vue se lever, et il s'était hâté dans sa direction, allongeant le pas, mais, lorsqu'elle était arrivée à sa hauteur, elle n'avait pas dit un mot. Un verre à la main, elle l'avait à peine regardé et avait poursuivi son chemin vers la maison.

Au même instant, grand-père Léon avait tourné la tête, et il lui avait souri comme s'il le reconnaissait.

Excellent. Ces temps derniers, il arrivait souvent à Léon de ne pas reconnaître ses interlocuteurs, et ce rare moment de lucidité l'emplissait de joie.

Grand-père Léon lui tapota affectueusement le dos lorsqu'il alla s'asseoir près de lui sur le banc.

— Ta petite amie est très jolie, Christophe.

Il réprima un soupir de déception. Grand-père Léon le prenait pour Christophe, le frère de son père.

La branche texane de la famille était très impliquée dans l'empire familial de transports maritimes et de croisières de luxe. Ils étaient propriétaires d'une île à quelques encablures de la côte de Galveston où ils avaient créé un ranch entièrement autonome qui était une escale optionnelle sur leurs nombreux itinéraires de croisière. Les clients pouvaient monter à cheval sur les plages du golfe, ou participer à des festins de gourmets où n'étaient servis que les produits du ranch, tous issus de l'agriculture biologique.

Ils n'avaient pas rendu visite à leurs cousins du Texas depuis des années, suite à une querelle familiale. Léon avait même publiquement déshérité oncle Christophe, son fils aîné, qui avait cependant conservé son titre de vice-président des opérations mondiales dans l'entreprise familiale. Christophe et son propre fils aîné y occupaient aujourd'hui des postes clés.

Grand-père Léon était juste un peu distrait, aujourd'hui, voilà tout. Cela ne signifiait rien. Toussotant pour s'éclaircir la voix, il s'approcha de lui, espérant qu'il le reconnaisse, cette fois-ci.

— Euh… merci.

— Alors, tu es marié, n'est-ce pas ? remarqua Léon, indiquant l'anneau d'or à sa main gauche. Un homme marié ne devrait pas avoir une maîtresse dans les coulisses. Ce n'est pas honnête.

— Grand-père, je suis Henri. Et Fiona est mon épouse.

Ce n'était pas une petite étourderie, visiblement, son grand-père s'enfonçait dans son brouillard mental. Il le vit plisser le front comme s'il pesait cette information.

— Oh ! je vois, marmonna grand-père Léon. Oui, bien sûr, je sais qui tu es, et elle aussi.

Juste à ce moment-là, Fiona réapparut avec son second verre de jus de fruits.

Elle plaça le verre dans la main de Léon, et se pencha pour déposer un baiser sur sa joue.

Il vit son grand-père sourire et il ne put s'empêcher de penser que Fiona faisait réellement partie de sa famille. Elle manquerait à tous, s'ils venaient à se séparer.

Léon but une longue gorgée, puis il se leva avec des gestes hésitants.

— Amusez-vous bien, les enfants. Mon jeu télévisé est sur le point de commencer, et je ne veux pas rater le début.

Là-dessus, il leur adressa un clin d'œil et se mit en marche vers la maison à pas traînants.

— As-tu besoin d'aide, grand-père ? lança-t-il.

— Non, non, répondit le vieil homme sans se retourner. Restez où vous êtes, tous les deux. Profitez du coucher de soleil.

Alors que Léon s'éloignait en direction de la maison, elle alla s'asseoir sur le bord de l'appontement, laissant pendre ses pieds nus au-dessus de l'eau.

Il alla aussitôt la rejoindre, brûlant de lui parler. Il n'avait pas abandonné l'espoir de la reconquérir, bien qu'elle l'ait soigneusement évité durant ces quelques derniers jours.

En prenant place près d'elle, il se souvint des nombreuses occasions où ils s'étaient assis ici ensemble, dans les premiers temps de leur mariage. Sur le bord de l'appontement de bois, ils parlaient pendant des heures. De littérature, d'art et de football. De la vie. De tout.

Ses pensées allaient aussi à son grand-père. Il avait toujours été un homme un peu excentrique. Lorsqu'il lui avait fallu assumer l'éducation de quatre petits-enfants turbulents, il n'avait pas élevé Henri et ses frères de la façon la plus traditionnelle, mais il les comprenait à merveille. Un jour, il avait rapporté une Harley-Davidson des années 1950 à son ranch du Texas pour les initier à la mécanique. Lorsqu'il l'avait achetée, l'antique machine était en pièces détachées dans des caisses. A la fin de ce mémorable été, ils testaient sa vitesse et sa maniabilité sur les chemins privés du ranch. Récoltant quelques plaies et bosses au passage.

Un flot de souvenirs de sa jeunesse et de son grand-père resurgissait dans sa mémoire. Il souffrait de voir la maladie d'Alzheimer consumer lentement Léon.

Il poussa un soupir. Il aurait voulu partager tout cela avec Fiona, mais le temps pressait, il y avait des choses plus urgentes à affronter.

— Durant tout ce temps, j'ai cru être celui qui gardait ses distances dans notre couple, mais tu es aussi coupable, Fiona. Tu as peur.

— J'ai rendez-vous chez le médecin demain matin. Je serai fixée d'une façon ou d'une autre. Il y a des chances pour que ce ne soit rien du tout.

— Je voudrais t'accompagner… mais je lis dans tes yeux que je ne suis pas le bienvenu.

— Ce n'est pas cela. Seulement, je ne suis pas certaine de pouvoir…

Elle s'interrompit, secouant lentement la tête, avant de conclure :

— Je dois faire face à cela seule.

Le long silence qui suivit le blessa plus profondément que toutes les disputes qu'ils avaient pu avoir par le passé. Au moins, lorsqu'ils se disputaient, il sentait qu'il y avait un lien entre eux. Que leur relation avait encore une chance, puisqu'elle donnait lieu à une querelle. Ce silence ressemblait à un coup fatal.

Alors que le soleil s'enfonçait lentement à l'horizon du lac, il sentit tout le poids de leur situation sur ses épaules.

Il était en train de la perdre.

Le plafond de la nouvelle aile ultramoderne de l'hôpital, qui abriterait bientôt le service d'oncologie pédiatrique, était entièrement couvert de ballons roses. Une coupe de champagne à la main, Fiona observait la foule qui se pressait dans la salle.

C'était un succès. Son plus grand succès à ce jour. En dépit d'un budget très serré et du peu de temps dont elle avait disposé pour organiser cet événement, la salle était bondée. Les enchères et quelques jeux de casino étaient toujours d'excellentes sources de donations, mais l'événement avait surtout un ton familial. A quelques pas d'elle, une troupe de conteurs en costumes très élaborés capturaient l'attention d'une foule élégante. Elle voyait distinctement les émotions défiler sur les visages de l'audience.

A l'autre bout de la pièce, Henri distribuait des ballons signés par toute l'équipe des Hurricanes. Elle remarqua la façon dont les femmes le dévoraient du regard, et elle ressentit la brûlure de la jalousie.

Cette soirée aurait dû la combler. Ou, tout du moins, lui donner le sentiment du devoir accompli. Mais, alors qu'une célèbre chanteuse pop prenait le micro, elle ne ressentait qu'un grand vide intérieur.

Elle lissait sa jupe de mousseline de soie à motifs cachemire ornée de sequins, qui réussissait à paraître bohème et élégante à la fois, associée à un chemisier de soie sombre tout simple, lorsqu'elle entendit le rire d'Henri de l'autre côté de la salle. Comme mus par leur propre volonté, ses pieds l'entraînèrent dans cette direction. Depuis quelques jours, leurs rapports étaient devenus étranges, empreints de tension. Elle avait essayé de lui envoyer un texto plus tôt, mais les téléphones étaient interdits pendant les entraînements.

Les résultats d'analyse de sa biopsie étaient arrivés, ce jour-là. Elle lui avait promis de les lui communiquer, et c'était ce qu'elle avait fait. Immédiatement.

La biopsie n'avait rien révélé. Aucun cancer. Une telle nouvelle aurait dû la soulager, lui rendre l'espoir, mais elle savait qu'elle était toujours porteuse du gène de la maladie. Et elle avait compris aujourd'hui que ce risque ferait toujours partie de sa vie. Tout comme ses cicatrices. Des marques permanentes sur son corps et dans son âme.

Dans son texto, elle avait informé Henri qu'elle était hors de danger. Les résultats du test étaient normaux. Aucune raison de s'inquiéter.

Elle repensait à l'angoisse dans laquelle elle avait été plongée ces derniers temps. L'IRM, était-ce réellement à peine deux semaines plus tôt ?

Tant de choses avaient changé dans sa vie depuis ce jour-là ! Sa relation avec Henri s'était refroidie, avait flambé à nouveau… et maintenant ?

Maintenant, c'était un terrible désastre.

A sa grande surprise, elle reconnut Jean-Pierre parmi la foule des invités. Henri et lui n'avaient pas échangé plus de quelques mots en plusieurs mois. Il y avait des tensions dans la famille depuis que Jean-Pierre avait quitté La Nouvelle-Orléans pour New York, mais la présence d'une autre star du football professionnel serait un plus pour son gala. Et elle encouragerait peut-être les gens à se montrer encore plus généreux dans leurs donations.

Jean-Pierre, le plus jeune des Reynaud, avait hérité l'amour du football de leur père et de leur grand-père, tout comme ses frères. Mais Jean-Pierre était déjà le quarterback de son équipe à l'université, exactement comme Henri. Et, puisque Jean-Pierre n'était pas homme à vivre dans l'ombre de son grand frère, il avait refusé d'intégrer l'équipe des Hurricanes. Lorsque les New York Gladiators lui avaient fait une offre, il l'avait acceptée.

Elle se fraya un chemin à travers la foule jusqu'à son beau-frère.

— Jean-Pierre, comment as-tu deviné que nous aurions besoin de toutes les bonnes volontés possibles pour cette soirée ? Je suis absolument ravie de te voir, mais pourquoi être venu de si loin ?

— Henri m'a appelé pour me dire combien il était important pour toi que cet événement soit un succès, répondit-il en se penchant pour déposer un baiser sur sa joue. Alors, j'ai accouru. Il est bien pratique d'avoir l'usage du jet privé de la société, et j'avais justement un peu de temps libre.

— Merci.

Elle était profondément touchée, pas seulement parce que Jean-Pierre avait pris l'avion pour être présent à sa soirée, mais aussi parce que Henri avait songé à le lui demander.

— Pas de problème. De plus, l'attaché de presse des Gladiators trouvait que c'était une excellente idée, lui aussi. A présent, je vais aller signer encore quelques autographes. C'est une merveilleuse soirée. Tu as fait un travail magnifique.

Elle le remercia une dernière fois avant qu'il ne se fonde dans la foule, se déplaçant lentement car il signait des autographes au passage et serrait des mains de fans enthousiastes.

Elle profita de ce que personne ne réclamait plus son attention pour aller rejoindre Henri. Il était un régal pour les yeux, dans son smoking noir. Comme toujours. Mais elle nota qu'il s'était figé en la voyant s'approcher. Un muscle tressautait dans sa mâchoire, et son visage arborait encore une expression douloureuse.

La conversation qu'elle s'apprêtait à avoir avec lui changerait tout entre eux, elle le savait.

Elle espérait seulement avoir la force d'aller jusqu'au bout de cette épreuve.

— Faisons quelques pas dehors, s'entendit-elle murmurer, presque comme une prière. Seulement toi et moi.

Au lieu de répondre, il se contenta de poser sa main au creux de son dos, la faisant frissonner de la tête aux pieds, puis il l'escorta à l'extérieur. La rumeur des voix et des éclats de rire leur parvenait, assourdie, à travers les portes lorsqu'ils allèrent s'asseoir sur un banc dans le patio du jardin. Quelques mètres plus loin, une fontaine éclairée gargouillait doucement.

Ici, loin de la foule, assis sur l'un des trois bancs dont elle avait fait don à l'association en mémoire de sa mère, de sa grand-mère et de sa tante, ils étaient tranquilles. Ils pouvaient parler en toute intimité.

Il demeura silencieux un moment, les lèvres serrées. Elle devinait qu'il était tendu. Qu'il souffrait. Et c'était sa faute. Elle crispa sa main sur le bord du banc d'une solidité à toute épreuve, construit pour survivre bien plus longtemps que sa malheureuse mère, luttant pour refouler ses larmes d'émotion.

Henri détacha gentiment sa main du bord du banc et il entremêla ses doigts aux siens.

Sa paume était calleuse après des années d'entraînements intensifs. Et son anneau de mariage luisait dans le halo des éclairages du patio.

— Merci de m'avoir tenu informé du résultat de ta dernière consultation. Je suis heureux que cette menace soit derrière nous. Et que tu sois en bonne santé.

Elle se mordit la lèvre. Ce qu'elle avait à dire, elle devait le dire, quelle que soit la souffrance que cela lui causait.

— Sauf que la menace en question ne sera jamais vraiment derrière nous, Henri, murmura-t-elle. Il y aura toujours une prochaine fois. Et tu t'inquiéteras à chaque consultation.

Les mots se précipitaient sur ses lèvres. Il devait l'entendre. Il avait besoin de comprendre la vérité de sa situation.

— Regarde-toi, poursuivit-elle. Même maintenant, en m'écoutant, on dirait que tu es sur le point d'être malade.

— C'est parce que tu comptes énormément pour moi, ne le comprends-tu pas ?

— Toi aussi, tu comptes beaucoup pour moi, reconnut-elle, incapable de nier la vérité plus longtemps. Je t'aime encore.

— Tu m'aimes ? répéta-t-il d'un air perplexe. Dans ce cas, pourquoi insistes-tu pour que nous divorcions ?

— Parce que je sens bien que notre relation est une souffrance pour toi. Je peux vivre avec la menace du cancer suspendue au-dessus de ma tête, mais ce que je ne peux pas supporter, c'est de voir à quel point cette possibilité t'effraie.

— L'idée de faire l'amour avec moi et de passer du temps en ma compagnie ne te dérangeait pas il y a quelques jours, lorsque tu croyais vivre au jour le jour. Ensuite, lorsque tu as appris que tu pouvais penser à long terme, tu m'as exclu de ta vie.

— Tu es injuste. Tu ne m'as pas écoutée.

— Je t'ai écoutée. Je t'écoute depuis longtemps. Et, sais-tu ce que j'entends ?

Il se tourna vers elle sur le banc, et, approchant son visage du sien, il repoussa une mèche de cheveux sur sa joue avant de murmurer :

— J'entends seulement que tout ceci n'est pas juste. Ni pour toi ni pour moi.

Désir. Souffrance. Besoin. Ces trois émotions se livraient une rude bataille au creux de sa poitrine, menaçant de la détourner de sa décision. Mais elle devait se concentrer sur le motif de sa présence ici. Mettre un terme à leur relation avant que l'un ou l'autre ne souffre une perte dont il ne se relèverait jamais. Alors, elle devait être brave, et affronter la situation sans faiblir.

Elle écarta la main d'Henri de sa joue et la reposa sur ses genoux, avant de déclarer :

— Nous ne devrions pas avoir cette conversation deux jours avant un match. Tu dois rester concentré.

— Impossible. Il n'y aura jamais de moment idéal pour cette conversation.

— Henri, je t'en prie ! Qu'espères-tu accomplir ?

— Je veux te faire admettre que ce que nous avions était réel, répondit-il en relevant la tête pour la dévisager. Mais, pour toi, notre relation appartient déjà au passé.

Un flot de larmes montait à ses paupières, mais elle ne pouvait pas se permettre de pleurer devant lui. Elle avait déjà versé un océan de larmes pour le désastre qu'elle avait fait de leur mariage.

— Très bien, dit-elle. Puisque tu tiens à avoir cette conversation maintenant, nous allons l'avoir. Je l'avoue. Je suis terrifiée à l'idée de rester mariée avec toi. J'aurais toujours peur, en me réveillant chaque matin, de tomber malade, et de te voir souffrir face à mon agonie. Et je ne supporte pas cette idée.

Elle connaissait bien cette situation. Elle l'avait vécue avec sa mère, avec sa grand-mère et avec sa tante. Elle savait ce que ressentaient les survivants, la douleur déchirante de la perte des êtres chers.

D'un geste tendre, elle effleura sa joue un peu râpeuse ombrée de barbe naissante. Elle vit ses lèvres s'entrouvrir, et, se penchant vers lui, elle respira sa merveilleuse fragrance d'eau de Cologne et de musc. Puis elle posa ses lèvres sur les siennes, et elle l'embrassa en y mettant toute son âme.

Leur dernier baiser.

- 12 -

Henri avait cru que le football était tout son univers. Jusqu'à ce qu'il rencontre Fiona.

Il était aussitôt tombé fou amoureux d'elle. Très vite et très fort. Aussi vite et aussi fort que ce joueur de la défense d'Indianapolis qui arrivait sur lui.

Aïe.

Son corps heurta brutalement le sol. Il l'avait bien mérité. Il était en train de faire perdre ce match à son équipe. Il n'avait pas la tête au jeu. Son cœur était ailleurs.

Couché sur la pelouse, contemplant le monde à ras de terre, il respira l'air frais et vivifiant de l'automne. N'était-ce pas symbolique ? Encore secoué par le plaquage qu'il venait de subir, il parcourut la foule du regard, lut la déception sur les visages de ses coéquipiers après l'échec de ce qui aurait pu être une brillante transformation. Il serra les dents.

Ils auraient dû gagner facilement ce match. Les Hurricanes avaient dominé des adversaires plus redoutables. Ses joueurs clés étaient en pleine forme, et cependant ils devaient batailler dur pour rester dans le jeu. Et c'était clairement sa faute.

Le monde tournoyait autour de lui, et pas seulement à cause de l'impact de la nouvelle recrue de 105 kg qui venait de le percuter de plein fouet. Il avait tourné son regard vers la section des gradins rassemblant les épouses des joueurs, s'attendant à y apercevoir Fiona, parée des couleurs noir et or de l'équipe.

Mais elle n'était pas là.

Elle ne s'était pas donné la peine de monter à bord de l'avion. Elle lui avait déclaré qu'elle l'aimait, et que pour cette raison précise elle devait le quitter.

Plus rien n'avait aucun sens.

Il avait passé trop de temps à terre, ces mois derniers. Il se releva d'un bond énergique, à la grande joie des supporters des Hurricanes dispersés sur les gradins, qui l'acclamèrent bruyamment. Ils croyaient en lui. L'acclameraient-ils toujours, s'ils savaient pourquoi il jouait si mal ?

Brossant la poussière qui souillait ses épaulières, il courut en petites foulées rejoindre son équipe. Deux des entraîneurs étaient déjà sur la pelouse, prêts à l'accompagner hors du terrain, mais il leur fit signe que tout allait très bien.

— Henri, vous sortez du terrain, dit la voix du coordinateur offensif dans son oreillette.

— Pourquoi ? protesta-t-il. Je vais bien.

Il voyait son frère Dempsey, le chef entraîneur, qui lui faisait signe de sortir depuis la ligne de touche. Son remplaçant était déjà entré sur le terrain pour se joindre à la mêlée.

Envoyé sur la touche ? songea-t-il, couvant son orgueil blessé. Il pouvait encore reprendre l'initiative dans ce match. Ce plaquage lui avait fait voir la situation avec une clarté toute nouvelle.

— Vous allez perdre si vous me mettez sur la touche, protesta-t-il.

Mais Dempsey secoua la tête sans le quitter du regard alors qu'il allait le rejoindre.

— Tu risques de te rompre le cou, et il n'est pas question que je finisse cette journée avec toi à l'hôpital, déclara son frère, écartant son micro pour lui parler sans être entendu des autres.

— Alors, c'est cela ? grogna-t-il en ôtant son casque. Je me fais plaquer une seule fois, et me voilà tout à coup candidat pour le service de réanimation ?

Dempsey tourna le dos aux caméras qui étaient indubitablement braquées vers eux à cet instant, avant de répondre d'un ton dépourvu d'émotion :

— Nous savons très bien tous les deux ce qui se passe ici. Fiona n'est pas venue, et les difficultés de ton mariage t'empêchent de concentrer comme tu le devrais. Tu es en train de recevoir une raclée sur le terrain.

— Bien sûr que non ! Je gère très bien ce match.

Près d'eux, quelques-uns de ses coéquipiers leur lancèrent des regards curieux. Les scènes n'étaient pas du tout leur genre, et, au demeurant, personne ne contestait les décisions du chef entraîneur — famille ou pas.

— Nous ne sommes pas chez nous dans le jardin, répliqua Dempsey en le fusillant du regard. Réfléchis bien à ce que tu vas dire.

Et, là-dessus, il remit en place son oreillette et tourna son attention vers le terrain, où le quarterback remplaçant venait de marquer l'essai dont les Hurricanes avaient tant besoin.

Il fit de son mieux pour ne pas montrer son amertume, sachant parfaitement qu'une caméra faisait probablement un gros plan sur son visage, à cette seconde précise.

Son cousin et Joker arrivèrent près de lui au même instant, interposant la muraille de leurs larges épaules entre les objectifs et lui.

— Ne t'inquiète pas, vieux, dit Joker en lui assenant une claque amicale sur l'épaule. Souffle un peu. Nous ne te ferons pas honte, sois-en sûr.

Ils ne le jugeaient pas. Ils étaient des types bien. De bons amis. Tout au fond de lui-même, il le savait. Et pourtant il fulminait.

Assis sur le banc de touche, il observa sa seconde famille marquer essai après essai. Ils se déplaçaient comme s'ils avaient été un même corps. Avec un synchronisme parfait. En harmonie.

Plus il restait sur son banc, et plus il comprenait que Dempsey avait dit vrai. Il ne jouait pas à son niveau habituel, et il risquait une sérieuse blessure.

Le faire sortir du terrain avait été une décision juste. Mais, bien sûr, Dempsey n'était pas un novice dans son domaine. Son demi-frère jouait aussi gros que lui sur ce match. Peut-être même davantage.

Il devait absolument se reprendre. Parce que, dans son mariage, il n'avait aucun remplaçant. Il n'y avait que lui, et il compromettait gravement leurs chances de réussite. Et, en l'occurrence, il ne s'agissait pas seulement de football. C'était son épouse qu'il risquait de perdre. Il y allait de sa vie.

De son amour.

Fiona se sentait affreusement coupable.

Elle aurait dû assister au match d'Henri. Il était venu à son gala de bienfaisance. Et, oui, leur soirée s'était terminée en dispute. De la pire espèce. L'espèce définitive.

Seule dans le jardin avec son bol de crème glacée, elle comprit soudain qu'elle devait lui parler. Elle devait le faire renoncer à cette habitude qu'avait sa famille de s'éloigner des gens — comme ces cousins du Texas à qui ils ne parlaient quasiment jamais. Ou la branche californienne de la famille, propriétaire de vignobles, dont elle n'avait entendu parler qu'en une seule occasion. C'était une folie. Les Reynaud comptaient de nombreuses branches, heureuses et prospères, et pourtant ils ne fonctionnaient pas comme une famille. Ignoraient-ils la chance qu'ils avaient ?

Son téléphone, posé sur la table de fer forgé, sonna pour lui annoncer qu'elle avait reçu un texto.

C'était la photo d'une petite patiente du service d'oncologie de l'hôpital, un grand sourire de bonheur sur le visage, posant entre Henri et Jean-Pierre. Elle était accompagnée d'un petit texte de remerciements de ses parents :

> *Merci pour cette soirée extraordinaire. Nous en garderons de merveilleux souvenirs. Notre fille était si fière d'avoir été photographiée avec deux stars du football qu'elle a envoyé cette photo à toutes ses amies.*
>
> *Merci encore.*

La joie évidente sur le visage de l'enfant l'émut jusqu'aux larmes. Ses parents et elle n'étaient pas seulement courageux. Ils avaient été profondément heureux à cet instant-là. Quelque chose que sa propre famille n'avait jamais su être.

Et elle-même non plus.

Elle avait tourné le dos à son mariage parce qu'elle n'était pas sûre de pouvoir vivre avec les peurs d'Henri. Mais avait-elle même essayé de gérer les siennes ? Pourrait-elle vivre avec sa conscience si elle coupait tous ses liens avec l'homme qu'elle aimait avant d'avoir appris à maîtriser ses propres peurs ?

Face au sourire de cette petite fille sur la photo, elle se demanda comment elle avait pu passer à côté de ce bonheur simple, immédiat, dans sa propre vie. Elle ne cessait de répéter à Henri qu'elle était forte, mais elle ne l'était peut-être pas suffisamment pour vivre intensément chaque instant de bonheur qui lui était accordé.

Elle devait cesser de supposer qu'il risquait de s'effondrer comme son père l'avait fait. Il était temps qu'elle cesse de craindre de suivre le même chemin que sa mère.

Elle avait déjà suivi un chemin différent en se soumettant à ces opérations. Un chemin d'espoir. Elle pouvait vivre intensément le jour présent et être elle-même, quoi que l'avenir puisse lui réserver. Il était temps d'accepter le bonheur qui s'offrait à elle.

Sans perdre un autre instant, elle ramassa son téléphone et son portefeuille, et elle fila à l'aéroport le plus proche, où était stationné le jet de la famille. En route, elle appela Gervais afin d'obtenir son accord pour utiliser l'appareil. Gervais approuva sa démarche sans hésitation, et, en outre, il fit le nécessaire pour qu'un pilote l'attende sur le tarmac avec un plan de vol, prêt pour un décollage immédiat. Pouvoir compter sur le soutien d'un réseau familial était un cadeau du ciel. Pourquoi avait-elle passé tant de temps à les repousser de toutes ses forces ?

Lorsque le jet privé atterrit à Indianapolis, Fiona était dévorée de nervosité. Elle avait suivi la suite du match sur la télévision de l'avion, et avait assisté aux dernières minutes de la rencontre en streaming sur son téléphone.

Henri avait été envoyé sur le banc de touche bien qu'il se soit relevé après le rude placage qu'il avait subi, apparemment sans blessure. Les Hurricanes avaient gagné, mais avec difficulté. Et seulement parce que l'équipe s'était relevée dans un sursaut d'orgueil, et que les consignes stratégiques de Dempsey les avaient poussés à donner le meilleur d'eux-mêmes, du quarterback remplaçant au reste de l'équipe. Elle soupçonnait qu'Henri ne serait pas vraiment d'humeur à la voir pour parler de leurs problèmes.

Encore une fois.

Mais elle était allée trop loin pour reculer maintenant. Elle venait d'atterrir à l'aéroport, et elle espérait les rejoindre avant que l'équipe ne quitte la ville. Le jet roula jusqu'à son aire de stationnement, et elle jeta un coup d'œil par le hublot, priant qu'il lui reste assez de temps pour arriver au stade. Certains des autres jets qu'elle voyait appartenaient-ils aussi à la famille ? S'ils étaient déjà repartis, Gervais l'aurait sûrement avertie qu'il était inutile qu'elle se déplace.

Elle s'apprêtait à l'appeler pour s'en assurer lorsqu'elle aperçut un car de tourisme qui se dirigeait vers l'un des autres avions. Le type de véhicule qu'utiliserait une équipe pour se rendre à l'aéroport. Une main de glace lui serra le cœur.

Allait-elle le manquer alors qu'elle était si près ? Bien sûr, ils auraient l'occasion de parler plus tard, mais, maintenant qu'elle avait compris ce qui lui avait manqué — le bonheur dont elle les avait privés tous deux —, elle ne supportait pas l'idée d'attendre une seule seconde supplémentaire avant de revoir Henri.

Son jet s'arrêta merveilleusement près de la trajectoire du car, et elle remercia silencieusement le pilote pour cette prévenance. L'instant suivant, l'échelle de coupée se déploya, et elle put enfin débarquer. Elle descendit prudemment les marches métalliques, dans les rafales de vent qui fouettaient ses cheveux, puis elle vit la porte du car s'ouvrir, et l'équipe commença à descendre. Le cœur battant, elle reconnut tour à tour Dempsey, Joker, Locomotive. Ils étaient tous là. Mais où était Henri ?

Puis il apparut, et elle crut défaillir de bonheur en le reconnaissant, avec ses larges épaules, ses cheveux sombres balayés par le vent. Ses yeux disparaissaient derrière des lunettes de soleil. L'avait-il vue ?

Elle ne pouvait pas attendre qu'il l'ait remarquée. Elle était venue jusqu'ici prête à jouer le tout pour le tout. A faire le grand saut.

Elle cria son nom de toute la force de ses poumons, puis elle se précipita en courant vers lui.

Henri, à cet instant, lui tournait le dos, mais sa silhouette athlétique habillée d'un élégant costume anthracite était reconnaissable entre toutes.

Quelle que soit sa manière de s'habiller, il était toujours aussi sexy que le jour où elle avait fait sa connaissance.

Il tourna la tête par-dessus son épaule, et elle lut la stupéfaction sur son visage. Gervais fit signe aux agents de sécurité de s'écarter, et Henri se détacha du groupe pour venir à sa rencontre.

Les bras grands ouverts.

Et, sans aucune hésitation, elle courut se réfugier dans leur étreinte. C'était facile. C'était juste. Elle était à lui, et il était à elle.

Il la prit par le coude, et ils remontèrent ensemble à bord du jet privé des Reynaud.

— Pourquoi es-tu venue ? Attends, ne réponds pas. Quelle importance ? Tu es ici.

Sur ces mots, il la serra dans ses bras, et il l'embrassa. L'embrassa vraiment, comme il ne l'avait plus embrassée depuis… si longtemps qu'elle l'avait oublié. Ce baiser allait bien au-delà de ceux des premiers jours de leur rencontre, de leurs baisers de jeunes mariés. C'était le baiser d'un couple qui avait survécu à l'épreuve du feu. Pas seulement du feu de la passion, mais de celui de la vie.

— Je suis venue pour te dire que je suis désolée, Henri, murmura-t-elle en s'écartant un peu de lui pour glisser ses doigts dans ses cheveux encore humides de la douche. Pour te dire que je suis prête à essayer, si tu peux me pardonner d'avoir eu peur d'affronter l'avenir. Vivre au jour le jour était… moins risqué.

— Si tu savais comme je t'…

— Je le sais, l'interrompit-elle, posant doucement sa main sur ses lèvres. Tu me l'as prouvé de mille façons avec ta merveilleuse patience, mais je voudrais le dire la première. Je t'aime, Henri. Je veux vivre auprès de toi chaque jour de ma vie. Je veux savourer chaque journée qui passe. La joie, la beauté, l'art, voilà sur quoi je vais rester concentrée. Notre amour. Et aussi notre famille, bien entendu. Je ne dois retenir que les aspects positifs de la vie, quoi que l'avenir nous réserve.

Elle effleura ses lèvres du bout des doigts, avant de murmurer :

— J'espère que tu comprends que je n'avais pas seulement peur pour moi-même. J'avais au moins aussi peur de te faire souffrir.

— J'ai souffert l'enfer loin de toi, ces derniers mois.

Ses mains quittèrent sa taille pour descendre lentement jusqu'à ses hanches, et il l'attira fermement à lui, comme s'il craignait qu'elle ne s'envole dans les bourrasques. La sensation de ses bras autour d'elle lui avait manqué. Elle avait presque oublié ce qu'être ensemble — réellement ensemble — signifiait.

— Je suis désolée. Qui eût cru qu'il pouvait être aussi effrayant de rêver à un avenir ?

— Je comprends. Mais tu vas m'aider à être fort, n'est-ce pas ?

— Nous nous aiderons mutuellement. J'espère que nous aurons droit à d'innombrables jours ensemble. Ce qui compte, ce n'est pas le temps qui nous reste, mais la beauté et la joie dont nous remplirons chaque journée.

— Ne te fâche pas, mais je suis curieux. Qu'est-ce qui t'a fait changer d'avis ? Est-ce ma famille qui t'a harcelée ? Parce que, s'ils se montrent trop insistants, je veux que tu me le dises.

— En réalité, ils se sont mis en quatre pour m'aider. C'est même Gervais qui a organisé mon transport en avion. Avec le recul du temps, je regrette de les avoir tenus à l'écart. C'est une photo que m'a envoyée la maman d'une petite patiente de l'hôpital qui me l'a fait comprendre. Je te la montrerai plus tard. Elle est... magnifique.

— Je suis impatient de la voir, assura-t-il en effleurant ses lèvres d'un baiser. Je veux que nous parlions, que nous partagions davantage. Que nous passions plus de temps ensemble. J'ai décidé que je devrais quitter l'équipe.

Elle le dévisagea d'un air stupéfait. Elle devait sûrement avoir mal entendu. Le football n'était pas simplement une profession, pour lui. Il avait pour ce sport une passion aussi profonde que la sienne pour l'art.

— Quoi ?

— A la fin de cette saison, j'arrête tout.

— Que fais-tu de ton contrat ?

Une nouvelle bourrasque apporta jusqu'à eux des senteurs de feuilles mortes. Ecartant quelques longues mèches tombées sur son visage, il déposa un baiser sur son front. Dans la fraîcheur de cette soirée d'automne, ses lèvres étaient tièdes, délicieusement douces.

— Je le rachèterai. L'argent n'est pas un problème.

— Tu adores le football. Je ne comprends pas.

— Je t'aime encore davantage, et je ferai tout ce qui doit être fait pour te reconquérir. Nous prendrons le temps de mieux nous connaître, à la maison, en voyageant ensemble ou en créant une fondation caritative. Je suis déterminé à ce que notre mariage fonctionne. Il n'est pas question de nous contenter de demi-mesures. Je veux que tu sois ma femme, mon amour, ma vie.

Il était sincère. Elle le lisait dans son doux sourire, dans son regard rivé dans le sien.

Mais Henri sans le football ? Cela ne semblait pas juste. Le jeu était dans son âme, c'était le moteur de sa vie. Ils devaient absolument arriver à un point où chacun accepterait l'autre dans sa totalité. Pas question de choisir certaines facettes à aimer, et d'autres à négliger. Ce chemin-là les avait conduits à la ruine.

Il était temps de tout recommencer. De miser davantage l'un sur l'autre. De prendre des risques ensemble.

Elle posa sa joue contre son large torse et écouta les battements forts et réguliers de son cœur. Il lui avait offert sa totale dévotion, et elle adorait ce sentiment. Elle avait besoin d'entendre qu'il remuerait ciel et terre pour elle. Mais elle n'avait pas besoin qu'il renonce à sa carrière pour qu'ils puissent être heureux. Ils feraient cela ensemble.

— Henri, tu n'as pas besoin d'abandonner le football pour moi, tu sais.

— Je le ferai si cela signifie que je pourrais risquer de te perdre à nouveau.

— Je suis à toi, et tu es à moi, dit-elle, répétant à voix haute ce qu'elle avait pensé plus tôt. Pour moi, la joie de vivre signifie accepter toutes les facettes de l'homme que tu es. J'aime le football, les voyages, j'adore te regarder jouer. Nous réglerons les autres détails ensemble. Si besoin est, nous pourrions même retourner consulter la conseillère matrimoniale plutôt que de nous précipiter chez l'avocat. Qu'en penses-tu ?

— Tout ce que tu voudras, mon amour. J'ai été clair, non ?

Il déposa un baiser sur le bout de son nez, puis sur sa tempe. Son cou. Sa bouche. Chaque baiser affirmait son engagement — une promesse imprimée sur sa peau.

Dans son âme.

— Et si je te répondais que je veux que nous retournions voir la conseillère et que tu continues à jouer au football ?

— Je dirais que tu me permets de m'en tirer à trop bon compte, ma chérie.

— Oh ! ne crois pas surtout pas que ce sera facile, répliqua-t-elle en effleurant ses lèvres d'un baiser. Pas lorsque les séances avec la conseillère exploreront des zones sensibles.

— Je peux y faire face si nous sommes ensemble, assura-t-il, entremêlant leurs doigts avant de porter leurs mains à ses lèvres, son regard tout au fond du sien.

— Ensemble, comme une équipe, murmura-t-elle en se rapprochant de lui, leurs mains jointes serrées tout contre son cœur. Avec un tel plan de jeu, comment pourrions-nous ne pas être victorieux ?

Retrouvez prochainement,
dans votre collection

PASSIONS

Les promesses d'un play-boy, d'Andrea Laurence - N°977

Alors qu'elle se promène sur la plage, Willow fait une surprenante découverte : un homme blessé et amnésique gît sur le sable ! Touchée par sa détresse, elle lui offre de l'héberger chez elle le temps qu'il recouvre la mémoire. Et bientôt, pour celui qu'elle a nommé Jack, Willow commence à éprouver des sentiments intenses. Des sentiments mis à mal quand elle apprend son passé de grand séducteur…

Son inoubliable amant, de Zuri Day

Samantha est de retour à Las Vegas avec Trey, son fils de quatre ans, pour chercher du travail. La proposition d'embauche de Nick Breedlove, un magnat de l'hôtellerie, arrive donc au moment opportun et s'avère en outre très intéressante, puisqu'il s'agit de décorer de luxueuses villas. Seul problème : Nick n'est autre que son inoubliable amant… et le père de son fils !

Amoureuse d'un Texan, de Janice Maynard - N°978

Si Abby se trouve à Royal, dans ce coin perdu du Texas, c'est uniquement pour réaliser un documentaire sur un festival local. Alors, quand elle propose à Carter Crane, Texan pur jus, de l'interviewer, elle ne s'attend ni à la puissante attirance qui la pousse vers lui ni à l'incroyable aventure qu'ils vivent bientôt ensemble. Toutefois, une relation durable est-elle possible entre elle, la citadine dans l'âme, et lui, le rancher fier de ses racines ?

Le rêve de Grace, de Teresa Southwick

Grace s'est toujours montrée professionnelle. Engagée par Logan pour s'occuper de sa petite Cassie durant quelques mois, elle est donc résolue à étouffer le coup de cœur qu'elle ressent pour son patron. Hélas, vivre sous le même toit que lui ne fait qu'attiser son trouble : le rancher taciturne est bel et bien l'homme de ses rêves ! Se pourrait-il qu'elle ait trouvé, auprès de Logan et de sa fille, une famille ?

Ce patron interdit, de Susannah Erwin - N°979

Marguerite n'en revient pas. Le vignoble familial, le domaine de St Isadore, a été racheté par un certain Evan Fletcher, magnat de l'informatique. Résolue à revendiquer son héritage, elle se fait embaucher sur la propriété. Mais son ressentiment envers son nouveau patron se heurte vite à l'attirance qu'elle éprouve pour lui… Au point de renoncer à l'affronter ?

Un nouveau bonheur pour Eliza, de Rachael Johns

Après un douloureux divorce, Eliza souhaite prendre un nouveau départ : le poste de maîtresse d'hôtel que lui offre Lachlan McKinnel au sein de son restaurant tombe à point nommé ! Charmée par cet homme généreux et père de deux enfants, elle finit par s'abandonner entre ses bras au cours d'une nuit de délices. Au risque de mettre une nouvelle fois son cœur en péril…

Fiançailles sous contrat, de Jules Bennett - N°980

Série : Séduisants célibataires 3/4

Cassandra n'a pas le choix : elle doit recontacter Luke, huit ans après qu'il lui a brisé le cœur, si elle veut décrocher un important contrat pour sa société d'organisation de mariages. Le revoir l'émeut au plus haut point… et elle n'est pas au bout de ses peines ! Luke accepte de l'aider à une seule condition : qu'elle joue le rôle de sa fiancée pendant sept semaines.

Un irrésistible *bad boy*, de Jessica Lemmon

Série : Séduisants célibataires 4/4

Hallie en a plus qu'assez d'être la fille sérieuse et gentille qu'on attend d'elle ! Incapable de lâcher prise et de s'amuser, elle demande l'aide de Gavin, l'irrésistible *bad boy* qui la fait craquer depuis des années. Avec lui, Hallie sort vite de sa zone de confort et se laisse emporter par le désir entre ses bras. Mais une nouvelle inattendue vient bientôt perturber ses plans : elle est enceinte !

Une passion brûlante, d'Yvonne Lindsay - N°981

Mila est sublime, charmante et séduisante… au point de faire vaciller le cœur du prince Thierry de Sylvain. Pourtant, même si cette femme avec laquelle il vit une relation passionnée depuis plusieurs semaines lui plaît énormément, rien n'est possible entre eux, Thierry ne le sait que trop bien. Car cette année, celle de ses vingt-cinq ans, il célébrera son mariage avec une princesse inconnue de lui, soigneusement choisie par son père…

Cette délicieuse tentation, de Kathie DeNosky

Passer une nuit torride avec Jaron Lambert… voilà sept ans que Mariah en rêvait ! Mais, depuis que c'est chose faite, elle se sent complètement déstabilisée. Pourquoi Jaron se montre-t-il si froid envers elle ? Et pourquoi utilise-t-il leur différence d'âge comme prétexte pour l'éloigner de lui ? Les réponses à ses questions, Mariah les obtiendra. Car il est absolument hors de question qu'elle laisse s'échapper celui qui est le grand amour de sa vie…

Un bébé pour le cheikh, de Fiona Brand - N°982

En quelques jours, la vie de Sarah a basculé. Elle qui comptait se réserver jusqu'au mariage a cédé à la passion entre les bras d'un inconnu, Gabe, et la voilà enceinte ! Peu après, Gabe réapparaît pourtant et lui révèle qu'il a été informé de sa grossesse juste au moment où il allait se fiancer à une autre. À cette annonce, Sarah se sent prise de vertiges. Car Gabe, comme il vient de le lui apprendre, n'est autre que le cheikh du Zahir…

Un secret à préserver, de Silver James

À l'instant où Clayton Barron, le candidat en lice pour la Maison-Blanche avec qui elle vit une relation passionnée depuis plusieurs mois, la demande en mariage, Georgie comprend que ses ennuis ne font que commencer. Car, si elle ne doute pas des sentiments qu'elle éprouve pour Clayton, elle sait aussi que devenir son épouse serait le meilleur moyen de faire éclater au grand jour le secret qu'elle cache, et qui pourrait coûter sa carrière à l'homme qu'elle aime…